economía
y
demografía

BASES PARA
LA PLANEACIÓN ECONÓMICA
Y SOCIAL DE MÉXICO

SEMINARIO CELEBRADO POR LA
ESCUELA NACIONAL DE ECONOMÍA
DE LA UNIVERSIDAD NACIONAL
AUTÓNOMA DE MÉXICO, EN EL MES
DE ABRIL DE 1965

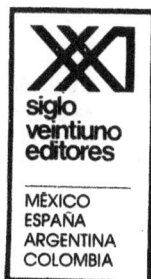

XXI

siglo
veintiuno
editores

MÉXICO
ESPAÑA
ARGENTINA
COLOMBIA

siglo veintiuno editores, sa
CERRO DEL AGUA 248, MEXICO 20, D.F.

siglo veintiuno de españa editores, sa
C/PLAZA 5, MADRID 33, ESPAÑA

siglo veintiuno argentina editores, sa

siglo veintiuno de colombia, ltda
AV. 3a. 17-73 PRIMER PISO. BOGOTA, D.E. COLOMBIA

portada de anhelo hernández

primera edición, 1966
decimosegunda edición, 1983
©siglo xxi editores, s.a. de c.v.
ISBN 968-23-0329-X

Convocadores del seminario:

HORACIO FLORES DE LA PEÑA · JORGE TAMAYO LÓPEZ PORTILLO
EMILIO SACRISTÁN ROIG · FERNANDO SOLANA MORALES

Coordinadores:

RICARDO TORRES GAITÁN · IFIGENIA M. DE NAVARRETE
MAURICIO CARRIL

Ponentes:

ROBERTO ANGUIANO · EDUARDO BUSTAMANTE
ALFONSO CORONA RENTERÍA · HORACIO FLORES DE LA PEÑA
LUIS GARCÍA CÁRDENAS · PABLO GONZÁLEZ CASANOVA
HORACIO LABASTIDA · VÍCTOR MANUEL NAVARRETE
IGNACIO PICHARDO · GUADALUPE RIVERA · FERNANDO ROSENZWEIG
JORGE TAMAYO LÓPEZ PORTILLO   PEDRO URIBE CASTAÑEDA
MIGUEL S. WIONCZEK

Participantes:

ALONSO AGUILAR · VÍCTOR MANUEL BARCELÓ
CARLOS MANUEL CASTILLO · JOSÉ L. CECEÑA · JORGE CORTÉS OBREGÓN
JOSÉ GONZÁLEZ PEDRERO · LUIS DANTÓN RODRÍGUEZ · DAVID IBARRA
FERNANDO LANZ DURET · GILBERTO LOYO · ADOLFO LUGO VERDUZCO
GONZALO MARTÍNEZ CORBALÁ · MIGUEL FLORES MÁRQUEZ
TULIO MELÉNDEZ · ELISEO MENDOZA BERRUETO
ALFREDO NAVARRETE ROMERO · ENRIQUE RAMÍREZ Y RAMÍREZ
RODOLFO SILLER · ENRIQUE SOTO ORTIZ · PEDRO G. ZORRILLA

Índice

APÉNDICE

Prefacio

La *Escuela Nacional de Economía*, atenta al estudio de todos los problemas que afectan el desarrollo económico, desea dar a conocer, con este libro, las ponencias y demás trabajos que se presentaron al *Primer Seminario sobre Problemas Económicos de México*, realizado en la ciudad de *Cuernavaca* en *abril de 1965*.

El objeto de estos seminarios es el de reunir a un grupo distinguido de técnicos de las diversas disciplinas que tengan relación con el estudio de los problemas económicos, para analizarlos en un plano de absoluta libertad.

En México se siente cada vez con mayor intensidad la necesidad del enfoque interdisciplinario en el análisis económico. En este terreno nada puede garantizarnos una comprensión más cabal de la realidad que nos interesa que la interrelación en el tiempo de la economía, la política y la sociología.

Muy frecuentemente se restringe la validez científica en el análisis de los problemas sociales al establecer divisiones rígidas entre los campos de estudio de cada una de ellas. Esperamos que en cierta medida se hayan superado las dificultades que presenta el análisis de un problema tan amplio como el de la planeación, al utilizar contribuciones breves sobre aspectos específicos, con enfoques muy diversos.

Todos los trabajos y discusiones se realizaron en un ambiente de absoluta libertad científica; por lo tanto, los puntos de vista y tesis expuestos representan, exclusivamente, la opinión del autor, y no comprometen a los demás participantes. De este respeto por la independencia resultan seguramente las numerosas opiniones contenidas en este volumen que no concuerdan con la ortodoxia económica o política.

Desde luego, no se tuvo como propósito hacer la crítica por la crítica misma; pero sí se quiso evitar a toda costa que las intervenciones tuvieran el carácter apologético que con tanta frecuencia reviste en nuestro medio, y que generalmente propende a ocultar la verdadera naturaleza de los problemas económicos, pues no tiene como mira transformar la realidad, sino defenderla en función de los intereses de reducidos grupos de presión.

Agradezco su colaboración desinteresada a todos los participantes y, especialmente, a Ifigenia M. de Navarrete —que tuvo a su cargo la preparación final del manuscrito— y a Ricardo Torres Gaitán, ya que ambos contribuyeron en gran medida al éxito de la *reunión de Cuernavaca; igualmente, al Instituto de Investigaciones de la Escuela Nacional de Economía, a Mauricio Carril, y al secretario de la Escuela de Economía.*

HORACIO FLORES DE LA PEÑA

Ciudad Universitaria, septiembre de 1966

Resumen y resultados del Seminario *

1. FUNCIÓN Y RAZÓN DE SER DE LA PLANEACIÓN

La planeación económica y social es un sistema moderno y eficaz para satisfacer las aspiraciones colectivas de una nación. Puede decirse que la planeación centralizada nació en el campo socialista, que utilizó inicialmente medidas directas de aplicación compulsiva. A partir de la posguerra varios países de empresa privada adaptaron muchos de los elementos de la planeación a su sistema económico. La notable recuperación europea y el rápido crecimiento de la producción, en el marco de una mayor intervención estatal o de lo que se ha llamado economía mixta, han impreso un sello de éxito a esta planeación "democrática".

En realidad puede afirmarse que, actualmente, el capitalismo de los países europeos es muy distinto del que prevaleció antes de la segunda Guerra Mundial. Si bien algunos países, especialmente los escandinavos, ya habían avanzado por el camino de una economía mixta, posteriormente los imperativos de expansión económica y bienestar general de la sociedad reclamaron la "socialización" de una parte más o menos importante de la economía en el resto de los países europeos. Esto significa que no toda la asignación de los recursos obedece al principio de lucratividad, sino que una parte se separa del mecanismo del mercado y de la propiedad privada para manejarse con miras a satisfacer directamente necesidades colectivas básicas que plasman las aspiraciones políticas de la sociedad. Tal es el caso de la educación, la salud pública, la seguridad social, los servicios médicos, la vivienda popular, etc. En otros campos como la producción de bienes y servicios, cuya distribución se hace en el mercado bajo el mecanismo de los precios, el Estado impone ciertos lineamientos de política distintos al de lucratividad. En esta situación se encuentran artículos cuya importancia en la economía hace necesario que sean producidos por empresas estatales o mixtas. Energéticos, transportes, teléfonos, gas y siderurgia, se ajustan a este patrón.

Estos factores han propiciado la conformación de un sector público de enorme complejidad, que tiende a manejarse en forma desordenada y con gran desperdicio de recursos cuando se carece de un plan global de desarrollo y, por lo tanto, de objetivos y

* Celebrado por la Escuela Nacional de Economía en la ciudad de Cuernavaca, Mor., del 21 al 24 de abril de 1965.

[1]

metas precisos. La elaboración de un plan nacional se hace necesaria no sólo por la complejidad del sector público sino también por la importancia determinante de su evolución en el desarrollo de la economía en su conjunto. Al mismo tiempo, los particulares que en su calidad de productores y consumidores continúan desempeñando un papel de gran significación en el sistema económico, encuentran difícil ajustarse a las operaciones públicas fuera del marco de la planeación.

Por las razones anteriormente expuestas, tanto desde el punto de vista del sector público como del sector de empresarios privados, consumidores, trabajadores independientes, campesinos y de los distintos grupos organizados de un país, se hace necesario adoptar un plan nacional de desarrollo económico y social. En los países subdesarrollados el imperativo de planear es aún más urgente, porque a la presión de los factores señalados hay que añadir la de un crecimiento demográfico elevado.

El Seminario advirtió que la mera elaboración de un plan no resolverá los problemas estructurales de la economía, pero sí puede ser el punto de partida para coordinar esfuerzos, racionalizar objetivos y maximizar resultados. La planeación, en efecto, no es sustituto de las reformas estructurales necesarias para permitir un desarrollo acelerado, pero permite que estas reformas se lleven a cabo de una manera rápida y ordenada. En su forma más simple, puede concebirse a la planeación como un sistema para tomar decisiones sobre la base de un conocimiento general y objetivo de los hechos, considerando los distintos intereses nacionales, pero sin llegar a determinar de manera específica ni todas las implicaciones de los objetivos ni los instrumentos necesarios para realizarlos. En un sentido más pleno y riguroso, la planeación económica incluye los objetivos nacionales, regionales, globales y sectoriales y los instrumentos para alcanzarlos.

La India fue el primer país subdesarrollado que adoptó la planeación económica estableciendo, en 1950, una Comisión de Planeación cuya estructura administrativa alcanza ya un grado notable de refinamiento; sin embargo, el país no ha experimentado un cambio considerable en su estructura económica y social ni tampoco ha podido cubrir de manera satisfactoria las necesidades de su población. Existe la impresión de que los instrumentos de aplicación han sido ineficaces y de que ha faltado la adopción de objetivos audaces y la decisión de llevar a cabo reformas estructurales drásticas pero necesarias. En realidad, es mayor el número de países subdesarrollados en los que la planeación ha quedado trunca y no ha pasado de su fase enunciativa que el de aquellos en los que ha tenido éxito. Teniendo presentes estas razones y hechos, el Seminario procedió a analizar, con el máximo de rigor y objetividad posibles, la viabilidad de la planeación en México.

2. ANTECEDENTES DE LA PLANEACIÓN EN MÉXICO

En toda América Latina, desde los inicios de la colonización, las leyes que regularon la organización político-administrativa tuvieron un carácter excesivo e injustificadamente formalista, tendiente a idealizar una situación que, en la realidad, se traducía en una explotación de hombres y de recursos por las clases en el poder.

La mayoría de las constituciones latinoamericanas reflejan intenciones idealistas y hasta socialmente revolucionarias que no corresponden a la realidad objetiva; de ahí la tendencia a violarlas y a que su aplicación se traduzca en la convivencia —y divorcio— de la organización político-administrativa formal y la que rige de hecho.

El federalismo del Estado mexicano, adoptado en el siglo pasado bajo la influencia de los Estados Unidos, no concordaba con la tradición centralista heredada de España. No obstante, tal rompimiento de las estructuras legales con la tradición era inevitable, ya que respondía a los ideales universales del momento tan fuertemente arraigados en la nación como lo reflejan las Diputaciones Presidenciales y los acontecimientos del Congreso Constituyente de 1823, a la luz de una visión retrospectiva de enfoque sociológico y realista. En todo caso, esta contradicción entre estructuras heredadas y cierto formalismo legal trajo consigo la anarquía y la defección de los poderes centrales que, a su vez, dieron cabida a formas de gobierno tales como el caudillismo y el caciquismo. Desde entonces, faltó una centralización de las decisiones político-administrativas de orden nacional y una descentralización de las mismas al nivel ejecutivo.

Con la Revolución mexicana vino a llenarse en gran medida esta laguna con la eliminación del caciquismo y del caudillismo, y la consiguiente concentración del poder en el centro, siempre dentro de un federalismo *sui generis*, que ha contribuido a la estabilidad política del país. En la actualidad, este centralismo político es muy fuerte y aún muy débil la descentralización en materia administrativa, lo que dificulta el proceso de planeación.

Los primeros intentos de planear la economía se remontan a julio de 1930, fecha de la expedición de la ley para elaborar "El plan nacional de México". A pesar de ello, treinta y cinco años después, aún no opera un sistema de planeación nacional y ni siquiera un órgano central de planeación eficaz, por no haber sido superados los obstáculos que impiden una proyección racional de desarrollo económico. En la etapa inicial a la que pertenecen el primero y segundo planes sexenales, faltó una metodología adecuada capaz de llevar a cabo el plan en el marco de una economía capitalista. En los períodos siguientes, caracterizados por un pragmatismo exitoso, la euforia derivada del empleo del gasto público para múltiples fines impidió que pudiera adoptarse el orden y la disciplina requeridos para la planeación. En consecuencia, sobrevino un importante despilfarro de recursos públicos y, lo que es más grave aún, se agudizó la desigualdad en el reparto del ingreso y de la riqueza; a esta etapa pertenecen los esfuerzos de la Comisión Federal de Planeación Económica de 1942 y los trabajos de la Comisión Nacional de Inversiones de 1946.

Con la creación de la Comisión de Inversiones en 1954, oficina que dependía directamente del Presidente de la República, se inaugura una nueva etapa al tratar de planearse las inversiones del sector público. A pesar de las limitaciones de sus funciones y de las carencias propias de un nuevo organismo, puede considerarse que el papel de la Comisión fue positivo, pues se estableció cierto orden en las inversiones públicas.

En 1958 se trató de dar un impulso más amplio a la planeación creándose la Secretaría de la Presidencia, a la que se dotó de facultades de coordinación en la política económica del sector público y se le dio autorización legal para hacerla extensiva, en cierta medida, al sector privado. Como un primer paso se elaboró el plan de acción inmediata relativo al período 1962-64 y, posteriormente, un nuevo plan para el lapso 1962-65. Sin embargo, los planes no se dieron a conocer a la opinión pública y hubo evidencia de que la autorización y jerarquización de las inversiones públicas fueron hechas sin considerar los intereses del sector en su conjunto y, en el mejor de los casos, sólo se tomaron en cuenta aisladamente los de las instituciones que lo integran, dando lugar a una visión parcial de los problemas nacionales.

3. OBJETIVOS Y METAS DE UN PLAN NACIONAL DE DESARROLLO ECONÓMICO Y SOCIAL

La opinión que obtuvo mayor eco en el seno del Seminario fue que la planeación que adopte México ha de ser compatible con nuestras normas constitucionales y con las instituciones políticas y jurídicas sobre las que se asienta la vida pública del país. Sin embargo, hubo una corriente que sostuvo que para obtener mejores resultados mediante el empleo de la planeación y, al mismo tiempo, evitar incompatibilidades con el régimen legal imperante, son necesarias reformas en varios aspectos del orden jurídico de manera que la planeación quede perfectamente encuadrada dentro del sistema político vigente.

Se convino asimismo que una planeación "democrática" sí se ajusta a nuestro sistema político, ya que presupone las siguientes condiciones:

I. Que exista una participación activa de los ciudadanos en la elaboración, ejecución y control del plan nacional. Para el cumplimiento de este objetivo es necesaria la plena conciencia de la ciudadanía acerca de los objetivos del plan, ya que sin ella no puede obtenerse la coordinación de decisiones y esfuerzos necesaria para llevarlo a cabo.

II. Que se imprima al proceso productivo una dirección precisa para que mediante el establecimiento de prioridades se satisfagan las necesidades sociales básicas de toda la población del país: educación, salubridad, seguridad social, vivienda, planeación urbana y mejoramiento de las comunidades rurales. Esto implicaría la adopción de una política de redistribución del producto nacional que facilitaría el implantamiento de la igualdad de oportunidades para todos los mexicanos y el disfrute armónico de los beneficios del plan por los diferentes grupos sociales de la población. Desde luego, la satisfacción de estas necesidades ha de lograrse dentro del marco de una economía en expansión con una producción, ocupación, ingreso y productividad crecientes, para lo cual es necesario incrementar los factores dinámicos de la economía, a saber: las inversiones, la exportación, el gasto público y el consumo popular.

III. La consecución de metas específicas de interés nacional en los distintos sectores de la economía, por ejemplo, creación de la industria pesada, electrificación total del país, participación estatal en las industrias básicas, modernización del sector agrícola atrasado, reducción de la dependencia económica externa, desarrollo del potencial económico en las distintas regiones y otras metas específicas que habrán de incluirse en el plan nacional.

4. CONDICIONES ESENCIALES PARA HACER POSIBLE Y EFICAZ LA PLANEACIÓN EN MÉXICO

El Seminario reconoció que la planeación sólo es viable si se satisfacen determinados requisitos fundamentales y quedan superados los obstáculos estructurales e institucionales que se oponen a ella. Se mencionó asimismo como necesario precisar el significado de la planeación para evitar que la palabra se mistifique y se consideró que los requisitos mínimos para hacer efectivo el sistema son:

a) *Mayor participación política de la población*

La planeación, que habrá de comprender medidas de tipo compulsivo e indicativo y tendrá que ser activa y consultiva, deberá formularse a través de un mecanismo que permita conocer los intereses de los distintos grupos sociales y no sólo los del gobierno y los empresarios, que son los grupos organizados que ejercen mayor presión sobre la opinión pública mientras una gran mayoría de la población permanece al margen de los acontecimientos cívicos y políticos del país. Aun cuando el gobierno en ocasiones concilia y logra un equilibrio entre los intereses de los diferentes grupos sociales, la falta de representación auténtica en muchos sindicatos, en las organizaciones campesinas, de artesanos y pequeños empresarios, la falta de un movimiento cooperativo, de asociaciones y profesionistas, retrasa la plena vigencia de la democracia. La planeación deberá tomar en cuenta los intereses de los grupos mayoritarios y dar ocasión específica de expresarse a todos los grupos en cuerpos consultivos, además de discutirse, si es preciso en el Congreso, las bases y principios generales que sirvan de apoyo a los planes. Es necesario que los técnicos tengan una mayor participación política y los políticos un mayor conocimiento técnico a fin de que haya menos resistencia a los cambios que implica la planeación.

b) *Información precisa, veraz y pública*

El desarrollo de una información veraz y bien orientada constituye la base de la concepción democrática en la sociedad moderna, pues en caso de que esto no sea así podrán desarrollarse fácilmente núcleos de poder totalitario a la sombra del oscurantismo y la enajenación colectiva provocada por la falta del conocimiento popular de los problemas nacionales.

El proceso de planeación requiere como elemento indispensable la existencia de una red de comunicación que permita contar con una corriente ininterrumpida de información, que facilite tanto la coordinación y centralización al nivel de las decisiones fundamentales como una mayor descentralización en el plano de la ejecución de las disposiciones concretas a seguir.

Tomando en cuenta lo anterior, se consideró que una de las limitaciones de peso para lograr un efectivo sistema de planeación económica en México es precisamente la mala calidad de la información y de la estadística,[1] con frecuencia las estadísticas se manejan confidencialmente en el ámbito nacional, mientras los investigadores extranjeros cuentan con toda suerte de facilidades en este sentido, lo que coloca en posición desfavorable a la publicación de investigaciones nacionales.

Como ejemplo de lo dicho se cita el triste estado en que se encuentran las cuentas nacionales, cuyas fuentes y metodología utilizadas se ignoran, a pesar de constituir el esqueleto básico para elaborar un plan.

Aunque no existe un modelo ideal para establecer la comunicación entre los distintos niveles que intervienen en la formulación y operación del plan, ni tampoco una solución única o "cuadro de funciones" perfecto que cumpla con las necesidades permanentes de la planeación, se considera que en cambio sí existen técnicas de información que serían susceptibles de adoptarse con eficiencia para alcanzar una mayor integración en la organización administrativa, de forma que ésta adquiera la suficiente flexibilidad para poder adaptarse a los cambios engendrados en la economía y la sociedad.

En el sentir del Seminario, la función esencial de la información es la de difundir el pensamiento colectivo para poder conocer, in-

---

[1] Con la grave serie de implicaciones que esto tiene y que son de sobra conocidas.

terpretar, analizar y ejecutar, mediante la planeación, los objetivos que la sociedad se propone alcanzar. La diversidad de los agentes económicos y los distintos niveles culturales de la población requieren que el material informativo se divida y presente en tal forma que pueda ser de utilidad, tanto en el plano de la información general dirigida al conjunto de la nación, como en el de la especializada, que interesa concretamente a grupos específicos de la población.

c) *Reformas indispensables para adecuar la administración pública a las necesidades de la planeación*

El problema de contar con una administración pública moderna es sumamente complejo, pues no existe un sistema perfecto y racional de comunicación de decisiones que excluya la relación de grupos y la subordinación relativa de personas y grupos, con todas las implicaciones que esto tiene.

Las relaciones humanas en el seno del aparato administrativo del Estado hacen resaltar dos hechos sumamente contradictorios.

La tendencia de inspiración racionalista persigue la eliminación de las relaciones de poder, ya que al predominar la idea de la solución única y al elaborarse reglamentos muy detallados que prescriben el comportamiento de cada funcionario en todas las circunstancias previsibles, se está coartando y dejando poco margen, si no es que ninguno, a la iniciativa individual y la libertad de apreciación. Dentro de un esquema administrativo así idealizado no hay posibilidad de que existan presiones hacia arriba o hacia abajo, nadie puede cambiar el comportamiento de nadie ni tiene interés en hacerlo y, por lo tanto, las relaciones de poder efectivo dejan de tener sentido.

Sin embargo, en el campo de la vida real ha quedado plenamente confirmado el fracaso rotundo de los "administradores esquemistas" que pretenden aplicar el razonamiento científico puro a la administración de las sociedades modernas. Los organigramas y demás métodos similares no resuelven absolutamente nada en la medida en que no tomen en cuenta la realidad objetiva y la trayectoria dinámica del pueblo, de manera que correspondan y se adapten a estructuras político-administrativas determinadas, representativas de dicha realidad y trayectoria.

En el plano de la administración pública de la casi totalidad de los países existe todo un sistema de negociaciones, presiones y nuevas relaciones de poder referidas a la actitud afectiva de las simpatías personales y del diálogo político. En esta situación la posibilidad de racionalizar la organización administrativa queda pues ligada a la dificultad de eliminar la incertidumbre en el cuadro de la acción humana y quien tiene el mayor poder está en posibilidad de controlar hasta cierto punto el margen de incertidumbre engendrado por su acción.

A la luz de estas observaciones, la situación de la administración pública mexicana se caracteriza por la existencia de ciertos factores positivos como son:

i) La existencia de un gran poder de adaptación del gobierno y del adiestramiento pragmático real contra las estructuras formalistas y la vocación positivista de algunos administradores;

ii) La politización de los grupos y de los individuos personaliza la acción administrativa que trae como consecuencia cierta responsabilidad en ella, evitando la esclerosis de las estructuras aunque tenga, por su propio carácter político, un cierto aspecto negativo en materia de eficiencia pura;

iii) La concentración de las decisiones en el ejecutivo da un mayor grado de eficiencia en materia de decisión y una mayor flexibilidad para los ajustes necesarios cuando la decisión se desvía al nivel de la ejecución; y

iv) La formación de grupos autónomos de decisión facilita también la ejecución cuando dichos grupos están íntimamente relacionados con el ejecutivo.

Sin embargo, es necesario combatir los factores negativos y adoptar, previo estudio, las siguientes reformas:

i) Una adaptación estructural y no simplemente pragmática de las instituciones administrativas;

ii) Una definición más precisa de los objetivos económicos y sociales mediante la planeación nacional y una delimitación funcional de competencias en las dependencias administrativas;

iii) Una adopción de técnicas modernas de comunicación y una red nacional de información adaptadas a la realidad, con objeto de reforzar la responsabilidad de acción personal y reducir el autoritarismo;

iv) Una centralización y reagrupación de los servicios administrativos que cumplan funciones decisivas y ejecutivas, tales como planeación de las decisiones, consulta permanente de la información horizontal y vertical, red de comunicación centro-periferia, periferia-centro y una descentralización en la consulta y ejecución, reforzando las administraciones locales, que en general son todavía muy débiles;

v) Una delimitación de responsabilidades y funciones en la organización burocrática para que el personal pueda cumplir y operar el plan, ya que si bien hay técnicos muy capacitados en el gobierno, la ausencia de un servicio civil elimina el concepto de seguridad en el empleo y frecuentemente hace depender los incentivos para ascender de los cambios políticos que ocurren cada sexenio; y

vi) Crear centros de formación permanente, tanto en la administración pública como en el sector privado, en los que no solamente se otorguen los conocimientos académicos básicos para el desempeño de las funciones administrativas cuando ocurren cambios de política, sino que también se estudie la forma de adaptar la administración a las necesidades surgidas en razón de los cambios engendrados por la planeación.

Estos centros tendrían relaciones a través de órganos de coordinación administrativa con aquellos del sector privado que actúen con idénticos propósitos y constituirían uno de los elementos importantes en la red de comunicación e información a que se hizo referencia.

d) *Necesidad de establecer un mecanismo eficaz de control del sector público*

Hay que tener en cuenta que no existe control posible sin una red de comunicación e información eficientes y que, por lo tanto, el problema del control tiene características hasta cierto punto similares al de la información. Es indispensable llegar a conocer quién controla a quién, para qué, con qué propósito, cuál es la capacidad de control de quien controla, su poder real de evaluación y la aplicación efectiva de los medios de control, así como su grado de rigidez y flexibilidad.

Actualmente, la contaduría de la Federación realiza una primera auditoría del ejercicio del presupuesto de la Federación, del Departamento del Distrito y de la Lotería Nacional, para que el poder ejecutivo entregue la cuenta pública al Congreso. La contaduría mayor de Hacienda, dependiente de la Cámara de Diputados, no hace, en la práctica, sino revisar las mismas cuentas que ya han sido anteriormente glosadas por la contaduría de la Federación. En tal virtud, el control de las operaciones del gobierno federal y del Departamento del Distrito Federal se reduce a ser interno y estrictamente contable, tanto por lo que toca al realizado por el poder ejecutivo, como por el efectuado por el legislativo.

Igualmente se podría decir de los organismos descentralizados y empresas estatales, pese a los esfuerzos realizados por la Secretaría del Patrimonio Nacional. No existe ningún organismo que tenga como misión vigilar que las funciones de las distintas dependencias del sector público se realicen con la eficiencia prevista y que los resultados justifiquen las erogaciones realizadas. Si bien es competencia de la Secretaría de la Presidencia intervenir en ciertos aspectos del control del gasto público —vigilancia de subsidios e inversiones—, es necesario realizar una reorganización de responsabilidades en los procesos de vigilancia de las Secretarías del Patrimonio Nacional, Presidencia y Hacienda, a fin de que quede garantizada la eficiencia y productividad de las operaciones del sector público y las distintas fases del proceso presupuestal.

Para superar estas deficiencias, se sugirió en el Seminario la conveniencia de contar con tres tipos de control que determinen el buen funcionamiento del sector público y un mejor cumplimiento de los objetivos del plan:

I) Control interno de tipo contable en cada uno de los organismos, dependencias y establecimiento del presupuesto por programas y catálogos de cuentas uniformes;

II) Control de la eficiencia de las operaciones en cada una de las dependencias y organismos en su conjunto, por un cuerpo completamente independiente de las Secretarías y organismos descentralizados, encargado de informar directamente al Presidente de la República y éste, a su vez, al poder legislativo que por ley debe realizar el control del presupuesto federal; y

III) Control de los financiamientos internos y externos por una comisión de financiamientos donde estén representadas las principales dependencias financieras y las que intervienen en la autorización del gasto y la inversión pública, así como las Secretarías de Estado y organismos que tengan competencia en el programa específico de que se trate.

Por lo que se refiere concretamente al plan, las labores de control deben iniciarse desde el momento mismo de su elaboración, ya que los errores iniciales tienen un efecto reproductivo geométrico mucho más importante que los efectos correctivos que puedan obtenerse ulteriormente por aplicación de un control *a posteriori*.

El plan puede considerarse como la expresión cifrada de un programa de gobierno a corto, mediano y largo plazo. Por consiguiente, el control es, ante todo, un control permanente de cifras y supone la posibilidad de tener acceso a la totalidad de los datos en todos los servicios y organismos de la administración pública, así como disponer de los medios para allegarse dichas cifras y divulgar las que aparezcan en el plan.

Algunas de las características del control del plan serían:

i) Alejarse de la rigidez sin ser anárquico, para poder adaptarse a toda circunstancia y ser capaz de corregir incertidumbres;

ii) Tener flexibilidad para la elección de medios ofrecidos y las alternativas precisas para alcanzar los objetivos propuestos;

iii) Que los que controlan la ejecución de un plan en su realización material sean impulsores del mismo en lugar de policías del plan y, en general, que todos los que participan de la planeación sean agentes de información, factores de impulso y organizadores políticos y técnicos de la misma; y

iv) Que el control sea permanente, desde la elaboración del plan hasta su ejecución y revisión de objetivos. Este control tendrá más eficacia en la medida en que lo ejerza la jerarquía más elevada de la organización político-administrativa que es, en México, el poder ejecutivo.

e) *Incorporación del sector público local y del sector privado a la planeación*

Un país que desea adoptar una planeación eficaz deberá saber, en primer término, si está preparado para aceptar una coordinación de las actividades en las distintas dependencias del sector público y del sector privado. En México el gobierno federal posee prerrogativas para implementar las decisiones que atañen a todo el sector público federal y, por otra parte, puede utilizar con éxito una política de persuasión y de incentivos que guíen al sector público estatal y municipal y al sector privado de todo el país, empleando para ello los recursos de información y asistencia técnica de las distintas dependencias federales, sus instrumentos de control directo y los medios inductivos constituidos por la política monetaria y fiscal.

La incorporación del sector privado permite llevar al gobierno una expresión abierta de sus problemas y, a su vez, hace que empresarios y trabajadores se enteren y participen en la formación del marco general en que va a operar la economía, contribuyendo a crear en todo el país una mística social de colaboración y avance.

5. PROBLEMAS JURÍDICOS DE LA PLANEACIÓN

Al discutirse en el seno del Seminario el problema relativo a si la elaboración y ejecución de un plan nacional requeriría de reformas constitucionales o, por el contrario, podría llevarse a cabo dentro del marco jurídico vigente, se manifestaron dos corrientes de opinión.

Un grupo de los participantes se inclinó por el sentido de que la planeación encuentra su legitimación en el artículo 133 de la Constitución y que las facultades del gobierno federal se hallan expresamente atribuidas por el artículo 124. Por lo tanto, es posible iniciar la planeación integral dentro del marco de nuestras normas fundamentales sin modificar sustancialmente la estructura jurídica. En la fracción XXX del artículo 73 se autoriza al Congreso para expedir todas las leyes necesarias a fin de hacer efectivas las facultades expresas de los tres poderes federales y se encuentran los fundamentos para que el Congreso legisle sobre planeación económica y social. Para proveer en la esfera administrativa la exacta observancia de las leyes expedidas por el Congreso en materia económica (artículo 89, frac. I) el Presidente de la República está facultado para sentar en un reglamento un plan nacional de desarrollo o, en todo caso, sin la obligación, en cuanto a derecho, de esperar a que el Congreso de la Unión legisle en materia de planeación, el Presidente puede expedir un decreto, aunque sea de menor efectividad en cuanto a extensión. Para extender esta planeación en el ámbito nacional podría seguirse un procedimiento de 'convenios con los Estados, utilizados ya con otros propósitos.

La otra corriente de opinión expresó que la Constitución no emplea en parte alguna ni el término planeación ni el término desarrollo económico y que el solo hecho de hablar de planeación del desarrollo en un país que no ha planeado porque no lo ha reconocido como necesidad política, requiere revisar sus instituciones, sus leyes y sus mecanismos operativos.

La Constitución de 1917 es de tipo liberal y no podría satisfacer las necesidades de la planeación. Esta circunstancia obligaría a violar algunos preceptos constitucionales para que el desarrollo no se viera obstaculizado por la estructura jurídica, pues no únicamente la Suprema Corte de Justicia, sino cualquier juez de distrito, deseoso de hacer respetar literalmente la Constitución, podría detener la política de desarrollo económico. Por tanto, si se lleva a cabo la planeación sin reformar, según esta opinión, la Constitución, se caearía en uno de estos dos errores: a) o se hace la planeación al margen de la Constitución, violándola en muchos casos; b) o se realiza ajustándose a los estrechos márgenes que otorga la ley fundamental, dejando aquélla incompleta.

En atención a lo anterior, es indispensable que la Constitución reconozca que los principios del desarrollo económico, conjuntamente con otros, son la base para la organización del país y que, por lo tanto, los particulares deben ajustarse a las necesidades del mismo, las leyes deben contener la estructura general para la formulación del plan y al ejecutivo debe corresponder la elaboración del mismo y su vigilancia, mientras el Congreso desempeña una función de censura en cuanto a la fidelidad de la ejecución.

Ante esta actitud, la primera corriente de opinión mencionada adujo que la Constitución de 1917 no debe verse como un instrumento con significado estático, sino que se trata de un marco de normas generales que deben interpretarse de tal forma que en ellas quepan los cambios requeridos en el desarrollo económico y social del país y que, por tanto, es innecesaria su modificación, puesto que el espíritu de la planeación no sólo no es contrario a ella, sino que constituye un mecanismo que permitirá cumplir más eficazmente sus metas de bienestar y progreso. Para ilustrar su argumentación se hizo referencia a los párrafos a) y b) de la fracción I del artículo 3, que, refiriéndose a la educación, consideran la democracia no solamente como una estructura jurídica y un régimen político, sino como un sistema de vida fundado en el constante mejoramiento económico, social y cultural del pueblo. La educación será nacional en cuanto —sin hostilidades ni exclusivismos— atenderá a la comprensión de nuestros problemas, al aprovechamiento de nuestros recursos, a la defensa de nuestra independencia política, al aseguramiento de nuestra independencia económica y a la continuidad y acrecentamiento de nuestra cultura.

Posteriormente se afirmó que si bien puede parecer necesaria y conveniente una modificación constitucional en el futuro, a fin de incorporar funciones económicas y de planeación que no están explícitamente mencionadas, en el período inmediato puede y debe realizarse el plan. Es decir, que debe proseguirse con la planeación de la misma manera que se ha proseguido con la política de desarrollo económico, aunque pensando en la conveniencia y necesidad futuras de introducir cambios constitucionales. Después de todo, las leyes están para servir al hombre y no para limitar las aspiraciones colectivas de progreso y justicia social aceptadas por la ciudadanía.

6. EL ÓRGANO CENTRAL DE PLANEACIÓN (OCP)

Una vez precisada la necesidad de adoptar la planeación y planteados los problemas jurídicos que ella supone, se discutió cuál debería ser el órgano responsable de la elaboración y ejecución del plan. Se adoptaron tres posturas respecto al carácter administrativo del OCP.

a) Creación del órgano de planeación en forma de una comisión nacional.

b) Necesidad de una nueva Secretaría, encargada de la planeación central y probablemente de elaborar el presupuesto (mas no de ejecutarlo, pues esa seguiría siendo atribución de la Secretaría de Hacienda).

c) Ampliación de las funciones de la actual Secretaría de la Presidencia para que pudiera llevar a cabo la planeación nacional.

La idea de crear una comisión gozó de amplia popularidad, pues no sólo ha sido considerada en un anteproyecto de la Cámara de Senadores pendiente de dictamen, sino que también fue conclusión del seminario de planeación celebrado bajo el patrocinio de la Escuela Nacional de Ciencias Políticas y Sociales y del Instituto de Administración Pública. Se señaló que una comisión tendría las siguientes ventajas: a) estaría libre de trabas administrativas y burocráticas; b) facilitaría la coordinación de las distintas dependencias al más alto nivel administrativo; y c) su independencia garantizaría imparcialidad en sus juicios sobre política económica gubernamental.

Para evitar que quedara aislada en sus decisiones, sería recomendable que dicho comité tuviese la facultad de autorizar y vigilar las inversiones, tal como lo hizo la comisión de inversiones, y que estuviese integrado por personas de alto prestigio político y experiencia administrativa.

Una Secretaría de Estado, en cambio, tendría las siguientes desventajas: a) tendencia hacia la burocratización; b) la igualdad en la jerarquía con otras instituciones le daría una categoría de preeminencia, que haría difícil la tarea de coordinación; y c) la autoridad de la dependencia se vería ligada a problemas de carácter político que dificultarían el desempeño de sus labores.

Sin embargo, se reconoció que una Secretaría de Planeación podría tener algunas ventajas, tales como: a) que sus decisiones tendrían carácter ejecutivo y no serían meras recomendaciones; b) que las labores de planeación tendrían un alto rango; c) que habría facilidad en las funciones de la supervisión; y d) que evitaría el aislamiento entre el técnico de planeación y la administración pública.

Aunque un grupo numeroso de los participantes del Seminario se manifestaron contrarios a situar el OCP en una secretaría de Estado, tomando en cuenta la labor tan poco satisfactoria realizada hasta 1964 en el terreno de la planeación, tanto en materia administrativa como en materia de elaboración de planes técnicos adecuados y de amplia aceptación popular, hubo otro grupo que sostuvo que, en el ambiente administrativo mexicano, es necesario que sea precisamente una Secretaría quien dé forma a los acuerdos en materia de planeación, que habrían de refrendar los secretarios de despacho de los ramos interesados. Dentro de la Secretaría podría crearse un órgano de consulta con la finalidad de escuchar a los particulares y con toda la amplitud de funciones que se quisiera.

Cuando en 1958 fue creada la Secretaría de la Presidencia se propuso que fuera auxiliada por comisiones o consejos intersecretariales constituidos o integrados bajo la iniciativa de dicha dependencia, a fin de elaborar planes y considerar medidas de la incumbencia y radio de acción de varias secretarías de Estado. También se propuso la creación de un consejo de política económica al que la Secretaría de la Presidencia habría de someter los lineamientos generales del plan económico, para garantizar que fueran tomados en cuenta los diversos puntos de vista que mereciesen escucharse y para asegurar la coordinación de funciones de las diversas dependencias del ejecutivo. Por ejemplo, medidas de tal trascendencia como la reforma fiscal o el sistema de reparto de utilidades a los trabajadores deberían haber sido sometidas a la opinión del mencionado consejo.

Una de las tareas más importantes de la Secretaría de la Presidencia, la coordinación de las actividades de las secretarías y departamentos de Estado, se concebía no por atribuirle esta función esencial del Presidente, sino por encomendarle la secretaría y manejo de los consejos intersecretariales con objeto de que su funcionamiento pudiera ser vigilado directamente por el Presidente de la República.

Desgraciadamente, semejantes proposiciones no pudieron llevarse a cabo, sin que ello quiera decir que no sean realizables en el futuro. En dicho esquema, el OCP estaba concebido como una Secretaría de Planeación y Presupuesto, pero según hicieron notar varios participantes no era conveniente la transferencia de, atribuciones en materia presupuestal a la proyectada Secretaría para no romper la unidad en el manejo de las finanzas públicas. Por tanto, si a la Secretaría de la Presidencia se le ampliaran sus funciones para realizar la planeación con el auxilio de comisiones intersecretariales y cuerpos consultivos que dieran acceso a los grupos económicos organizados, ésta podría ser la solución que acarreara menores reformas, la más susceptible de realizarse en el cuadro administrativo vigente, y la que podría superar más fácilmente los obstáculos derivados de la necesidad de crear un órgano ad hoc, reconociéndose, sin embargo, que lo más importante era tomar la decisión política de llevar a cabo la planeación económica.

7. EL PROCESO DE PLANEACIÓN Y LA COHERENCIA Y CONSISTENCIA LÓGICA DE LOS OBJETIVOS

En el seno de las discusiones llevadas a cabo durante el Seminario se insistió en que el proceso de planear el desarrollo cubre cuatro fases fundamentales: formulación del plan; discusión y, en su caso, aprobación; ejecución y, finalmente, vigilancia.

Asimismo, se convino en que la planeación abarca dos grandes campos: uno, el aspecto teórico, que deberá ser guía en la ejecución y formulación del plan a fin de reemplazar las acciones aisladas por una orientación definida, tanto en el aspecto general como en el sectorial y que serviría para dar unidad a la política económica y otro, el campo de acción y ejecución. De esta manera, los principios teóricos y políticos que sirvan de guía rectora a la planeación permitirán encontrar la máxima compatibilidad entre los objetivos, por una parte, y entre éstos y los instrumentos de acción, por la otra.

En efecto, la teoría que se adopte e inspire los principios generales de la planeación debe ante todo asegurar la compatibilidad entre objetivos e instrumentos de acción y decidir si la intervención del Estado ha de ser directa o limitada simplemente a crear las condiciones favorables para que la inversión privada se desenvuelva por sí misma, debiendo igualmente detectar los principales obstáculos que impidan un desarrollo económico más acelerado y señalar las medidas más adecuadas para superarlos. En una palabra, debe haber una teoría congruente que norme la planeación global, especialmente en lo referente a objetivos, medios, magnitudes económicas importantes y sus relaciones cuantificables, manejo de instrumentos y utilización de técnicas relativas a las políticas fiscales, de inversión, monetaria y crediticia, de comercio exterior, de precios y políticas sociales.

La metodología más usual en países que aún no disponen de un amplio material de información que haga posible el empleo de procesos matemáticos complicados, por no disponer de elementos humanos ni estadísticos, es la de la prueba y error, técnica que sirve para proyectar con base en la historia económica del país y en la oferta y demanda global y sectoriales, a fin de compaginar resultados y hacer los ajustes necesarios.

Por otra parte, se insistió en que para planear se requiere la decisión política del gobierno ante diversos dilemas que se plantean cuando la consecución de un objetivo se hace a costa de otro, como tratar de aumentar la capitalización privada reduciendo los impuestos a grupos de altos ingresos, cosa que va en contra del objetivo de redistribuir el ingreso, o cuando se incrementa la inversión a costa de reducir el consumo. Uno de los dilemas más serios a que se enfrenta el país es que el equilibrio de la balanza de pagos puede significar un ritmo menor de desarrollo, es decir, que se ajuste la tasa de desarrollo a la disponibilidad de divisas (frenando la inversión y el consumo), o bien, adoptar la tasa de desarrollo que permita aprovechar plenamente la potencialidad de expansión de la economía aunque esto suponga un mayor control de la balanza de pagos. Éstos son problemas cuya solución compete al Estado, porque sólo éste puede y debe darla, haciendo pesar dentro del plan nacional los distintos objetivos del desarrollo económico.

No puede negarse la evidencia de poderosos intereses que afirman que no es necesario cambiar de política (planeación incompleta, informal y hasta contradictoria) porque el país ha venido creciendo a un ritmo medio del 6 % anual, y porque el año pasado dicho crecimiento alcanzó, inclusive, el 10 %, sin afectar la estabilidad de los precios y del tipo de cambio. Los defensores de esta postura se preguntan: ¿para qué necesitamos en estas condiciones la planeación nacional?

El Seminario por su parte opinó que es necesario destruir este sofisma, pues aun suponiendo que las cifras reflejen con precisión (no hay evidencia de que así sea) la medida del indudable desarrollo económico, éste fue posible a causa de cambios estructurales profundos producidos por el movimiento revolucionario. Además, y es quizá lo más importante actualmente, no tiene significado hablar de porcentajes cuando debiera atenderse a la medida en que se están alcanzando objetivos específicos y reales y a la forma en que se satisfacen las necesidades del mexicano medio. ¿Está bien nutrido, bien alojado, viste adecuadamente, se halla protegido en su salud? ¿Tienen todos y cada uno de los mexicanos iguales oportunidades de educarse según sus méritos, su esfuerzo y su voluntad? ¿Tienen todos un empleo productivo y seguro? ¿Está en manos de mexicanos la riqueza nacional? ¿Hay ramas estratégicas de actividad dominadas por extranjeros? ¿Es compatible el crecimiento de la deuda internacional con la consecución de otros objetivos nacionales? Dicho en otras palabras, ¿el nivel actual de endeudamiento externo es compatible con la independencia económica?

La cifra del 10 % de crecimiento económico no contesta nada de esto, pero es arrojada a la opinión pública como si el simple crecimiento global del producto condensara todas las aspiraciones económicas y sociales del país. Se necesitan precisar objetivos en las diversas ramas de la producción y del consumo a fin de coordinar las medidas e instrumentos necesarios para lograr el desarrollo. Esto sólo es posible dentro del marco de una planeación nacional cuyo proceso comprende: la reunión de requisitos que permitan elaborar tanto el plan nacional como los planes sectoriales y regionales, hacer un diagnóstico, organizar la maquinaria administrativa para su aplicación, coordinar medidas e instrumentos de acción asegurando, así, su control, supervisión y ajuste.

Sólo con este mecanismo se evitarán muchas de las contradicciones innecesarias en que ha incurrido nuestro desarrollo.

Igualmente importante es la cooperación de las entidades federativas, dada su autonomía en ciertos aspectos locales, cooperación que puede lograrse mediante convenios con dichas entidades a fin de coordinar su acción con la del gobierno federal. De manera semejante debe buscarse la cooperación de los empresarios privados para ejecutar planes concretos, ya que las autoridades locales y los particulares puede decirse que son células fundamentales de los planes sectoriales.

8. LA PLANEACIÓN DEL DESARROLLO AGRÍCOLA

La agricultura mexicana se caracteriza actualmente por una dicotomía. En las zonas de riego se han aplicado técnicas modernas y la producción ha aumentado considerablemente, en especial la de artículos exportables y la de aquellos otros cuyos precios están sostenidos por el Estado. En cambio, amplias extensiones de tierra de temporal, en donde coexisten el minifundio, la mediana y la gran propiedad, siguen explotándose en forma tradicional, poco mecanizada y sujeta a gran presión demográfica. En estas condiciones la agricultura próspera desplaza del mercado a la tradicional, de manera que los precios de garantía tienden a beneficiar a quienes menos lo requieren, mientras que aquellos verdaderamente necesitados continúan en situación deprimida y condenados a una subsistencia precaria.

La política de ocupación agrícola también presenta serias contradicciones: en las áreas prósperas se ocupa escasa mano de obra, mientras que en las deprimidas existe exceso de ella.

Toda una serie de factores concurren a explicar tan absurda situación de abundancia, alta productividad y reducida población beneficiada en unas áreas, al lado de un cuadro general de escasez y miseria para gran parte de la población campesina. La nutrición general del pueblo mexicano dista mucho de ser adecuada, a causa de una producción insuficiente de algunos productos como la carne, la leche y las hortalizas. Es, por tanto, imprescindible un estudio integral del problema agrario que analice las condiciones legales de tenencia de la tierra, titulaciones, crédito, organización, demanda, precios de garantía, factores sociológicos y culturales, educación rural, y otros que contribuyan a elevar la productividad de las áreas atrasadas, para que se pueda adoptar una planeación integral del desarrollo agrícola que esté relacionado con el desarrollo industrial y con el del resto de la economía.

9. LA PLANEACIÓN DE LA ACTIVIDAD PRIVADA

En el Seminario se habló de que grupos importantes de la iniciativa privada han solicitado la planeación nacional por haberse dado cuenta de los beneficios que se obtienen al conocer de antemano el marco general previsto en el desarrollo económico y social para un período determinado.

La planeación de la actividad privada es realizable en nuestro sistema político, si se coordinan los numerosos instrumentos de control, regulación, estímulo y promoción a disposición del gobierno y que éste tiene diseminados en diversas secretarías y dependencias federales. Precisamente por la falta de planeación algunas de las medidas resultan en ocasiones contradictorias y forman una engorrosa maraña administrativa que tiende a obstaculizar la inversión de los particulares. Desde luego, como cada una de estas medidas tiene un propósito no se les puede eliminar, sino más bien debe tratarse de que mediante su coordinación se alcancen metas específicas de crecimiento e integración industrial en las distintas ramas de la economía de las diferentes regiones del país. Si bien la elaboración del plan es responsabilidad del gobierno, debe escucharse la opinión de los particulares en un órgano efectivo de representación gremial, con objeto de precisar y dar mayor coherencia a las medidas e instrumentos adoptados para alcanzar las metas físicas del plan.

Para hacer eficaz la planeación nacional, el Estado habrá de asumir un papel más dinámico en sus relaciones con la iniciativa privada, bajo los siguientes supuestos principales:

a) Otorgar tratamiento preferencial, en materia de permisos, regulaciones, aranceles, créditos, franquicias, etc., a cualquier empresa sujeta a los lineamientos del plan;

b) Las empresas al margen del plan quedan amparadas por sus derechos constitucionales, pero no podrán gozar del tratamiento preferencial otorgado a las mencionadas en el inciso *a)*;

c) El Estado puede destinar recursos a cualquier actividad económica que considere estratégica para el desarrollo;

d) El Estado puede establecer empresas en forma conjunta con particulares, en cualquier campo de actividad económica requerida por el plan; y

e) El Estado puede controlar variables macroeconómicas tales como los salarios mínimos, tasa legal de interés, precios de los productos agrícolas y otros, mediante disposiciones legalmente obligatorias.

Desde el punto de vista metodológico, se subrayó que podría procederse a planear la actividad pública y privada, aunque no exista un cuadro completo de relaciones interindustriales. La ausencia de este instrumento técnico puede sustituirse con otros como, por ejemplo, proyecciones basadas en el muestreo estadístico, que fue el método empleado por la Confederación Patronal en relación con la medición de la demanda de productos ganaderos en el norte del país.

10. LA PLANEACIÓN DEL DESARROLLO SOCIAL

Es necesario planear el desarrollo social conforme a principios generales aplicados en el caso de la planeación económica. La programación económica desarrolla los recursos materiales utilizando los humanos y la social estimula el factor humano usando los recursos materiales. Por tanto, la planeación social debe repercutir favorablemente en el incremento de la producción.

En consecuencia, el problema del desarrollo económico y social balanceado se transforma, hasta cierto punto, en el problema de lograr el equilibrio entre los recursos humanos y materiales. Hasta ahora, en los intentos de planear se ha puesto hincapié muy marcado en las inversiones físicas. Es más, en realidad, lo único que ha existido es un programa general de inversiones públicas y quizá algunas muestras esporádicas de integración de ramas dispersas de la economía. El desarrollo social se ha realizado muy parcialmente, desperdiciando recursos en forma extravagante, hecho que bien puede calificarse de derroche, frente a las vastas necesidades sociales no satisfechas de una población que crece a uno de los ritmos más elevados del mundo. Así, se ha visto la dispersión de esfuerzos y recursos en materia de vivienda, salud, mejoramiento de las comunidades rurales, extensión agrícola, sin haber existido planes nacionales de corto y largo plazo.

La programación social podrá balancear y armonizar los efectos del crecimiento económico y lograr, de este modo, un desarrollo global por una vía que elimine, en lo posible, las crisis y la violencia.

11. LA PLANEACIÓN EN LA UTILIZACIÓN DE LOS RECURSOS HUMANOS

El elemento más valioso de que dispone el país es el hombre, único factor de la producción que es a la vez medio y fin y que, sin embargo, está muy lejos de utilizarse de acuerdo con los postulados de la Revolución. En el Seminario se presentaron cifras verdaderamente alarmantes del rápido crecimiento demográfico y del bajo aprovechamiento de los recursos humanos en la educación y en el trabajo.

En efecto, el sistema educativo es insuficiente, porque deja a la mayoría de la población con un promedio de escolaridad menor de 3 años y la estructura ocupacional de la población no ha variado sustancialmente en los últimos años. Si bien la fuerza de trabajo agrícola disminuyó ligeramente en términos relativos de 1950 a 1960, en términos absolutos aumentó y la ocupación industrial es, en términos relativos, menor que la lograda en 1910. No existe una estimación relativa del subempleo, pero, según datos proporcionados por el censo de 1960, el 37 % de la población ocupada en la agricultura ganaba menos de 199 pesos mensuales y el 53 % de la ocupada en la industria tenía un ingreso mensual inferior a

499 pesos. Considerando todas las ocupaciones, el 41 % de la población económicamente activa tenía una bajísima productividad, a juzgar por su nivel de ingresos.

Como es sabido, en el curso del desarrollo económico ocurre una transferencia de mano de obra del sector agrícola al industrial y también se altera la proporción de ocupaciones no calificadas en favor de las semicalificadas y calificadas. Este cambio estructural, obviamente, no puede realizarse si gran parte de la población de trabajadores no cuenta cuando menos con un nivel de calificación correspondiente al de la enseñanza media.

Sólo la planeación puede lograr, en un plazo breve, una utilización racional y humana de la población para poder compartir los frutos del progreso de una manera realmente democrática y en un marco de justicia social.

12. LA PLANEACIÓN DEL DESARROLLO REGIONAL

En el Seminario se afirmó que la planeación regional no puede ser, en manera alguna, sustitutiva de la nacional, ya que la suma de planes regionales no constituye un plan global. Sin embargo, el enfoque regional es de suma importancia porque, al tomar en cuenta los diversos grados de desarrollo de las regiones, se determina su capacidad económica para contribuir a los objetivos nacionales, la potencialidad económica susceptible de explotarse en beneficio de todo el país y sus necesidades por satisfacer.

13. EL FINANCIAMIENTO DEL PLAN NACIONAL

En el Seminario se comentó con grave preocupación la creciente tendencia al endeudamiento externo y la ausencia de un plan bien definido capaz de financiar el desarrollo con mayor proporción de recursos internos. Se llegó a decir que el crédito externo se utilizaba no como complemento, sino como sustituto del ahorro interno, ya que resulta más fácil acudir a los préstamos internacionales, obtenidos con relativa facilidad cuando los países se sujetan a las "normas" de las instituciones internacionales, que tratar de extraer esos recursos de las capas de población nacional con ingresos altos.

También se trató el tema de las inversiones extranjeras, analizándose en qué medida pueden considerarse como fuentes complementarias de ahorro que además traen aparejados conocimiento y técnica para la expansión y establecimiento de nuevas empresas. El Seminario, casi en su totalidad, se pronunció en contra de la inversión extranjera irrestricta y de la falsedad que implica creer que las inversiones extranjeras siempre vienen a abrir nuevos campos no explotados, cuando en realidad, en los últimos años y en muchos casos, han venido a comprar, a precios atractivos, inversiones ya establecidas por mexicanos, desplazando así al capital nacional e intensificando la dependencia del exterior. El pago combinado del servicio de la deuda externa (amortización e intereses) más la remisión de utilidades al extranjero, atan un elevado porcentaje de nuestros ingresos en cuenta corriente, porcentaje que según datos oficiales superó el 34 % de dichos ingresos en 1964 y coloca al país en una peligrosa posición de dependencia.

Por tanto, se convino que era necesario continuar la reforma fiscal para obtener recursos internos; adquirir créditos externos en mejores condiciones, dado que la carga por el servicio del capital exterior se encuentra en la actualidad en un límite que sería peligroso sobrepasar; captar mayores volúmenes de ahorro privado interno; defender los intereses de los inversionistas minoritarios; y canalizar una parte creciente de estos recursos hacia la agricultura y la industria mediana y pequeña dentro del marco de la planeación económica y social.

MAURICIO CARRIL
IFIGENIA M. DE NAVARRETE
RICARDO TORRES GAITÁN
coordinadores

PRIMERA PARTE

Objetivos y metas de la planeación

1

Antecedentes e instrumentos de la planeación de México *

MIGUEL S. WIONCZEK

EL PRIMER PERÍODO, 1934-1952

Los términos "plan económico" y "planeación económica" aparecieron en el vocabulario político mexicano a principios de los años treinta, y desde entonces han tenido una amplia utilización.[1] En el otoño de 1933, en medio de la gran depresión, la jerarquía superior de los dirigentes posrrevolucionarios, bajo el acicate de intelectuales más jóvenes, formuló lo que se llamó el Plan Sexenal. Este plan se inspiró, en parte, en la política de intervención estatal, que surgía en los países occidentales más desarrollados como respuesta a la crisis económica mundial, y, en parte, en lo poco

* La primera versión de este ensayo fue escrita para el Centro de Estudios Internacionales del Massachussets Institute of Technology y apareció en el libro de Everett E. Hagen *Planning Economic Development* (Richard Irwin, Inc., Homewood, I 11. 1963) así como en su versión española publicada por el Fondo de Cultura Económica en 1965 bajo el título *Planeación del desarrollo económico*. El autor agradece al profesor Hagen y al Fondo de Cultura Económica su permiso de usar partes del mencionado ensayo en la preparación de esta nueva versión revisada y considerablemente ampliada.

[1] Cabe recordar que la primera Ley sobre Planeación General de la República fue expedida a mediados de 1930 durante la administración de Pascual Ortiz Rubio. En la exposición de motivos de dicha Ley, publicada en el *Diario Oficial* del 12 de julio de ese año, se hablaba de la urgente necesidad de elaborar el "Plan nacional de México" en términos, principalmente, del inventario de recursos nacionales. El conocimiento de los recursos disponibles permitiría coordinar y regular "el desarrollo material y constructivo del país, a fin de realizarlo en una forma ordenada y armónica, de acuerdo con su topografía, su clima, su población, su historia y tradición, su vida funcional, social y económica, su defensa nacional, la salubridad pública y las necesidades presentes y futuras". La Ley preveía el establecimiento de la Comisión Nacional de Planeación y de la Comisión de Programa. La primera, bajo la presidencia honoraria del Presidente de la República y la ejecutiva del Secretario de Comunicaciones y Obras Públicas estaría constituida por representantes técnicos de todas las dependencias federales, las organizaciones profesionales y los organismos representativos del sector privado. La Comisión de Programa, encargada de elaborar "todos los estudios, planos y programas enumerados en la Ley", se integraría con el personal de la Secretaría de Comunicaciones y Obras Públicas. Se desconocen los resultados prácticos de la disposición legislativa de 1960.

que se sabía a la sazón en México sobre la planeación soviética de comienzos de la tercera década del siglo. El Plan Sexenal era un plan económico sólo de nombre. Constituía, en realidad, un bosquejo general de la política económica a seguir después del cambio de administración de 1934, orientada, en primer lugar, a lograr que el país saliera de serias dificultades de origen externo, y encaminada, en segundo lugar, a alentar el desarrollo económico conforme a los lineamientos señalados al término de la lucha revolucionaria por el presidente Calles (1925-1928), quien aún seguía detentando el poder efectivo en el país en 1933. El Plan fue elaborado conjuntamente por los técnicos del gobierno federal y la Comisión del Programa del Partido Nacional Revolucionario (PNR) y ratificado por la segunda convención del PNR celebrada en diciembre de 1933. El hecho de que el entonces futuro presidente, Lázaro Cárdenas, no participara activamente en su preparación indica que se trataba principalmente de un documento político preparado por el grupo de Calles. Tal como lo observó años después un estudioso de los problemas de la administración pública mexicana.

El plan no proponía un programa financiero apto para apoyar los demás aspectos, muchos de los cuales señalaban aumentos en el gasto tanto del gobierno federal como de los gobiernos locales... Ni hay tampoco pruebas de que los autores del plan tomaran seriamente en cuenta la estructura existente de los ingresos públicos o los posibles métodos para acrecentarlos, o que entendieran la relación entre el gasto público y el nivel general de la actividad económica.[2]

Además, el Plan Sexenal no contenía ningún instrumento práctico para su ejecución. Hacia la época de su preparación, México no contaba con ningún organismo económico o estadístico que realizara los estudios necesarios para traducir las instrucciones generales del plan a términos cuantitativos. Si bien el documento entrañaba el reconocimiento de la necesidad de elaborar programas económicos anuales para complementar la estructura general del plan, así como la revisión periódica de sus metas, no disponía el establecimiento de un organismo federal con tal propósito. Simplemente, sugería que los organismos del partido en el gobierno se hicieran cargo de todas estas cuestiones. En una ocasión se hizo un intento para eliminar esta deficiencia básica del plan, cuando en 1935 el presidente Cárdenas creó un organismo consultivo especial, llamado Comité Asesor Especial, integrado por varios secretarios de Estado, un representante de la Comisión Nacional de Irrigación y los directores del banco central y del Banco Nacional de Crédito Ejidal. Se encomendó a este grupo que coordinara las políticas nacionales de planeación.

2 Wendell Karl Gordon Schaeffer, "La administración pública mexicana", *Problemas Agrícolas e Industriales de México*, vol. VII, núm. 1, México, primer trimestre de 1955, p. 252.

Sin embargo, y al igual que muchos otros grupos intersecretariales que se crearon en las décadas siguientes, aparentemente el Comité no funcionó con eficiencia. De otra suerte, no habría sido necesario establecer pocos años después en la Secretaría de Gobernación una oficina técnica encargada del Plan. El presidente Cárdenas dio instrucciones a esta nueva dependencia para preparar otro plan sexenal que abarcara el período de la siguiente administración (1941-1946).

En términos conceptuales, y sólo conceptuales, el segundo Plan Sexenal representó una mejoría respecto del primero. En un capítulo introductorio especial, que no figuró en el primer plan, se examinaban con amplitud los problemas relacionados con la planeación concreta de las actividades del gobierno y la coordinación de las diferentes dependencias del mismo, incluso la coordinación entre las autoridades federales, estatales y municipales. Se sugería que el gobierno federal delineara su plan de acción en el terreno económico en términos cuantitativos, y recomendaba el pronto establecimiento de un consejo nacional supremo, en el que estuvieran representadas todas las fuerzas económicas, sociales, políticas y militares. El campo de actividad del Consejo sería delimitado por medidas legislativas del Congreso, pero el organismo tendría sólo una naturaleza consultiva. Se dejó en manos del Presidente de la República la decisión respecto a "el ritmo y las modalidades de ejecución del programa gubernamental". Finalmente, se recomendó que las autoridades del partido gobernante revisaran y ampliaran el nuevo programa, a la luz de la experiencia adquirida durante el primer Plan Sexenal, y de los resultados de los censos nacionales de 1940. Todas estas sugerencias no añadieron nada en términos prácticos. En un grado aún más notable que el primero, el segundo Plan Sexenal tampoco pasó de ser un plan en el papel.

Incluso con sólo un conocimiento esquemático de la moderna historia económica y política de Méixco, se puede entender por qué los dos planes consistían en su mayor parte en exhortaciones genéricas con muy pocos efectos prácticos. En primer lugar, fueron elaborados sin conocimiento alguno de los métodos de planeación aplicables a una sociedad todavía muy subdesarrollada, que sufría una escasez muy seria de técnicos y especialistas en todos los niveles. En segundo lugar, fueron preparados por administraciones salientes, en un país cuyo sistema político establece la trasmisión pacífica del poder dentro del partido gobernante (que para todos los efectos prácticos es el único), pero no contiene disposiciones que permitan la continuidad de las políticas económicas, salvo en el sentido general del cumplimiento del espíritu de la Constitución. De esta manera, tanto el primer Plan Sexenal como el segundo hubiesen sido obligatorios para el Presidente entrante, sólo en el caso de que los intereses y objetivos del nuevo régimen coincidieran por completo con los de su antecesor, siempre y cuando las condiciones generales, internas y externas, hubiesen permanecido, básicamente, sin cambio.

Pero no fue éste el caso. Por una serie de razones que no caben dentro del marco del presente estudio, la administración de Cárdenas (1935-1940) rompió con la política de Calles y se orientó hacia los ideales agrarios de la Revolución y el nacionalismo extremo del que fueron en buena medida responsables, conjuntamente, la gran depresión y la conducta de los poderosos intereses económicos extranjeros en México. La administración de Ávila Camacho (1941-1946) significó, por otra parte, el retorno a las políticas económicas en vigor antes del ascenso de Cárdenas, un retorno posible, porque Cárdenas, precisamente había realizado las reformas en la tenencia de la tierra que resolvieron prácticamente el problema agrario, y consumado la nacionalización de la industria petrolera. La controversia en torno a la nacionalización constituyó un grave factor de irritación en las relaciones de México con el mundo exterior. Más aún, el inicio de la segunda Guerra Mundial, al privar al país de sus fuentes externas de abastecimiento de bienes manufacturados, creó condiciones excelentes para la rápida industrialización de México, puesto que el país poseía ya las aptitudes técnicas y de administración necesarias para producir muchos de los bienes de que ya no podía disponer en el exterior. La industrialización, objetivo nacional que Cárdenas sólo consideró secundariamente, fue de gran importancia para Ávila Camacho.

En contra de lo que todavía se piensa en muchos sectores, el régimen de Cárdenas, inclinado hacia la reforma agraria y acosado por enormes problemas externos, no fue socialista, si se define el gobierno de tipo socialista como un sistema político orientado a establecer una sociedad dirigida centralmente y controlada por el Estado. Cárdenas y los radicales que lo rodeaban hicieron muy pocos esfuerzos para revisar, fortalecer o convertir en ley el instrumento de planeación recibido del grupo de Calles en 1934. Probablemente habrían hecho muy poco uso de semejante instrumento, aun cuando hubiese sido más eficiente y mejor diseñado desde el punto de vista técnico. Simplemente, tomaron del Plan Sexenal lo que se ajustaba a su propia lista de prioridades en cuanto a metas económicas y sociales, y trataron de ejecutar esas partes del plan de acuerdo con las circunstancias existentes y los medios financieros disponibles. Como las circunstancias eran muy difíciles y los recursos igualmente limitados, muy poco de lo que proponía el Plan Sexenal se había llevado a la práctica hacia 1940, salvo en el campo de la irrigación y los transportes que recibieron la misma prioridad que se les asignó bajo la administración de Cárdenas. El 77 % de la inversión pública federal en este período fue dedicado a estas dos actividades, frente al 58 % que se consignó para ellas durante el subsecuente régimen de Miguel Alemán. El gobierno de Ávila Camacho hizo una utilización aún menor que Cárdenas del siguiente Plan Sexenal, aunque por razones completamente diferentes. Podría decirse que el régimen de Ávila Camacho representaba la vuelta a la normalidad, una normalidad muy próspera en verdad, a causa del auge motivado por la guerra en el sector externo de la economía, y de los efectos de las reformas´ de Cárdenas sobre la estructura económica y social del país. Por entonces, casi todas las inversiones privadas rendían grandes beneficios y prácticamente toda inversión pública era altamente productiva. El ingreso del sector público[3] se acrecentó con rapidez a partir de los deprimidos niveles de los años treinta y, por primera vez en la era posrrevolucionaria, quienes gobernaban a México pudieron llegar con facilidad a la conclusión de que lo que era bueno para el Estado era bueno para el sector privado, y viceversa. No se debe olvidar que durante los años de la guerra. la economía mexicana creció a una tasa anual por habitante de casi el 5 % en términos reales, comportamiento pocas veces logrado en otras partes, salvo mediante programas orientados hacia un esfuerzo de guerra que pone en juego energías nacionales extraordinarias. En tales circunstancias, parecía innecesario una planeación nacional ordenada. La decisión del gobierno de Ávila Camacho, en 1942, de establecer la Comisión Federal de Planeación Económica, organismo cuyas realizaciones son un tanto oscuras, tuvo poco que ver con la planeación. Se suponía que la Comisión iba a reunir hechos y cifras sobre la producción industrial del país y, evidentemente, respondía a la creciente necesidad de mejorar la información estadística, cuya insuficiencia y falta de exactitud obstaculizaban claramente las actividades diarias, tanto del sector público como del privado.

Cuando, en 1946, llegó el momento de otro cambio de administración, el desarrollo de la economía continuaba en firme, pero otra vez volvió a escucharse el término "planeación económica". La campaña electoral del candidato presidencial Miguel Alemán introdujo dos elementos nuevos en la formulación del programa de política económica del gobierno entrante. La primera novedad consistió en que el propio aspirante a la Presidencia participó en este empeño muy activamente. En segundo lugar, la gama de los grupos que participaron se extendió considerablemente más allá de los acostumbrados técnicos del gobierno y los altos miembros del partido gobernante.

Durante los doce meses anteriores a las elecciones de 1946 se celebraron discusiones de mesa redonda en más de la mitad de los Estados y en todos los centros urbanos de México. En cada reunión el candidato discutía alguna de las grandes cuestiones económicas nacionales con representantes de los grupos locales, incluso con los pequeños agricultores y dirigentes sindicales, y después

---

[3] El término "sector público" alude a las agencias administrativas convencionales del gobierno, más los organismos autónomos y las entidades gubernamentales que administran empresas públicas.

se analizaban los problemas regionales. Los problemas nacionales importantes quedaron divididos de antemano en cuatro grandes grupos: la agricultura, la industria, los transportes y la actividad turística. De acuerdo con uno de los principales consejeros de Alemán durante su campaña electoral, el Dr. Manuel Germán Parra, el futuro Presidente no deseaba que "su programa detallado de gobierno fuese el fruto exclusivo de su experiencia personal, por grande que ésta fuese, ni del punto de vista estrictamente técnico de un pequeño grupo de especialistas en los diversos problemas a que se enfrentaba el país".[4] Por desgracia, y cualquiera que pueda ser el valor que tengan para los historiadores del futuro los materiales y opiniones reunidos durante la campaña electoral de 1946, no se tradujeron en ningún cuerpo organizado de política nacional, ni en programas, si bien tres años más tarde el Dr. Parra insistía en que los resultados principales de los debates nacionales se conservaban de modo permanente en el despacho presidencial, para que el jefe del ejecutivo los utilizara como principal obra de consulta.[5]

Para todo propósito práctico, el gobierno de Alemán representó la continuación del régimen de Ávila Camacho. El temor, muy generalizado en México al terminar la guerra, de que se produjera un receso económico en los Estados Unidos y en otros centros industriales, resultó infundado; la demanda para las exportaciones mexicanas siguió siendo fuerte; el desarrollo económico del país durante los años de la guerra se tradujo en una

CUADRO 1

Inversión pública y privada en México en períodos seleccionados, 1939-1963

(Porcentajes de la inversión bruta total; promedios anuales de períodos de dos años)

Años	Pública	Privada
1939–1940	39.6	60.4
1944–1945	41:1	58.9
1949–1950	42:1	57.9
1954–1955	41.3	58.7
1959–1960	36.5	63.5
1962–1963	48.7	51.3

FUENTES: 1939-1950: *El desarrollo económico de México y su capacidad para absorber capital del exterior.* (México, 1953); 1954-1955: Nacional Financiera, S. A. *Informes anuales;* 1959-1963: Secretaría de Hacienda, *Prospectus for buyers of Mexican development bonds, floated on Nov. 1, 1964.*

[4] *Conferencias de Mesa Redonda* (presididas durante su campaña electoral por el Lic. Miguel Alemán, 27 de agosto de 1945-17 de junio de 1946), México, 1949, p. xxvi.
[5] *Ibid.*, p. xxxvii.

expansión considerable del mercado interno y la economía pudo hallarse en condiciones de financiar el creciente monto de la inversión. En el sector privado esas inversiones se canalizaron hacia la agricultura de exportación y la industria y, en el sector gubernamental, hacia toda clase de obras públicas (o capital social básico) incluyendo ferrocarriles, carreteras, obras de riego en gran escala y energía eléctrica.

Según indica el cuadro 1, el gobierno brindó generosos recursos financieros para estas finalidades. Hay que precisar que, entre 1946 y 1952 las inversiones en el sector público, que alcanzaban ya un 41 % de las inversiones totales, aumentaron en un 50 % en términos reales, proporción ligeramente más alta que la del aumento en el producto nacional bruto. La estructura institucional del sector público sufrió también un cambio importante. Mientras que durante la administración de Ávila Camacho el sector público comprendía, principalmente, el gobierno federal y unas cuantas empresas estatales grandes (ferrocarriles, petróleo y energía eléctrica), durante los primeros años de la posguerra brotaron en gran proliferación diversos tipos de organismos públicos y empresas estatales autónomas, dependientes todos ellos en alguna medida de los recursos financieros del gobierno federal. Hubo también un cambio en la importancia relativa de las dependencias administrativas tradicionales del gobierno federal como inversionistas directos, en comparación con el resto del sector público. En los años cuarenta, las disponibilidades de capital de los organismos autónomos del gobierno y las empresas estatales fueron considerablemente menores que la inversión directa del gobierno federal, pero al comenzar los años cincuenta habían aumentado a cerca del

CUADRO 2

Participación de los organismos administrativos del Gobierno Federal y del resto del sector público en la inversión pública en México, en períodos seleccionados, 1939-1960

(Porcentaje de la inversión pública total; promedios anuales de períodos de dos años)

Años	Federal *	Resto del sector público
1939-1940	56.1	43.9
1944-1945	60.8	39.2
1949-1950	46.2	53.8
1954-1955	44.9	55.1
1959-1960	47.0	53.0

* Incluyendo la inversión estatal y municipal, que en su mayor parte está financiada con recursos del presupuesto federal.
FUENTES: Véase Cuadro 1.

55 % las inversiones del sector público, en su conjunto (ver cuadro 2).

En los primeros tiempos del régimen de Alemán se hizo un intento inicial para someter a un control federal a esta parte, rápidamente creciente y semiautónoma del sector público.[6] A fines de 1947, se promulgó una ley que facultaba a la Secretaría de Hacienda para "controlar y supervisar las operaciones de los organismos descentralizados y las entidades con participación estatal, a fin de mantenerse informada de su progreso administrativo y asegurar su correcto funcionamiento económico, mediante un sistema permanente de auditoría e inspecciones técnicas".[7] Pocas semanas más tarde, la Secretaría de Hacienda estableció una entidad administrativa, la Comisión Nacional de Inversiones, encargada de controlar, vigilar y coordinar los presupuestos de capital y cuenta corriente de unos 75 organismos autónomos y empresas estatales. Este organismo nunca funcionó más que de un modo formulario y trascurrieron otros seis años antes de que se hiciera un nuevo intento, esta vez más amplio, para coordinar en alguna medida las actividades de inversión del sector público. Hacia entonces, otras razones importantes, tanto externas como internas, se habían añadido a la evidente necesidad política y administrativa de un control más efectivo del verdadero laberinto de instrumentos que intervenían y participaban en la economía nacional en nombre del Estado.

Ante todo, en los últimos años del gobierno de Alemán los economistas mexicanos más destacados y algunos políticos se dieron cuenta de que el venturoso desarrollo económico de la década anterior se había debido a una combinación muy afortunada de circunstancias que difícilmente podrían persistir. El auge para las mercancías mexicanas de exportación (que recibió un efímero aliento durante la guerra de Corea) iba desapareciendo lentamente. Las oportunidades fáciles y extremadamente lucrativas de inversión para el sector privado comenzaban a ser escasas, y había, por último, ciertos indicios iniciales de que los muy altos rendimientos de las inversiones públicas hechas al azar y en forma improvisada, no era de esperar que siguieran por mucho tiempo. Más aún, la fase final del programa de obras públicas lanzado por el régimen de Alemán habíase financiado, en amplia medida, mediante métodos inflacionarios que estaban poniendo en peligro la posición de la balanza de pagos del país y que, al mismo tiempo, fomentaban las tensiones sociales internas.

---

[6] Hacia 1947 había 75 de tales organismos y empresas, y para 1959 su número excedía de 150. Hacia fines de 1961 había ya 375 de tales entidades. Véase el diario de la ciudad de México, *Novedades*, 17 de octubre de 1961.

[7] Ley para el Control por parte del Gobierno Federal de los Organismos descentralizados y Empresas de Participación Estatal, *Diario Oficial*, 31 de diciembre de 1947; y un decreto emitido por la Secretaría de Hacienda y Crédito Público y publicado en el *Diario Oficial* de 31 de enero de 1948.

LA COMISIÓN DE INVERSIONES

De esta manera, cuando el nuevo presidente, Adolfo Ruiz Cortines, asumió el poder a fines de 1952, se encontró con muchos problemas bajo una aparente prosperidad. Las finanzas federales se encontraban mal; las empresas y organismos públicos llevaban una vida bastante independiente y presionaban de continuo para obtener más fondos de inversión; las presiones inflacionarias iban en aumento, y la posición de la balanza de pagos era débil. Un informe que preparó una comisión mixta de expertos del gobierno mexicano y del Banco Internacional de Reconstrucción y Fomento, puesto a disposición del nuevo Presidente y sus consejeros, decía lo siguiente en cuanto a la situación:

En la próxima década, el rendimiento de la inversión total dependerá del grado en que los recursos oficiales y (a través de políticas apropiadas) los fondos privados, puedan aprovechar las posibilidades que haya para contrarrestar los rendimientos más bajos que se obtengan por los mayores gastos que se realicen en servicios públicos, en otras inversiones a largo plazo y en la conservación y reposición del equipo de capital. La tarea es diferente y más difícil que en otros tiempos, en que las circunstancias favorecieron la selección de proyectos que, con gastos reducidos, produjeron rendimientos elevados. Entre 1939 y 1950, México pudo mantener una elevada tasa de producción, aún sin contar con un organismo que coordinara la inversión, pero la economía mexicana ha llegado ya a un punto en el que, si no hubiese una coordinación de los proyectos, se producirían resultados distintos de los que se alcanzarían posteriormente sin dicha coordinación. Ha llegado, por tanto, el momento de que México considere como un todo orgánico el problema de su desarrollo económico y deje de abordarlo fragmentariamente, tratando cada proyecto por separado. Esto no significa que deba imponerse un "plan" rígido del que no haya desviación posible. Por el contrario, es importante que los cambios en la situación mundial o en las necesidades interiores del país se reflejen prontamente en la política económica. Esto requiere que todo proyecto o medida de política económica se justifiquen según el grado en que contribuyan al desarrollo económico, y que los ahorros se canalicen adecuadamente. En una palabra, lo que se necesita es un programa de desarrollo.[8]

Las cosas nunca se realizan de completo acuerdo con los deseos y las experiencias de los técnicos. El régimen de Ruiz Cortines no formuló el plan de desarrollo a largo plazo que tan vigorosamente sugería la Comisión Mixta, pero en el verano de 1953, medio año después del cambio de gobierno, el nuevo presidente ordenó que las Secretarías de Hacienda y Economía prepararan un plan de inversiones del sector público para todo el período de la administración (1953-1958). El plan debía apoyarse en informes que

8 Comisión Mixta, *El desarrollo económico de México y su capacidad para absorber capital del exterior*, Nacional Financiera, S. A., México, 1953.

proporcionaran todas las Secretarías de Estado, los organismos autónomos y las empresas estatales, conforme a sus propios programas de inversiones y a sus recursos financieros actuales y previstos. Todos estos datos debían comunicarse a un organismo de nueva creación (o bien, recordando el intento de 1947, a un organismo que resucitaba), el Comité de Inversiones, integrado por representantes de las Secretarías de Hacienda y Economía, el cual debía funcionar bajo la autoridad de la Secretaría de Hacienda, el Banco de México y la Nacional Financiera. De acuerdo con los funcionarios que participaron en sus reuniones en 1953-1954, el Comité emprendió la tarea de examinar y comprobar las actividades y programas de inversión de los numerosos organismos federales y autónomos, en forma tan resuelta que inmediatamente tropezó con dificultades políticas. Además, según fuentes fidedignas, las instrucciones presidenciales para elaborar un plan de inversiones públicas a largo plazo, dificultaron el manejo tradicional, por la Secretaría de Hacienda, del presupuesto federal sobre la base de asignaciones anuales. La propuesta programación y jerarquización de las inversiones públicas por períodos mayores de un año, implicaba el compromiso de que la Secretaría de Hacienda quedara obligada a proporcionar los fondos para su financiamiento, independientemente de sus recursos financieros anuales. Igualmente, la Secretaría de Hacienda quedaba con las manos atadas —en opinión de sus altos funcionarios— en caso de otorgar menor asignación presupuestal a determinados proyectos de inversiones públicas, si era ella misma, la entidad encargada de elaborar y preparar los planes.

De esta manera el funcionamiento del Comité de Inversiones bajo la responsabilidad de varias dependencias federales, pero principalmente de la Secretaría de Hacienda, creaba, por un lado, fricciones políticas con los demás organismos del sector público y, por otra parte, limitaba la libertad de acción (en su calidad de supremo árbitro en asuntos del gasto público) de la misma Secretaría de.Hacienda. Como consecuencia de estos inconvenientes se propuso la transferencia del Comité de Inversiones a las oficinas presidenciales, apoyándose esta iniciativa con el argumento de que la planeación y programación de las inversiones de todo el sector público era asunto de tal trascendencia que salía de la esfera de competencia y operación de la Secretaría de Hacienda y que dicha tarea debía ser desempeñada al más alto nivel posible de coordinación económica y política: la Presidencia de la República. De esta manera, y por razones en gran parte políticas, nació la Comisión de Inversiones,[9] cuerpo que *a posteriori* puede considerarse como un avance importante hacia la programación de las inversiones del sector público en México.

---

9 "Acuerdo que dispone que la Comisión de Inversiones dependerá directamente del Presidente de la República", *Diario Oficial*, 29 de octubre de 1954.

La reorganizada Comisión de Inversiones sería responsable directamente ante el Presidente y se integraría con los técnicos que éste eligiera. La gama de sus funciones, ya ampliada, incluía: *a*) estudiar y evaluar los proyectos de inversión según su importancia para las necesidades económicas y sociales inmediatas del país; *b*) formular estudios económicos destinados a coordinar la prioridad, el volumen y el papel de las inversiones públicas conforme a los objetivos de la política económica, fiscal y social; *c*) someter a la consideración del Presidente un plan coordinado de inversiones públicas, y *d*) sugerir al Presidente ajustes periódicos en el programa de inversiones en vista de nuevos desarrollos imprevistos.

A fin de auxiliar a la Comisión en sus tareas se giraron instrucciones, una vez más, a todas las dependencias del gobierno federal, a los organismos autónomos y a las empresas de participación estatal para que proporcionaran información sobre los programas de inversión que estaban ejecutando y sobre los nuevos proyectos en estudio, y los planes de inversión a más largo plazo. Al mismo tiempo, por disposición presidencial se prohibió a todos los organismos y dependencias realizar cualquier inversión no sometida previamente a la Comisión de Inversiones y aprobada por el Presidente. La Secretaría de Hacienda debía proporcionar fondos con propósitos de inversión sólo en los casos expresamente aprobados por la Comisión.

Desde sus primeros días, la Comisión de Inversiones intentó establecer el inventario más completo de todos los proyectos de desarrollo financiados por el sector público en el país, y ponderarlos de acuerdo con los criterios de inversión establecidos por sus técnicos. Los criterios fueron los siguientes: *a*) la productividad del proyecto, o sea la relación entre el rendimiento económico y el costo; *b*) el beneficio social; *c*) el grado de coordinación con otros proyectos; *d*) el grado de avance de los proyectos ya iniciados; *e*) la protección de inversiones anteriores en el caso de proyectos ya emprendidos, y *f*) el volumen de ocupación generada por el proyecto, una vez terminado. Se asignó un mayor peso a la productividad económica y al beneficio social que a los otros elementos incluidos en el índice global de prioridad.

Al tener acceso a todos los datos económicos y técnicos concernientes a los proyectos en marcha, financiados por el sector público en las etapas preparatorias, o en estudio, la Comisión trató de comprobar la exactitud de la información, comparándola con sus propios datos reunidos en recorridos de trabajo realizados con periodicidad por sus técnicos. El propósito de estos viajes informales de inspección no se limitaba a examinar el avance de las obras, sino que también, en el caso de proyectos nuevos, servía para reunir datos adicionales concernientes a las implicaciones sociales, y posiblemente también políticas, de los nuevos programas de inversión, especialmente en lo que hace a la actitud de la población local y a la necesidad de inversiones futuras en campos conexos. Puede admitirse con certeza que los técnicos de la Comisión desempeñaron un útil papel adicional al servir como fuente directa de información para la presidencia sobre los problemas económicos más urgentes de las diversas regiones. Esta información era, asimismo, útil para comprobar la que recibía el Presidente a través de conductos más tradicionales: las secretarías de Estado, las autoridades estatales y locales, y los organismos de desarrollo y empresas públicas.

Pocos meses antes del comienzo de cada año fiscal, la Comisión recibía de la Secretaría de Hacienda estimaciones de los recursos federales totales disponibles para inversiones, y los organismos autónomos daban a conocer los pormenores de sus presupuestos de capital. Estos últimos incluían información sobre el probable origen de los fondos no federales a utilizar, en la mayor parte de los casos, la suma de los recursos propios de los organismos y los créditos externos disponibles en vías de negociarse. Sobre la base de todos estos datos que integraban el programa global de inversiones de todo el sector público e indicaban el monto total de los recursos de inversión ya disponibles, la Comisión procedía a formular un plan preliminar para distribuir los fondos federales entre los múltiples proyectos, organismo por organismo y proyecto por proyecto. Una vez satisfechas las necesidades de inversión de los proyectos ya en construcción, teniendo en cuenta el orden de prioridad asignado a ellos en el inventario de la Comisión, los restantes fondos disponibles se distribuían entre los proyectos nuevos, también de acuerdo con la misma tabla de prioridades de la Comisión.

Preparado el presupuesto preliminar de inversiones, quedaban a discreción del Presidente las decisiones y modificaciones finales, a la luz de sus conferencias directas con la Secretaría de Hacienda, con los encargados del despacho de otras secretarías responsables de programas de inversión de capital, y con los directores de los principales organismos autónomos. Cabe suponer que en esta etapa entraban fuertemente en juego consideraciones políticas, en especial por lo que se refería a los compromisos de la presidencia con respecto a intereses regionales y locales, a propósito de la pronta terminación de ciertos proyectos o a la expansión de determinados programas regionales de inversión.

Una vez ajustado el programa conforme a las realidades políticas al día, la Comisión entraba de nuevo en funciones. Le correspondía entonces certificar ante la Secretaría de Hacienda que un monto específico de fondos federales quedaba asignado a cierto proyecto o programa. Sin esa certificación, no podían hacerse pagos a los organismos o a los contratistas privados que trabajaban en proyectos específicos. Las instrucciones de la Comisión eran siempre bastante precisas y contenían buena cantidad de información técnica. Un certificado de aprobación de un proyecto dado, describía todas las fases del proyecto de construcción y definía claramente cuáles debían emprenderse en un momento determinado. Cuando se trataba, por ejemplo, de la construcción de un camino, la Comisión hacía detallada referencia a las características físicas y técnicas de la obra a realizar durante el año, de suerte que el desembolso de fondos federales correspondiera sólo a esa obra, mediante pruebas documentales que debía exhibir el organismo responsable ante la Secretaría de Hacienda.

Si bien no se dieron facultades legales a la Comisión para supervisar y controlar la realización global de las inversiones de las dependencias federales, los organismos autónomos y las empresas estatales (y en este último caso, los fondos de inversión raras veces eran proporcionados en su totalidad por la Secretaría de Hacienda) se podían controlar *de facto* estas actividades, en grado importante. Y esto último gracias a que disponía de la información financiera y técnica necesaria sobre el avance de cualquier proyecto de inversión del sector público, y a que también disfrutaba de alguna capacidad para aplicar ciertas "sanciones" a los organismos cuya actividad fuese pobre en cuanto a la planeación y ejecución de sus programas de inversión. En primer lugar, los retrasos indebidos en la ejecución de proyectos como consecuencia de mala planeación o administración, podían afectar la posición del organismo frente a la Comisión de Inversiones, cuando llegara el momento de pedir asignaciones de fondos para el año siguiente. En segundo lugar, el reiterado cumplimiento insatisfactorio, del cual debía darse cuenta a la Comisión, podía llegar de un modo indirecto a conocimiento del Presidente, con el resultado de que se modificara la administración del organismo afectado. Como la competencia para obtener los fondos federales ha sido siempre bastante dura, la Comisión disponía de un medio efectivo para dirigir a los organismos menos eficientes hacia un mejor funcionamiento.

Se criticó a la Comisión de Inversiones por el hecho de no insistir, desde el primer momento, en la necesidad de formular una regulación que estableciera prioridades sectoriales para las inversiones públicas y se hubiese conformado, en cambio, con realizar la simple tarea de encuadrar los proyectos de inversión preparados por los numerosos organismos y dependencias del Estado. Se dijo que tal situación confería una posición privilegiada a aquellos organismos cuya buena administración y planeación les permitiera presentar gran número de propuestas con proyectos nuevos bien preparados, o a los funcionarios o administradores de empresas estatales que tuviesen un acceso directo más fácil a la Presidencia, por razones de política interna. En consecuencia, en el archivo de la Comisión había un número de proyectos con prioridad máxima, superior al que era posible iniciar en un año fiscal determinado. Muy a menudo, la Comisión se encontró ante el dilema de determinar qué era lo más importante: por ejemplo, un proyecto hidráulico con propósitos múltiples, o un camino de primera clase para comunicar un centro de producción, en crecimiento, con ciudades vecinas cuando ambos satisfacían enteramente los diversos criterios de inversión.[10] Se argumentaba así que, sin participar en la preparación de los proyectos, la Comisión estaba en libertad para decidir cuál podía mejorarse de clasificación, a fin de que se iniciara inmediatamente, y cuál podía dejarse para el futuro. Pero en estos casos la decisión final correspondía probablemente al jefe del Ejecutivo; además, y en virtud de una serie de razones, parece que tales situaciones fueron poco frecuentes.

En primer lugar, la Comisión de Inversiones comenzó a actuar cuando estaba en marcha un programa de inversiones no coordinado. Entonces, una de sus funciones primordiales consistió en distribuir los fondos disponibles de manera un tanto más racional, entre los proyectos ya en marcha. Se estima que más de las tres cuartas partes de los fondos federales disponibles cada año para inversiones públicas se distribuían entre este grupo de proyectos; así, el papel de la Comisión se limitaba en casi todos los casos a impulsar algunos de ellos y a frenar otros. En segundo lugar, no existía nunca sobreabundancia de proyectos nuevos técnicamente bien preparados y listos para iniciarse. En tercer lugar, y por lo que se refería a la distribución sectorial de la inversión pública, hay pruebas de una cierta continuidad en la historia moderna de México. Desde la época de Calles, a quien podría considerarse el iniciador consciente de la actual fase del desarrollo económico de México, los proyectos destinados a contribuir directamente a ese desarrollo han gozado de preferencia sobre las inversiones sociales. Además, tres campos disfrutaron siempre, entre todos, la más alta prioridad: irrigación, energía (electricidad y petróleo) y comunicaciones y transportes. Nunca, durante los últimos veinte años, han significado menos de las tres cuartas partes de la inversión pública total en México (véase cuadro 3). Consecuentemente, todas las dependencias que competían por los fondos fede-

---

[10] De acuerdo con un alto funcionario de la Comisión de Inversiones, este problema había venido siendo resuelto de una manera más bien pragmática: "...en relación con la decisión de con qué base se deben construir más caminos que presas, más presas que plantas eléctricas..., etcétera... lo que se ha hecho en nuestro país ha sido considerar, con base en los estudios de necesidades de inversión pública, los perjuicios que se podrían presentar de no construirse determinadas obras: por ejemplo, restricciones de energía eléctrica en una zona donde no se previó una planta eléctrica con toda oportunidad, la escasez de combustible para la industria en un área determinada, por falta de una refinería o de los productos adecuados. Este criterio ha sido necesario adoptarlo en nuestro país, en vista de la limitación de recursos disponibles de inversión en función de las necesidades de obras públicas, puesto que, en este aspecto, el objetivo consiste en distribuir los recursos limitados para .inversión entre los sectores con la idea de evitar que se presenten los nudos de obstrucción de que se ha hablado". Gustavo Romero Kolbeck, "La inversión del sector público", *México, 50 años de Revolución, I. La Economía*, Fondo de Cultura Económica, México, 1960, p. 503.

CUADRO 3

Inversión pública en México por principales categorías
Períodos seleccionados: 1939-1960

(porcentaje de la inversión bruta pública total;
promedios anuales de períodos de dos años)

Años	Irrigación	Transportes y comunicaciones	Energía eléctrica, petróleo y gas	Total
1939-1940	14.4	57.1	16.2	87.7
1944-1945	17.2	56.6	12.3	86.1
1949-1950	13.7	39.6	25.0	78.3
1954-1955	14.1	34.0	30.9	79.0
1959-1960	9.1	30.0	28.1	76.2
1962-1963	8.6	26.7	31.6	66.9

FUENTE: *México: Inversión pública federal, 1925-1963*, Secretaría de la Presidencia, México, 1964 (cuadros 7 y 12, pp. 53-58 y 119).

rales sabían, por experiencias del pasado, lo que podrían esperar de la Secretaría de Hacienda, y qué solicitudes se podrían considerar poco razonables en la Comisión de Inversiones y en la Presidencia.

En otras palabras, en el proceso anual de presentar a la Comisión programas de inversión, existían ciertas reglas no escritas respecto a la porción de los fondos federales de inversión que podrían asignarse a cualquier sector, dependencia o empresa. Todo esto servía para hacer más realista el proceso de negociación y ajustes, y limitaba la posibilidad de que las dependencias interesadas prepararan y presentaran programas de inversión desproporcionados, sin la menor oportunidad de ser aprobados.

De esta manera, la Comisión de Inversiones desempeñó funciones que rebasaron el marco de las enunciadas en el decreto de 1954; la expansión de tales funciones indica que el gobierno de Ruiz Cortines consideraba a este instrumento muy útil y enteramente satisfactorio. La creciente importancia de la Comisión fue también advertida por observadores del exterior. En el informe de las Naciones Unidas sobre los organismos de programación del desarrollo económico, publicado tres años después de quedar establecida la Comisión, se declaraba que:

El enfoque de corto plazo que caracteriza al trabajo de la Comisión es consecuencia tanto de su experiencia relativamente breve como de la necesidad de dar un aspecto práctico y de utilidad inmediata a este inicio de la planeación, particularmente para convencer a cierta clase de funcionarios del gobierno no acostumbrados a limitaciones o condiciones en el desempeño relativamente independiente de sus cargos. Este objetivo se ha logrado, aparte del hecho de que, en creciente medida, se han incorporado consideraciones económicas de largo plazo en los objetivos trazados originalmente.[11]

Más o menos al mismo tiempo, una misión del Banco Internacional comentaba como sigue el funcionamiento de la Comisión de Inversiones:

> Durante los últimos tres años, la Comisión ha podido formular programas y orientar la inversión pública con creciente efectividad. Éste éxito se debe a la nueva organización y al trabajo efectivo del cuerpo técnico de la Comisión. Con todo, un prerrequisito del éxito radica en las cuidadosas políticas de carácter fiscal y monetario que siguen la Secretaría de Hacienda y el Banco de México. Sin una política fiscal y monetaria estricta, y sin una colaboración estrecha entre la Comisión de Inversiones por una parte, y el Banco de México, y especialmente la Secretaría de Hacienda, por la otra, no hubiese sido posible controlar la magnitud global de la inversión pública de la manera tan satisfactoria en que se hizo en 1955-1956.[12]

Hacia 1956 se habían asignado a la Comisión varias funciones adicionales: realizar estudios sobre las implicaciones financieras de la inversión pública; analizar las tendencias generales de la economía, y contribuir a la planeación de la política económica nacional, a fin de integrar y justificar las inversiones del sector público; elaborar previsiones a largo plazo de las necesidades de inversión por sectores principales; estudiar y analizar diferentes aspectos de la inversión pública, tales como su relación con el desarrollo económico, efecto sobre el sector público e influencia sobre la balanza de pagos.

La expansión del campo de actividad de la Comisión de Inversiones la familiarizó, al parecer, con la creciente insuficiencia del ahorro interno para financiar la inversión pública, y con la negativa de las autoridades federales para retornar a los métodos de financiamiento inflacionarios que caracterizaron los años finales del gobierno de Alemán. Consecuentemente, aumentó la necesidad de financiamientos externos y, con ello, la conveniencia de elaborar programas de inversión a más largo plazo, por lo menos en los sectores específicos que estaban solicitando préstamos públicos y privados del exterior a través del gobierno federal o de una manera directa. De esta manera, la Comisión de Inversiones formuló su primer plan de inversiones de dos años en 1956 (para 1957 y 1958), que sirvió como base de las negociaciones con el Banco Internacional y con otros organismos financieros del exterior, en

---

[11] Enrique Tejera Paris, *Introducción a la administración pública en la política de desarrollo*, ONU, Programa de Asistencia Técnica, Nueva York, 12 de diciembre de 1957, p. 11.

[12] International Bank for Reconstruction and Development, *Mexico's Public Investment Program, 1957-1958*, Washington, D. C., julio de 1957, p. 67 (mimeografiado).

torno a nuevos préstamos para irrigación, desarrollo de la energía y comunicaciones y transportes. La misión del Banco Internacional, invitada por el gobierno mexicano, en 1957, para evaluar este programa de inversiones, lo encontró apropiado en su conjunto, coincidiendo de una manera básica con su estimación de los recursos financieros disponibles para la inversión pública. La misión observó, sin embargo, la ausencia de estudios a más largo plazo sobre requerimientos de inversiones públicas en México. Al señalar que en algunos sectores básicos de la economía mexicana, tales como los de energía eléctrica y petróleo, los organismos autónomos interesados habían hecho estudios sobre el crecimiento de la demanda y los requerimientos de inversión en períodos más largos, la misión sugirió que se realizasen trabajos de este tipo sobre una base más amplia y sistemática, y recomendó que la Comisión de Inversiones desempeñara un papel director en su preparación. A su vez, tales estudios podían trasladarse a programas de desarrollo de cinco o seis años, de naturaleza general, que pudiesen servir como cuadro básico de referencia a programas de inversiones a corto plazo mucho más pormenorizados.

Puede decirse que la creciente importancia de la Comisión se debió a cuatro hechos principales: *1)* Aun cuando sólo era una entidad técnica, sus funcionarios principales tenían continuo acceso al Presidente, y ello significaba gran ventaja en un país, como México, en donde el poder político se concentra en la persona del jefe del ejecutivo; *2)* a causa de la naturaleza técnica y formalmente limitada de sus funciones, la Comisión podía permanecer ajena a la corriente de conflictos políticos y personales que diariamente se manifiesta en la rama ejecutiva de todo gobierno; *3)* se convirtió en depositaria y en centro de ajuste de informaciones económicas vitales, que sólo parcialmente poseían otras dependencias del gobierno; *4)* mediante contactos informales con todas las entidades que participan en las inversiones del sector público, no sólo estaba en aptitud de influir sobre ellos, sino de compartir la responsabilidad en la ejecución práctica de los proyectos.[13]

Los cuatro años de funcionamiento de la Comisión de Inversiones durante el gobierno de Ruiz Cortines demostraron que el organismo se encontraba bastante bien adaptado a la realidad política mexicana. No constituía una innovación revolucionaria, pues las limitaciones bajo las cuales actuó fueron muchas, ni constituía una oficina nacional de planeación o de programación, porque la iniciativa de señalar metas para toda la economía no se originaba en ella. Tampoco tenía facultades para formular un plan nacional de inversiones a más largo plazo. La Comisión era principalmente un intermediario entre la Secretaría de Hacienda, fuente principal de los recursos financieros, y todos los destinatarios finales de los

---

[13] La obligación de controlar los programas particulares de inversión compete a las Secretarías de Hacienda y Crédito Público, y del Patrimonio Nacional (hasta 1958, de Bienes Nacionales e Inspección Administrativa).

fondos, ya fuesen secretarías de Estado, organismos autónomos o empresas. La Comisión jamás trató de convertirse en una super-dependencia con jurisdicción sobre cualquiera de las demás, ni pretendía absorber de la Secretaría de Hacienda la función de fijar el nivel global del ingreso y del gasto público, o actuar como cus-todio final y distribuidor de los fondos públicos. Tampoco se pre-tendía que supervisara y controlara al sector público no federal, en lo relativo a su funcionamiento general, sus políticas y la admi-nistración de sus inversiones. Constituía un guardián del interés público sólo en el sentido de que disfrutaba del poder de veto sobre todos los programas globales de inversión de los organismos autó-nomos y de las empresas estatales, al tener capacidad de negarles acceso a los fondos federales, de los que en realidad todos ellos dependen en gran medida.

LA SECRETARÍA DE LA PRESIDENCIA

Conforme a la opinión de un buen número de especialistas bastante conocedores de las actividades de la Comisión de Inversiones duran-te el régimen de Ruiz Cortines, el considerable buen éxito que la misma tuvo, en comparación con fracasos anteriores, en el campo de dirigir y canalizar la inversión pública, contrastó con la subse-cuente decadencia de su papel. Con el cambio de administración, a fines de 1958, se estableció una nueva secretaría de Estado, la Se-cretaría de la Presidencia, concebida para servir no únicamente como medio de enlace entre la Presidencia y las demás dependen-cias federales respecto a asuntos políticos y económicos,[14] sino tam-bién como la principal dependencia coordinadora de la política económica. El nuevo gobierno hizo aprobar también una ley sobre las funciones de las dependencias del poder ejecutivo, en la que se daban facultades a la Secretaría de la Presidencia para reunir todos los datos necesarios con relación a la formulación de un plan general de gastos e inversiones del gobierno federal; programar las obras públicas y su utilización final; formular propuestas para la promoción y desarrollo de regiones y localidades, y planear, coordinar e inspeccionar las inversiones de las autoridades federa-les, organismos autónomos y empresas estatales.[15] En otras pala-bras, la totalidad de las funciones de la Comisión de Inversiones se atribuyeron a la Secretaría.

[14] En anteriores gobiernos esta función era desarrollada por el secretario particular del Presidente, un funcionario investido de facultades considerables (aunque no tenga el rango de Secretario de Estado) en vista de que en México no existe un gabinete formalmente constituido. Los secretarios de Estado son responsables, directa y separadamente, sólo ante el Presidente, y pueden ser considerados como delegados del Presidente en cada Secretaría de Estado más que como miembros del gobierno.
[15] El control general sobre los organismos autónomos y las empresas estatales fue atribuido a la nueva secretaría de Estado que ejerce el control

Se entiende que originalmente se propuso la creación de una secretaría de Estado de mucho mayor alcance: la Secretaría de Planeación y de Presupuesto. La misma iniciativa, que tuvo su origen en uno de los íntimos colaboradores del nuevo Presidente de la República, preveía también el establecimiento de varios consejos intersecretariales, entre ellos un consejo de política económica, integrado por todos los secretarios de Estado responsables de poner en práctica las decisiones del ejecutivo en el campo económico. Esta iniciativa no prosperó, primero porque implicaba la abdicación por parte de la Secretaría de Hacienda de una de sus funciones primordiales —la de elaborar los presupuestos federales—, y, segundo, porque rompía con la tradición política de los regímenes posrevolucionarios imponiendo al Presidente de la República la obligación legal de convocar periódicament; reuniones de los distintos grupos de secretarios de Estado, en lugar de tratar los asuntos de cada ramo con cada secretario separadamente. Parece que el presidente Adolfo López Mateos no encontró ninguna ventaja en la idea de formalizar tales reuniones, que equivalían al establecimiento de un gabinete económico dentro del poder ejecutivo, ya que sin disposición legal alguna el Presidente de México puede convocar reuniones ministeriales siempre que lo desea. Sin embargo, durante la misma administración se hizo patente que las reuniones periódicas del Presidente con algunos grupos de secretarios de Estado no eran factibles por razones de alta política interna. La Secretaría de la Presidencia, que inicialmente se concibió como una supersecretaría de planeación y coordinación del gasto público, se convirtió, a la postre, en una secretaría de Estado con funciones bastante limitadas.

La Comisión de Inversiones misma, denominada ahora Dirección de Inversiones Públicas, quedó incorporada a la nueva secretaría como una de sus cinco dependencias, siendo las cuatro restantes la de Planeación, la de Vigilancia de Inversiones y Subsidios, la de Legislación y la de Asuntos Administrativos. Esta peculiar estructura de la Secretaría, que situaba funciones de una importancia claramente disímil en el mismo nivel organizativo, fue consecuencia manifiesta de consideraciones personales y administrativas. El antiguo cargo de director de la Comisión de Inversiones consideróse de tal importancia que se le situó en categoría inmediatamente después de la que correspondía al Secretario y Subsecretario de la Presidencia; por otra parte, se consideró que la Dirección de Planeación, recientemente creada, constituía un experimento y no merecía un lugar más alto en la jerarquía que el que se concediera a la reorganizada Comisión de Inversiones. Consecuentemente, desde el principio mismo apareció una curiosa dicotomía derivada de la coexistencia de dos direcciones paralelas ocupadas, independientemente una de la otra, de dos aspectos de lo que en esencia forma

sobre los programas de inversión, desde 1958: la Secretaría del Patrimonio Nacional.

un solo todo: la planeación nacional y la administración de las inversiones del sector público. Hay pruebas circunstanciales de que los funcionarios federales que tuvieron la responsabilidad de crear la secretaría no tenían idea muy clara de lo que se proponían lograr (en términos funcionales, no políticos) al asimilar la Comisión de Inversiones a la Secretaría de la Presidencia, y compensar esta decisión mediante el establecimiento de la Dirección de Planeación.

El acuerdo presidencial promulgado a mediados de 1959, en el que se daban instrucciones a todas las dependencias federales, organismos autónomos y empresas estatales para formular un programa de inversiones del sector público en el período 1960-1964, fue semejante en muchos aspectos al emitido seis años antes por el Presidente anterior, en ocasión del establecimiento del Comité de Inversiones como parte de la Secretaría de Hacienda. Es cierto que el nuevo decreto se refería a una serie de nuevos objetivos sociales y económicos ausentes en el decreto de 1953 (que incluían, entre otros, la redistribución del ingreso, la atención preferente a las partes menos desarrolladas del territorio nacional, y a la sustitución de importaciones), pero las estipulaciones sobre el funcionamiento del organismo variaban poco de las que seguía la Comisión de Inversiones en el gobierno anterior. Se ordenó a todas las dependencias públicas que proporcionaran información, sobre sus planes de inversión, a la Secretaría de la Presidencia, a la cual tocaba entonces "proceder a estudiar los programas, procurar la coordinación más satisfactoria de los proyectos y someter el plan coordinado de inversiones del sector público para 1960-1964, junto con un cuadro de prioridades y las fuentes de financiamiento, a la consideración de la Presidencia de la República". Los proyectos o programas individuales de inversión debían estar acompañados por planes pormenorizados de financiamiento, en los que se especificaran "el origen y la naturaleza de los fondos, ya fuesen partidas del presupuesto, créditos internos o del exterior, recursos pertenecientes a los organismos descentralizados, contribuciones de fuentes privadas", etcétera.

Al dar a entender, indirectamente, que durante el régimen anterior no todos los componentes del sector público habían cooperado plena y decididamente con la Comisión de Inversiones, el acuerdo de 1959 intentaba fortalecer considerablemente las sanciones contra los rebeldes. No sólo se prohibía a la Secretaría de Hacienda, una vez más, que. proporcionara fondos federales para inversiones no aprobadas expresamente por el Presidente, sino que se advertía a todas las dependencias se abstuvieran de buscar créditos, dentro y fuera del país, sin la aprobación previa de la Presidencia. Se dieron además facultades a la Secretaría de Hacienda para que ordenara al banco central, en el caso del empleo de crédito para inversiones no aprobadas, que congelara los fondos que conforme a la ley tiene la obligación de depositar en sus arcas cada dependencia federal o entidad u organismo autónomo o empresa del Estado. Por último, se ordenó al Banco Nacional de Comercio Exterior que negara permisos de importación a las entidades del sector público cuando no existieran pruebas documentales de que los bienes que pretendían importar se destinaban a inversiones aprobadas debidamente por la Presidencia. Pero, una vez más, pese al establecimiento de la Dirección de Planeación en la Secretaría de la Presidencia, toda la iniciativa en la preparación de los programas de inversión quedó en manos de las dependencias directamente interesadas y no se dictaron disposiciones para que la nueva secretaría se ocupara de la planeación, a más largo plazo, de la política económica nacional o siquiera de las actividades del sector público.

De hecho, costó más de dos años poner en movimiento la Dirección de Planeación, y en una fecha ya tan avanzada como la de mediados de 1962, se constituía un organismo débil, más débil que la vieja Comisión de Inversiones o su sucesora en la Secretaría de la Presidencia: la Dirección de Inversiones Públicas. Por entonces, la Dirección de Planeación tenía a su servicio veinticinco especialistas y técnicos auxiliares que formularon o pusieron al corriente algunos programas sectoriales (para el desarrollo de la industria del acero y el establecimiento de facilidades turísticas, entre otras cosas) y un programa de desarrollo regional destinado a la Península de Yucatán, preparándose también otro plan regional para la parte sur del país (Chiapas, Tabasco y algunas porciones de Oaxaca y Veracruz). Sin embargo, y como ninguno de estos planes se publicaron o pusieron a discusión fuera de la Secretaría, no es posible emitir opiniones sobre sus méritos. Parece que el programa de desarrollo para Yucatán sirvió como base en las negociaciones del crédito que el Banco Interamericano de Desarrollo concedió a México a principios de 1962.

La Dirección de Planeación jamás ha penetrado, propiamente, en el campo de una planeación nacional integrada. Sus respuestas a un cuestionario que el profesor Jan Tinbergen dirigió en la primavera de 1962 a los organismos nacionales de planeación fueron en extremo vagas: "Se han iniciado estudios tendientes a cuantificar las metas [del desarrollo económico]... no se han calculado metas por sectores del gobierno o de la actividad privada, si bien en algunos casos se han establecido ciertos objetivos específicos en términos cuantitativos para 1964, pero sin que tengan todavía un lugar definitivo dentro del plan nacional de desarrollo que está en proceso de elaboración... cuando se encuentren preparados los planes nacionales de desarrollo las medidas [de política económica y fiscal] estarán más estrechamente coordinadas como instrumentos de planeación", etcétera.

La falta de efectividad de la Dirección de Planeación no podía ser atribuida a esta dependencia. Al utilizar por primera vez el término "planeación integral" el acuerdo presidencial promulgado en el verano de 1961,[16] o sea, en el tercer año de la última administración, trató de definir el campo de acción de la Dirección de Planeación, pero fracasó en cuanto a establecer la centralización de las actividades nacionales de planeación dentro de la Secretaría de la Presidencia. El acuerdo sólo estipulaba que la rama ejecutiva del gobierno federal, "a través de las secretarías y departamentos de Estado, las empresas descentralizadas y las empresas de participación estatal *intensifiquen* [se agregaron las cursivas] sus esfuerzos para... preparar planes nacionales de desarrollo económico y social, que fijen objetivos concretos en beneficio de la comunidad y señalen los medios para lograrlos". Los objetivos a cumplir mediante tales esfuerzos se definían en términos muy generales: pormenorizar la política económica y social más adecuada para acelerar el desarrollo del país; calcular la magnitud, estructura y financiamiento del gasto y la inversión nacional; formular planes especiales de desarrollo; planear el desarrollo integral de regiones o localidades, y promover la coordinación de actividades de las dependencias del sector público, tanto entre sí como con los gobiernos estatales y municipales y la empresa privada. Conforme a su propio punto de vista, la Secretaría de la Presidencia iba a ser el mecanismo de ajuste y coordinación de todos estos propósitos y objetivos, y actuar como supervisor general de los mismos. Si bien se le otorgaron facultades "para establecer procedimientos que gobiernen la acción conjunta del sector público en la realización de estas actividades", no se tiene registrado ningún antecedente de que la Secretaría haya usado alguna vez esta facultad de una manera ordenada.

Otro acuerdo presidencial, dictado en marzo de 1962, nueve meses después del decreto de mediados de 1961, pone de relieve el hecho de que la Secretaría de la Presidencia no pudo cumplir sus funciones, y que los funcionarios más elevados del gobierno federal se dieron cuenta, finalmente, de que la planeación económica nacionalmente integrada no era posible mientras la iniciativa de emprenderla se dejara al juicio independiente, la voluntad y el interés público de docenas de grandes dependencias federales, sin mencionar, por supuesto, la lista en continuo crecimiento de empresas de participación estatal. El nuevo ordenamiento establecía una comisión intersecretarial, que implicaba la responsabilidad conjunta de las Secretarías de Hacienda y de la Presidencia, con el propósito de "formular de manera inmediata programas nacionales de desarrollo económico y social a corto y a largo plazo".[17] También se pidió a esta nueva comisión que estimara "la magnitud, estruc-

---

[16] "Acuerdo Presidencial a las Secretarías y Departamentos de Estado para acelerar el desarrollo económico del país con base en criterios de planeación integral", 7 de julio de 1961. Reproducido en *El Trimestre Económico*, vol. XXVIII, México, octubre-diciembre de 1961, pp. 782-84.

[17] "Acuerdo Presidencial para crear la Comisión Intersecretarial", 1º de marzo de 1962, reproducido en la prensa diaria del día siguiente.

tura y financiamiento del gasto e *inversión nacional* [se agregaron las cursivas] requeridos para que el desarrollo del país prosiga a un ritmo satisfactorio, en forma tal que sea posible el mejoramiento constante de los niveles de vida de los grandes sectores de la población".

PLAN DE ACCIÓN INMEDIATA

A mediados de 1962 se elaboró el primer programa nacional de desarrollo, o más bien de inversiones, con el propósito de que abarcase a toda la economía. No se conocen hasta la fecha sus detalles, ya que si se exceptúan las breves informaciones periodísticas publicadas sobre él, sólo se dio a conocer a la opinión pública del país un resumen del mismo presentado como documento informativo por el gobierno de México ante la primera reunión anual del Consejo Interamericano Económico y Social de la OEA (CIES), celebrada en México en octubre de 1962.[18] El plan fue sometido a la consideración de las autoridades de la Alianza para el Progreso y originó, el mismo año, la visita a México de un grupo de expertos de la OEA y prolongadas consultas en Washington. Hay informaciones indirectas en el sentido de que el plan fue posteriormente revisado a fondo, modificándose el plazo señalado para su total realización, inicialmente previsto en el de 1963-65.

Exactamente dos años después de tenerse noticia de la versión original del plan, el coordinador de la Nómina de los Nueve expertos de la Alianza para el Progreso, Dr. Raúl Sáez, en ocasión de la primera reunión del comité interamericano de la Alianza para el Progreso (CIAP), celebrada en México en julio de 1964, declaró que

México presentó su programa de desarrollo [hay que suponer que el Dr. Sáez se refería a su versión revisada] para su evaluación a fines del año pasado y encontrándonos en este momento en el proceso de consultas al gobierno y sus representantes. Creo que tal proceso quedará prácticamente terminado en estos días y que el resultado satisfará a los representantes del gobierno de México en el sentido de que las sugerencias que se hallan en el informe de la nómina coinciden con los criterios del gobierno.[19]

En octubre de 1964, la Secretaría de Hacienda y Crédito Público, en una publicación destinada a los compradores extranjeros de bonos de desarrollo de los Estados Unidos Mexicanos, informó que:

En un esfuerzo tendiente a integrar las actividades de desarrollo de los sectores público y privado de la economía, y con el propósito, asi-

---

[18] Algunos detalles del "Plan de acción inmediata" aparecieron posteriormente también en *Informe del Gobierno de México al Comité Especial del* CIES *sobre Programación y Preparación de Proyectos*, México, julio de 1963 (mimeografiado).

[19] Raúl Sáez, "Flaquezas de la planeación en Latinoamérica", *Comercio Exterior*, vol. XIV, núm. 10, octubre de 1964, p. 692.

mismo, de conseguir un aumento anual mínimo de 5 % (a precios constantes) en el producto nacional bruto, el gobierno se ha trazado un "Plan de acción inmediata" para 1963-65. Este plan, formulado en consonancia con los principios de la Carta de Punta del Este, fue sometido a la Nómina de los Nueve de la Alianza para el Progreso y al Banco Internacional de Reconstrucción y Fomento, para su evaluación. Ambos organismos dieron fin a su revisión en los comienzos de 1964, y las metas y programas de inversión de 1964 y 1965 han sido considerados recientemente por el BIRF, el Banco Interamericano de Desarrollo y otras instituciones de préstamo similares, con la mira de hacer nuevos empréstitos a México, dentro de la estimación global de los recursos, internos y externos, requeridos para cubrir los objetivos del plan.[20]

Ya que tanto la versión revisada del "Plan de acción inmediata" como algunas opiniones expuestas por los componentes de la Nómina de los Nueve y del Banco Internacional no se han hecho públicos, los comentarios que a continuación se formulan se refieren, como es obvio, a la versión primera del plan. Competirá pues, a futuros historiadores e investigadores buscar las adecuadas respuestas, porque toda la documentación sobre distantes etapas de los preparativos del plan, con interés vital para la opinión pública del país, no se dio a conocer en México, mientras que los demás países latinoamericanos dieron amplia divulgación a los respectivos programas de desarrollo a corto y largo plazo elaborados en el marco de la Alianza para el Progreso.

La iniciativa que llevó a un grupo de técnicos de las Secretarías de Hacienda y de la Presidencia a preparar este programa de desarrollo a corto plazo —abarcando originalmente la segunda mitad del mandato de la administración última— se apoyaba, en cierta medida, en el creciente convencimiento, entre los técnicos, de que era urgente sustituir un sistema de control y manejo del sector público —poco riguroso y sólo parcialmente efectivo— por una planeación económica global de carácter cuantitativo con base en objetivos de política económica coherentes y claramente definidos.

En primer lugar, resultaron fundados los temores que expresara de manera tan convincente, al comenzar la pasada década, la Comisión Mixta del gobierno mexicano y el Banco Mundial. Puede decirse, parafraseando las palabras utilizadas entonces por la Comisión, que durante el último decenio, y ante la ausencia de políticas económicas globales y de planeación adecuada, que los recursos públicos y el ahorro privado no pudieron explotar las posibilidades potenciales para contrarrestar los rendimientos decrecientes de las mayores inversiones en obras públicas y en otras inversiones a largo plazo. Dado el deterioro del sector externo de la economía —previsto también durante algún tiempo por los técnicos— que comenzó a presentarse desde mediados de los cincuentas, la tasa de desarro-

---

[20] Secretary of Finance and Public Credit, Mexican United States, *Prospectus of Offering of $ 25 000 000 Mexico 6 ¼% External Sinking Fund Bonds due November 1, 1979*, Nueva York, octubre de 1964, p. 20.

llo económico de México ha venido disminuyendo en los últimos tiempos. A medida que la explosión demográfica cobraba más ímpetu, la disminución en la tasa de crecimiento del ingreso por habitante adquiría inquietantes proporciones. Al persistir esta tendencia, llegó a ser cada vez más indefendible la opinión de que el estancamiento del desarrollo era un fenómeno temporal. La conciencia de esta situación, anteriormente sólo sustentada por pequeños núcleos de economistas, extendióse lentamente a los círculos políticos y al sector privado, principalmente como resultado de la experiencia de 1961, uno de los años más difíciles para la economía del país en los veinte años últimos, tanto en el aspecto interno como en el externo.[21] En ese año dos factores negativos sumaron su influencia a la tendencia secular mencionada anteriormente: el estancamiento de productos básicos en los mercados internacionales y las salidas de capital interno en respuesta al empeoramiento de la crisis cubana.

La versión original completa del "Plan de acción inmediata" compartió la opinión generalizada al respecto, declarando que:

Los factores de estancamiento, a pesar de un esfuerzo público sin precedentes, no lograron contrarrestarse del todo en el último quinquenio. La demanda interna no ha podido suplir la falta de impulso dinámico de la demanda externa. El ritmo reducido de la inversión privada obedece, en parte, a circunstancias político-sociales, pero se debe también a la expansión insuficiente de la demanda efectiva de los sectores de bajo ingreso. El hecho escueto es que en 1961 el producto bruto interno por habitante apenas aumentó 0.4 %. Esta situación no sería tan desfavorable si representase una circunstancia transitoria; pero lejos de ello, la tasa de crecimiento del producto bruto por habitante ha venido descendiendo: en 1956-1960 fue de 2.9 %, o sea inferior a la de 3.6 % registrada en 1951-1955.[22]

El segundo elemento que determinó una revisión más rápida de las actitudes observadas respecto a la planeación, fue la creciente relación de dependencia que guardaba el desarrollo económico mexicano con los recursos externos, especialmente los créditos públicos del exterior. Los préstamos del exterior, según se muestra en el cuadro 4, representaron un poco menos del 7 % de los recursos financieros totales de que dispuso el sector público durante la segunda Guerra Mundial, pero representaron más del

21 El debilitamiento de la tasa de crecimiento a principios de la presente década fue objeto de comentarios tanto de economistas nacionales como extranjeros. Véase, por ejemplo, Memorias de la Secretaría del Patrimonio Nacional, y anuarios Comercio Exterior de México (Banco Nacional de Comercio Exterior), correspondientes a los años 1961 y 1962, artículos publicados en 1962 y 1963 en El Trimestre Económico, Investigación Económica y Comercio Exterior y Raymond Vernon, The Dilemma of Mexico's Development, Harvard University Press, Cambridge, Mass., 1963.
22 Secretarías de la Presidencia y de Hacienda y Crédito Público, México, Plan de Acción Inmediata, 1962-1964, p. 20.

25 % del financiamiento de la inversión pública, en los últimos cinco años. Esta dependencia creciente ha conducido en los últimos años, de manera constante, a la expansión de la deuda pública externa, a medio y a largo plazo, pasando de unos 500 millones de dólares aproximadamente en 1955 y 1 500 millones a mediados de 1964. Consecuentemente, el servicio de la deuda, que hace una década absorbía menos del 10 % de las entradas de divisas extranjeras del país (definidas como la diferencia existente entre las entradas corrientes de divisas menos los gastos en divisas para el comercio fronterizo y el turismo) ascendió a alrededor del 25 % en 1963-64, lo que implica una carga muy gravosa para la balanza de pagos de cualquier país, incluso predominando las mejores condiciones externas.

CUADRO 4

Financiamiento de la inversión pública en México, 1941-1963

(porcentajes)

	1941-1946	*1947-1952*	*1953-1958*	*1959-1963*
Recursos presupuestales	43.9	56.4	47.8	35.0
Recursos propios	28.2	26.0	24.8	28.8
Financiamiento interno	21.3	7.2	10.8	9.8
Financiamiento externo	6.6	10.4	16.6	26.4
Total de la inversión pública	100.0	100.0	100.0	100.0

FUENTE: Secretaría de la Presidencia, *loc. cit.*, cuadros 8 y 13, pp. 56-69, 121.

Es difícil determinar hasta qué punto la dependencia creciente del financiamiento externo ha sido consecuencia de la disminución de las entradas de divisas extranjeras que experimentó México, en unión de otros muchos países exportadores de productos primarios, como resultado del receso internacional registrado en los mercados de esos productos —sin contar con la negativa del gobierno de volver a políticas de desarrollo inflacionarias— y en qué medida la responsabilidad debería recaer, legítimamente, en la ausencia de una programación coherente de las inversiones del sector público, por un lado y en las presiones sobre el gasto corriente del gobierno federal, por otro.

Sin embargo, en fechas recientes ha quedado aclarado que la utilización excesiva de las fuentes externas de crédito podrían crear, a la larga, serias dificultades sin resolver los problemas internos, básicos para el país. Si bien la cuestión de imponer límites al endeudamiento externo no se ha discutido de una manera abierta en México por diversas razones, hasta hace muy poco, hay ya indicios de la magnitud del problema.[23] Entre paréntesis, señalaremos

[23] Véase, por ejemplo, Alfredo Navarrete R., "La planeación financiera

que algunos especialistas parecen creer que el muy elevado aumento de la relación producto-capital registrado en México en los últimos años [24] no se debe sólo a la continuada preferencia del gobierno por las inversiones de infraestructura y por la industrialización, sino también a un desperdicio considerable de fondos de inversión, concomitante con la programación poco satisfactoria de las actividades del sector público. Una serie de referencias a este fenómeno se encuentra en el primer mensaje del nuevo presidente de México, Lic. Gustavo Díaz Ordaz.[25]

Finalmente, el panorama político internacional en que se halla encuadrada la economía mexicana cambió considerablemente desde la vuelta al poder del gobierno demócrata en los Estados Unidos en 1960. Junto con las demás repúblicas del continente, México participa en la Alianza para el Progreso, la cual reconoció en forma explícita la necesidad de acometer una programación a largo plazo para el desarrollo económico.[26]

En consonancia con este cambio en la actitud y en la política económica de Estados Unidos hacia América Latina, se han producido cambios semejantes, aunque menos notorios, en las prácticas de los organismos internacionales de ayuda, los cuales se habían ajustado precedentemente a un enfoque de proyecto por proyecto en la programación del desarrollo económico, e incluso lo habían favorecido.[27] Este nuevo clima y el compromiso de México, de acuerdo con la Carta de Punta del Este, de presentar su programa de desarrollo a la aprobación de los expertos de la Alianza

del desarrollo económico en México, 1964-1970", *El Mercado de Valores,* Año XXIV, núm. 41, 12 de octubre de 1964, pp. 609-16; y Banco del País, *Créditos extranjeros para el sector público en 1959-1963,* México, agosto de 1964.

[24] En ausencia de estudios completos y debido a la debilidad de las bases estadísticas, la tendencia de la relación producto-capital es un tema ampliamente controvertido entre los economistas mexicanos. La más reciente investigación insiste en que la relación producto-capital declinó en el período de posguerra. Véase Luis Cosío y Rafael Izquierdo, "Estimación de la relación producto-capital de México, 1940-1960", *El Trimestre Económico,* vol. XXIX, núm. 116, octubre-diciembre de 1962, pp. 634-44. La misma tesis la sostienen los autores del "Plan de acción inmediata".

[25] "Mensaje del nuevo Presidente de la República", *El Mercado de Valores,* México, Año XXIV, núm. 49, 7 de diciembre de 1964.

[26] La llamada "Carta de Punta del Este", que puso en marcha la Alianza para el Progreso, declara *inter alia* (Título II, Capítulo III): "Los países latinoamericanos participantes acuerdan introducir o fortalecer sistemas para la preparación, ejecución, y revisión periódica de programas nacionales de desarrollo económico y social... [Esos países] deben formular, si es posible dentro de los próximos dieciocho meses, planes de desarrollo a largo plazo." Interamerican Economic and Social Council, Special Meeting at the Ministerial Level, Punta del Este, Uruguay, 1961, *Alliance for Progress;* Official Documents (Washington, D. C.: Pan American Union, 1961), p. 5.

[27] Algunos economistas mexicanos que participaron en los trabajos de la Comisión de Inversiones en los años cincuenta, señalan que por el mantenimiento de este enfoque y por circunscribir la ayuda financiera al componente divisas en los proyectos específicos de desarrollo, las agencias financieras internacionales dificultan, si es que no imposibilitan, la planeación económica general.

para el Progreso, probablemente tuvieron tanta importancia como los demás factores que acaban de mencionarse en un intento de abandonar los procedimientos de programación seguidos durante los años cincuenta, que ahora resultan a todas luces anticuados y que, a decir verdad, nunca fueron bastante efectivos.

El "Plan de acción inmediata" para 1962-64, destinado a cumplir con las normas de Punta del Este, se propuso lograr, durante la primera mitad de la presente década, una tasa anual mínima de crecimiento del producto nacional bruto en un 5 %, semejante a la que se observó en los años cincuenta, y que equivale a un incremento anual bastante inferior al 2 % en el ingreso por habitante.[28] Los planeadores estimaban que para alcanzar estas metas sería necesario acrecentar la inversión bruta fija del 15.5 % del producto nacional bruto, nivel que tenía en el momento de iniciarse el plan, al 18.4 % en 1965.

Esto hubiera implicado un gasto global de capital durante la duración del plan de 79 200 millones de pesos contra algo más de 65 mil millones de pesos en el período 1959-1961. Se suponía que la mitad del total proviniera del sector público y que el resto fuera movilizado por la empresa privada. Este cambio importante respecto a los patrones de inversión en las dos décadas precedentes, en las cuales alrededor del 60 % de la inversión bruta fija procedía del sector privado (ver cuadro 1), fue reconocido por los autores del plan en los términos siguientes:

A causa del rezago de la inversión privada y de la reciente incorporación al sector público de algunas empresas como las plantas de energía eléctrica, sería difícil restablecer dentro del período que abarca el plan, las proporciones que hubo en el pasado entre inversión pública e inversión privada.[29]

El programa de inversiones del sector público se elaboró en la Secretaría de la Presidencia, sobre la base de programas parciales de gastos de capital a plazo medio, presentados por la Secretaría, los organismos autónomos y las empresas de propiedad o participación estatal. Es probable que el plan fuese revisado posteriormente por los expertos de la Secretaría de Hacienda, que ajustaron la asignación propuesta de recursos públicos de financiamiento de acuerdo con los requerimientos generales de cada uno de los sectores principales de la economía. Se preveía que la distribución de la inversión pública en 1962-1964 fuera muy distinta que en el período de tres años inmediatamente anterior (véase cuadro 5).

CUADRO 5

Distribución sectorial de la inversión pública en México:
(1959-1961 y 1962-1963) comparada con la prevista
en el "Plan de acción inmediata" (1962-1964)

(porcentajes)

	1959-1961 (real)	1962-1964 (planeada)	1962-1963 (real)
Desarrollo básico	*80.0*	*75.7*	*71.3*
Agricultura	9.0	17.8	9.5
Energía eléctrica y petróleo	33.8	25.8	31.0
Transporte y comunicaciones	33.8	28.6	26.4
Otros	3.4	3.5	4.4
Inversión social	*17.8*	*23.4*	*25.4*
Administración y defensa	*2.2*	*0.9*	*3.3*
Total	100.0	100.0	100.0

FUENTES: Inversión real en 1959-1963: Secretaría de la Presidencia, *México, inversión pública federal, 1925-1963*, México, 1964. Inversión planeada para 1962-1964: OEA, *El desarrollo económico y social de México*, México, octubre de 1962.

Los grandes cambios previstos —pero no cumplidos, como demuestra el cuadro 5— en la distribución de la inversión pública entre 1962-1964 implicaban: *1)* dar mayor importancia a las inversiones sociales (servicios sociales, urbanos y rurales, salubridad, educación y habitación), las cuales durante la década pasada sólo significaron alrededor de la sexta parte del gasto de capital del Estado; *2)* un aumento muy grande en la inversión agrícola, de 10 a 12 % a mediados de los años cincuenta, alrededor del 18 % del total, según el plan; *3)* una disminución relativa en la importancia del gasto de capital del sector público, para la expansión y modernización de los sistemas de transporte y comunicaciones.

La naturaleza de los cambios propuestos en el "Plan de acción inmediata" es fácilmente explicable. Después de transcurrir dos décadas en las que, por una parte, la inversión pública en la infraestructura domina el pensamiento del gobierno federal, y, por otra, la distribución del ingreso que si no se deterioró tampoco mostró mejoría, frente a la explosión demográfica acelerada, llegó un momento en que resultaba muy difícil posponer por más tiempo las inversiones sociales, aun cuando haya de reconocerse que su efecto en el desarrollo económico mismo, sólo se dejará sentir después de transcurrido cierto número de años.

Otro aspecto de la economía mexicana que se consideró necesario atender sin tardanza fue el agrícola, o mejor dicho, aquella parte de la misma cuya producción está destinada al mercado interno. Durante los años cincuenta, y pese al fuerte volumen de inversión pública y privada en las actividades agrícolas orientadas hacia la exportación, el sector agrícola en su conjunto, resultó ser la actividad que crecía más lentamente, después de la minería. La tasa de expansión del producto agrícola disminuyó de un 6 % anual en la primera mitad de la última década, al 3.5 %, aproximadamente, en la parte final de los años cincuenta, lo cual no sólo reflejó el debilitamiento de la demanda para los productos de exportación, sino el estancamiento de la agricultura tradicional producida para el mercado interno. En estas condiciones, y conscientes del peligro que suponen las presiones inflacionarias dentro de un contexto en el cual la producción de alimentos apenas excede al crecimiento de la población, los planeadores tuvieron que proponer un considerable aumento en los recursos asignados a este sector. Hay, además, consideraciones adicionales de carácter no económico que ejercen presión en el mismo sentido puesto que muchas zonas rurales han quedado al margen de la corriente del progreso económico, y se han convertido en fechas recientes en foco de graves tensiones sociopolíticas.

Finalmente, va atenuándose la necesidad de inversiones públicas en transportes y comunicaciones. En la actualidad, México posee un sistema muy moderno de caminos transitables durante todo el año, uno de los mejores en toda América Latina, y ferrocarriles que fueron modernizados ampliamente en la última década. De modo que la menor prioridad a las inversiones en este campo no debería crear obstáculos serios al desarrollo global del país.

Puede agregarse que la distribución del gasto público de capital propuesta en el "Plan de acción inmediata" puede haber sufrido también la influencia de las prioridades establecidas para la ayuda a los países latinoamericanos conforme a la Alianza para el Progreso, cuyo objetivo inmediato —según se declara— consiste en atenuar los urgentes problemas sociales de América Latina. En efecto, como se preveía que la ejecución del plan para 1962-1964 dependiera, en medida considerable, del acceso que se tuviera al crédito del exterior, parecía bastante lógico que los planeadores concedieran elevada prioridad a la inversión social, sobre todo en educación, salud pública y habitación.

Durante la década de los cincuentas, cerca del 50 % de la inversión pública en México se financió por medio de los recursos fiscales del gobierno federal y el 25 % con los ingresos corrientes del sector paraestatal, en tanto que el 25 % restante fue financiado por partes más o menos iguales mediante el crédito interno y los empréstitos externos a medio y a largo plazos. El "Plan de acción inmediata" proponía modificar este cuadro. Se esperaba que los recursos internos no inflacionarios significaran el 50 % del financiamiento público requerido (un 25 % el gobierno federal y un 25 % el resto del sector público). El déficit previsto, equivalente a 1 600 millones de dólares, o sean más de 500 millones de dólares al año, se esperaba que proviniera de las instituciones financieras internacionales que cooperan con la Alianza para el Progreso y de diversos programas norteamericanos de ayuda. La entrada de ayuda económica externa así proyectada era casi el doble de lo que se recibió realmente durante los tres primeros años de la administración pasada. Se suponía además que, en virtud de la carga del servicio en la actual deuda externa, los nuevos préstamos se otorgaran sobre bases mucho más liberales. Se creía que la movilización de un volumen tan grande de ayuda a largo plazo dentro de un tiempo relativamente corto se vería facilitado por dos hechos: los notables antecedentes de México en cuanto a estabilidad política, económica y monetaria, y las especiales relaciones del país con los Estados Unidos, debidas en buena parte a su posición políticamente estratégica en América Latina. De acuerdo con los planeadores, la única alternativa a la disponibilidad de recursos externos de la magnitud prevista consistiría en el retorno a los métodos de financiamientos inflacionarios de fines de los años cuarenta. Esta solución, sin embargo, se rechazaba firmemente, por ser por completo incompatible con los objetivos de la redistribución del ingreso que trazaba el plan para el período de 1962-1964.

El "Plan de acción inmediata" constituyó el primer intento de elaborar un programa nacional de inversiones que abarcara también el sector privado. Es en extremo difícil formular cualquier juicio sobre esta parte del documento porque la base estadística de que disponían los planeadores era en extremo débil, y la experiencia del país en cuanto a programar la inversión privada sigue siendo prácticamente nula. Si bien no podría excluirse la posibilidad de que los planeadores hubieran realizado algunas investigaciones por muestreo sobre la intención de las empresas respecto a invertir en un futuro cercano, es más probable que la estimación global de la inversión privada para el período de tres años, cubierto por el "Plan de acción inmediata", fuera residual y representara una diferencia entre las necesidades de inversión total impuestas por las metas de crecimiento del producto nacional bruto y la inversión pública posible a la luz de los recursos financieros de origen interno y externo de que se esperaba disponer.[80]

El resumen oficial del Plan no arrojó luz alguna sobre los métodos utilizados para estimar el comportamiento del sector privado en cuanto a inversiones durante el período de 1962-1964. Las cifras provisionales relativas a este sector (ver cuadro 6) aparecieron acompañadas sólo por una observación en el sentido de que la estimación de las inversiones en las manufacturas (el 40.6 % del to-

---

[80] No existen todavía series estadísticas fidedignas sobre el volumen de la inversión privada en México. Hace unos años el Centro de Investigaciones del Sector Privado inició estudios en este campo, pero sus resultados no se han dado a conocer hasta la fecha.

tal), se basaba en los planes de expansión y en los nuevos proyectos en las industrias principales, de que tenían conocimiento las respectivas organizaciones de productores.

CUADRO 6

Cálculos de la inversión privada necesaria para lograr los objetivos del "Plan de acción inmediata" (1962-1964)

	Millones de pesos	Porciento
Agricultura	5,600	14.2
Industria de transformación	16,000	40.6
Construcción	13,000	33.0
Transporte	3,800	9.6
Otros	1,000	2.6
	39,400	100.0

FUENTE: Organización de los Estados Americanos, *El desarrollo económico y social de México*, México, D. F., octubre de 1962.

Se sabe, además, que de acuerdo con el plan, se esperaba que la inversión privada, tal vez por el impacto de las fuertes inversiones de capital público en 1962 y 1963, se elevaría en su año final (1964) en un 20 %, hasta exceder el volumen total de la inversión pública. Las proyecciones por años fijaban las probables entradas de capital privado del exterior en cien millones de dólares al año, o sea un poco más que en los años 1959-61.

Los planeadores indicaron de manera un tanto velada que la coordinación más eficiente de las políticas gubernamentales que afectan directamente las decisiones de las empresas privadas sería de gran ayuda para el logro de las metas señaladas a la inversión privada, pero se mostraron conscientes de las limitaciones que hay a este respecto al manifestar, con franqueza poco usual en documentos oficiales, que:

Si bien la programación de la ayuda económica y el desarrollo social en México ha hecho progresos considerables en los últimos dos años, la combinación de los elementos que son necesarios para acrecentar la eficiencia de la planeación dentro de la estructura de una economía mixta, no existe todavía. Hay particularmente una necesidad grande y urgente de que el sector privado logre mejor comprensión de los objetivos a largo plazo y de las perspectivas generales del desarrollo económico. La empresa privada debería comenzar con el estudio de diferentes campos, y en especial las manufacturas, con el propósito de coordinar sus planes de expansión en cada campo y con otros propósitos en sectores, a fin de asegurar la plena cooperación del gobierno en la ejecución de los planes de crecimiento del sector privado.[81]

[81] OEA, *El desarrollo económico y social de México, op. cit.*, p. 37.

En pocas palabras, la realización del "Plan de acción inmediata", al que, según se anunció en 1962, seguiría un plan de seis años (1965-1970), dependía —según sus autores— de un mayor acceso que en la década de los cincuenta, a los recursos públicos externos, de la mejoría en la productividad de las inversiones en el sector público, y de la forma como el sector privado reaccionase ante esta innovación en los métodos de política económica del país.

Sin embargo, el plan, que nunca se llevó a cabo, tuvo pocas posibilidades de ser puesto en práctica por tres razones principales:

1) No hacía intento alguno de justificar los niveles de inversión acordes con un modelo macroeconómico coherente;

2) No preveía ninguna reforma administrativa que permitiera su ejecución, y

3) Tampoco proponía medidas concretas de política económica tendientes a alcanzar las metas del plan.

Respecto al primer punto, puede afirmarse que con la base estadística disponible resulta extremadamente difícil, o quizá imposible, elaborar tal modelo macroeconómico para México. Respecto al segundo, los autores del plan no tenían mandato ni apoyo político suficiente para proponer la revisión de la estructura administrativa vigente, caracterizada por la existencia de múltiples centros de decisiones económicas dispersas dentro del gobierno federal y el sector paraestatal. Esta multiplicidad y dispersión no sólo ha impedido en el pasado fijar de manera racional prioridades de inversión pública al nivel de proyectos, sino que tampoco ha permitido controlar con eficacia la marcha del sector continuamente creciente de los organismos descentralizados y de las empresas propiedad del Estado. Finalmente, el "Plan de acción inmediata" queda limitado a esbozar los grandes lineamientos de política económica general sin entrar en un análisis pormenorizado de la viabilidad de aplicación de estas políticas en su conjunto. En otras palabras, no se hizo —porque no pudo hacerse— el esfuerzo indispensable para juzgar si el uso de los recursos reales considerados como necesarios a través de los mecanismos administrativos existentes, hubiera permitido alcanzar las metas cuantitativas trazadas por el plan y los objetivos de bienestar social implícitos en él.

Entre los lineamientos principales de la política económica sugeridos por el "Plan de acción inmediata", se enumeraba —en términos de políticas deseables— el máximo esfuerzo por movilizar el mayor volumen posible de recursos internos para el programa de inversiones proyectado; la reforma sistemática y el mejoramiento administrativo del impuesto sobre la renta y de otros aspectos del sistema fiscal; la estructuración de las tarifas y precios de los servicios y bienes vendidos por las empresas estatales; la revisión de la política de subsidios agrícolas; un mayor acceso al ahorro externo, principalmente el crédito a largo plazo; una política congruente ante la inversión extranjera privada que permita, por lo menos, un ingreso neto de capital igual a las transferencias de utilidades al exterior; una política monetaria y crediticia que estimule la expansión moderada del crédito y una mejor orientación; el mantenimiento de una relativa estabilidad en el nivel de los precios, etcétera.

Quienquiera que lea esta lista impresionante, una mezcla de indicaciones de *políticas* a seguir y de *metas* a alcanzar, habrá de preguntarse hasta qué punto hubiera sido posible aplicar con todo rigor los consejos de los autores del plan sin que surgieran conflictos —de orden económico— tanto entre las políticas como entre las metas. Como subrayan en muchas ocasiones las obras de tipo teórico, en el proceso de planeación y en la etapa posterior a la realización de un plan económico global, chocan de manera inexorable las metas y los medios de política económica y también las distintas metas entre sí, por un lado, y los distintos medios, por otro.[32]

No parece que el "Plan de acción inmediata" atendiera debidamente estos problemas, dejando sin resolver muchas preguntas cruciales que tienen que plantearse en el proceso de elaboración de un plan económico si se piensa llevarlo a cabo: ¿qué combinación coherente y factible de políticas económicas en distintos sectores podrá asegurar el cumplimiento de las metas cuantitativas del plan y qué cambios e innovaciones en las políticas seguidas implicaría esto?, ¿qué combinación de proyectos concretos de inversión puede asegurar el cumplimiento de tales metas ya que dentro de la magnitud global de la inversión por sectores caben muchas combinaciones con resultados distintos tanto en términos cuantitativos como en su efecto sobre el bienestar?, ¿de qué medios de influencia sobre el comportamiento de la economía se dispone en términos administrativos?, ¿qué cambios en estos medios son imprescindibles, tomando en cuenta que se planea para una economía mixta? y, finalmente, ¿cómo conseguir las metas de inversión y producción en el sector privado, sujeto a las decisiones autónomas o semiautónomas de un considerable número de empresarios particulares que pueden no responder en la forma prevista a las políticas e incentivos ideados y puestos en práctica por el sector público?

En otros términos, proponiéndose lograr el crecimiento de la producción y del empleo junto con la estabilidad, la mayor igualdad y el mejor bienestar social mediante la construcción de escuelas, hospitales, servicios de salubridad, vivienda y la atención del seguro social, el plan pasó por alto, al parecer, todos los problemas reales, pero complicados, con que tropiezan los planeadores económicos cuando entran en la etapa de la distribución de los

[32] Véase, entre otros, Bent Hansen, *The Economic Theory of Fiscal Policy*, Londres, Allen and Unwin, 958 (cap. I. "Ends and Means of Economic Policy") y Jan Tinbergen, *On the Theory of Economic Policy*, Amsterdam, 1954.

recursos reales y financieros disponibles dentro de un marco macroeconómico del plan, según lo hizo notar muy acertadamente un autor en fechas muy recientes:

Puede suponerse que en teoría [las metas específicas del desarrollo en el orden económico y social y las de los sectores público y privado respectivamente] se refuerzan mutuamente y que el mayor logro de cada una en términos globales hará posible la mejor participación en sus frutos para todos. Desafortunadamente, las condiciones necesarias para tan feliz confluencia están normalmente ausentes. La construcción de una empresa industrial más, puede significar un hospital menos, y la propia empresa puede permitir una mayor estabilidad, pero un crecimiento de ingreso menor que el derivado de una mina explotada con miras de exportación. Una fábrica que dé, deliberadamente, el mayor peso al empleo de la mano de obra y que cuente con muchos obreros puede no producir los máximos rendimientos posibles y hacer, por tanto, que se reduzca el crecimiento del capital, de la producción y del propio empleo. Una legislación que asegure el salario mínimo, más un impuesto progresivo, pueden reducir la desigualdad con análogos resultados. La obtención de una ganancia en una parte puede significar un pequeño sacrificio en otra.[33]

La existencia de estos dilemas es suficientemente conocida y ha sido tema de muchas obras sobre el desarrollo. Sin embargo, como no fueron tomados debidamente en cuenta en el "Plan de acción inmediata", es difícil considerar éste como un plan económico. No cabe duda alguna de que la responsabilidad por tal estado de cosas no es atribuible a los técnicos. Las observaciones formuladas por uno de los más destacados economistas mexicanos sobre la situación general de América Latina (y que en cierto modo son también aplicables a México, en particular) sitúan el problema de las deficiencias del proceso de planeación en su debida perspectiva:

El ferviente deseo de la mayoría de los latinoamericanos es conseguir un nivel de vida más elevado. Pero existe una crisis de dirección que se relaciona con la rigidez social y con el temor de trasferir el poder de las manos de unos pocos a unas instituciones de base amplia que puedan dar satisfacción a los anhelos de la mayoría. En cierto sentido, la voluntad de desarrollo está desigualmente distribuida, en razón inversa al ingreso y a la riqueza. El problema no consiste tan sólo en saber qué nuevo reparto ha de hacerse del poder económico y político; estriba no menos en cómo redistribuir la voluntad de desarrollo... La voluntad y la capacidad de emprender reformas sociales e institucionales básicas incumben al gobierno y a los dirigentes representativos de los negocios, del trabajo, de los propietarios y de otros intereses.[34]

33 W. Paul Strassman, "The Industrialist", en John J. Johnson (editor), *Continuity and Change in Latin America*, Stanford University Press, 1964, pp. 169-70.
34 Víctor L. Urquidi, "The Will to Provide Economic Aid", en *Motivations and Methods in Development and Foreign Aid* (Proceedings of the Sixth

No obstante, el "Plan de acción inmediata" no sólo fue elaborado sin la participación ni el conocimiento de los representantes de los organismos y grupos no gubernamentales, sino también sin que interviniera el sector público propiamente dicho, si se exceptúan las dos secretarías encargadas directamente de su elaboración. ¿Cómo, entonces, hubiera sido posible llevarlo a la práctica?

COMENTARIOS FINALES

De esta breve reseña sobre la experiencia mexicana en el campo de la planeación del desarrollo económico pueden desprenderse algunas conclusiones. La primera consiste en que durante todo el período de la historia moderna (posrevolucionaria) del país, y hasta 1961, se han hecho notorios esfuerzos, aunque no adecuadamente organizados, por los sucesivos gobiernos, con el fin de crear condiciones propicias para el desarrollo económico, dando prioridad a éste sobre el bienestar social inmediato. En otras palabras, México ha observado durante el último cuarto de siglo la estrategia del desarrollo económico.

Según se subraya desde el comienzo de este ensayo, la continuidad de la estrategia general no impidió que se introdujeran cambios considerables en el acento o matiz de la política econó mica de cada administración respecto a otras, como respuesta a las preferencias políticas de los diferentes regímenes y a las circunstancias externas prevalecientes. En consecuencia, la economía de México se vio sometida a modificaciones sucesivas en la política, yendo de una intervención estatal más amplia a una situación en que el Estado interviene más limitadamente; de armoniosas a no tan armoniosas relaciones entre el Estado y la empresa privada; del financiamiento inflacionario a políticas monetarias conservadoras y restrictivas; de la dependencia fundamental en el empleo de recursos financieros internos a la creciente dependencia en los créditos del exterior para su desarrollo. Sin embargo, desde los años treinta hasta la fecha nadie en México, ni dentro del partido gubernamental ni entre los gobernados, se ha puesto seriamente en duda la idea básica de una participación activa del Estado en el proceso de desarrollo. Y algo más importante aún: es difícil para quien conozca suficientemente bien a México imaginar que en cualquier situación futura esta idea central sea abandonada.

La segunda conclusión se refiere a que México a lo largo de su recorrido por un camino sembrado de errores y omisiones, desde los años treinta ha progresado considerablemente en cuanto a la aceptación general —por lo menos en teoría— de otra idea importante: que una economía en desarrollo, especialmente si se

World Conference) Society for International Development, Washington, D. C., 1964.

encuentra en medio de las presiones derivadas de la explosión demográfica, requiere de la programación económica global incluso si ha logrado ya, o está por lograr, la llamada etapa de despegue rostowiana. Este progreso no puede medirse, sin embargo, en términos de funcionamiento que tuvieron en la realidad los mecanismos de planeación en México durante el período en estudio. Con la posible excepción de la Comisión de Inversiones del gobierno de Ruiz Cortines, en los años cincuentas, el funcionamiento de los organismos encargados formalmente de dirigir la economía nacional hacia las metas del desarrollo y el bienestar general han tenido efectos prácticos limitados. Pero fue su fracaso, junto con las crecientes complicaciones del manejo razonablemente eficiente de un aparato de gobierno que abarca un conjunto formidable de organismos públicos, lo que obligó, tanto al partido gubernamental como a la opinión pública, e incluso a algunos representantes destacados de la empresa privada, a dar cada vez mayor peso a los argumentos del creciente número de técnicos economistas.

Estos últimos convienen, a su vez, en que a causa del desperdicio de los escasos recursos que implica el enfoque tradicional y pragmático de los problemas del desarrollo, no se asegurará la tasa de desarrollo que en un próximo futuro, se requiere en México, incluso con la ayuda externa más liberal.

Son pocos los expertos que consideran que en México, incluso con planeación y programación de inversión en escala nacional, pueda volver a alcanzarse fácilmente en un futuro cercano —pero para un período bastante largo— la tasa de crecimiento registrada en los años cuarenta (7 % anual equivalente a más de 4 % *per capita*) y en los cincuenta (6 % anual = 3 % *per capita*). Las tasas de crecimiento registradas en 1963 y 1964 (6.5 % y 7 % respectivamente) no corroboran ni mucho menos las tesis optimistas, ya que, en una parte considerable, la expansión de los últimos dos años se debe, como es obvio, a fenómenos de orden cíclico surgidos después de la recesión de 1960-1962.

Sin embargo, se acepta, solamente de manera muy superficial, que una planeación económica satisfactoria se basa en una acción coordinada durante tres distintas etapas: la definición de metas de política económica globales que sean accesibles; la elaboración de un plan nacional, y la administración del plan y el control del funcionamiento de los diferentes sectores de la economía.[35]

De hecho existe al respecto en el país una confusión absoluta como lo atestiguan los debates del Quinto Congreso Internacional

[35] Como señala Tinbergen: "La palabra 'planeación' es a menudo usada para denotar la elaboración técnica de los medios para la aplicación de una política que se considera como dada de antemano. Este uso de la palabra, sin embargo, oscurece un elemento importante del concepto de planeación: lejos de estar dada *a priori*, una política económica necesita ser planeada, o como usualmente se dice, diseñada." Jan Tinbergen, "Problems of Planning Economic Policy", *International Social Science Journal*, vol. XI, núm. 3, París, 1959, p. 351.

de Planeación, celebrado en México en el otoño de 1964, en el que según un observador

contadas ponencias se refirieron a planteamientos adecuados a la naturaleza del Congreso. Casi todas las demás fueron descriptivas de asuntos específicos, muy superficiales y carentes de conexión con la verdadera finalidad del Congreso. Muchas de ellas tocaron antiguos temas que se suponían superados, y aun otras repitieron temas y alegatos ya presentados desde el primer Congreso efectuado en 1930, con las mismas ideas y planteamientos... Las confusiones se derivan de una lamentable falta de difusión de las informaciones precisas sobre la planeación y su problemática. Incluso no existe todavía un consenso claro y general sobre lo que debe entenderse por planeación, ni sobre sus objetivos y, mucho menos, sobre cómo ha de realizarse.[36]

La confusión ya existente aumenta todavía más por el abuso, en todos los niveles políticos, de la terminología técnica relacionada con el proceso de planeación. Parecen existir planes nacionales, regionales, estatales y hasta planes de alumbrado público en pequeños pueblitos; planes de educación y de descentralización industrial, de rehabilitación de los lisiados y de descongestionamiento del tráfico automovilístico. La palabra planeación se está volviendo una palabra mágica, que todo lo resuelve, y que sirve de coartada para cualquier medida política, independientemente del grado de sensatez y de racionalidad que tenga. Que tal desvalorización del concepto de la planeación entraña graves peligros lo subraya Celso Furtado:

Como la propia lógica interna del proceso político impulsa a casi todos los grupos que se disputan el poder a aceptar la planeación como método de gobierno, es natural que ésta corra el riesgo de verse desposeída de todo contenido preciso para trasformarse en una nueva retórica. De aquí que sea fundamental establecer con precisión las línea básicas de la estructura del poder en el país con un desarrollo dado, para poder atribuir un sentido exacto a lo que pretende el gobierno cuando decida adoptar la planeación como método de trabajo.[37]

En estas condiciones puede ser útil explorar las ventajas y obstáculos a que se enfrenta México en lo referente a la definición de metas de política económico-social congruentes; a la elaboración de un plan nacional y a su realización.

La estructura centralizada del sistema político mexicano, el mantenimiento del poder en las manos del partido gobernante desde 1924 y la abrumadora importancia del papel del jefe del ejecutivo, aparte de una prolongada experiencia en cuanto a promover

---

[36] Elías Targui, "Enseñanzas del V Congreso Internacional de Planeación", *El Día*, México, D. F., 4 de noviembre de 1964.

[37] Celso Furtado, *Organización y administración del planeamiento*, Instituto Latinoamericano de Planificación Económica y Social, Santiago, agosto de 1964, p. 8.

el desarrollo económico, representan, por lo menos en teoría, una extraordinaria ventaja para cualquier régimen que trate de definir los objetivos de la política económica en términos que eviten una contradicción.[88] Y, sin embargo, en México es una realidad el que nadie hasta ahora haya logrado establecer de manera clara tal definición.

La ventaja potencial de un gobierno central fuerte o, con mayor exactitud, de un jefe del ejecutivo extremadamente fuerte, se ve contrarrestada, en medida considerable, por una curiosa herencia del pasado mexicano: la difusión del poder político y económico dentro y fuera del gobierno. El hecho de que, para todos los propósitos prácticos, el Presidente de México no tenga gabinete, y que todas las cuestiones fundamentales sean resueltas directamente por él con el Secretario de Estado o el jefe de la dependencia inmediatamente responsable con muy poca coordinación con los demás organismos federales interesados, hace que sea difícil lograr la unidad de acción entre todos los llamados a formular la política en su respectivo campo y, ello, sin aludir a posibles acuerdos sobre la política general a seguir. Esto último podría hacerse, naturalmente, en el caso de que un jefe del poderoso ejecutivo dispusiera de un pequeño grupo de consejeros divorciados del contexto de la lucha política diaria, y tuviese la determinación de ayudarlos contra las presiones ejercidas desde diversas fuentes. El hecho de que la Comisión de Inversiones funcionara con bastante efectividad en los años cincuenta habla en favor de semejante punto de vista, si bien debe insistirse, una vez más, en que esa dependencia no constituía un organismo nacional de planeación.

No puede haber dudas de que en el presente, México dispone de un número adecuado de economistas y técnicos suficientemente capaces de elaborar un buen plan de desarrollo de la economía nacional y de sus sectores principales, siempre y cuando se fortalezca la base estadística para semejante propósito.[89] A su

[88] Este punto de vista es subrayado en uno de los pocos trabajos serios que se han publicado en México sobre el tema de la planeación: Sergio de la Peña, "Introducción a la planeación regional" en *La planeación económica regional*, Banco de México, S. A., México, 1960, pp. 127-28.

[89] La equidad exige que recojamos aquí una opinión discrepante emitida por uno de los más conocidos historiadores mexicanos, quien, al discutir la relación entre el desarrollo económico planeado y las estructuras políticas prevalecientes en América Latina, afirmó: "el economista latinoamericano (y el economista a secas) no es en general hombre de fuertes convicciones, y uno que tiene que convenir en que la idea de un desarrollo económico programado no puede hacerse triunfar sin estar convencido de ella... Si el economista latinoamericano, en general, sólo mira un sector limitado de la economía nacional; si su tiempo y su energía son consumidos por problemas siempre menudos e inmediatos; sí, en fin, no es hombre de fuertes convicciones, y se ha dejado marear por el poder político, ¿puede uno extrañarse de que sea un consejero ineficaz del político y del gobernante, incapaz de inculcar en ellos la idea de una economía programada, de encenderles la fe que los haga abanderados de esa idea?" Daniel Cosío Villegas, "El desarrollo

vez, tal cosa no constituye una tarea sobrehumana, ya que las inexactitudes y escasez de las estadísticas mexicanas sólo se deben, en parte, a métodos estadísticos defectuosos y a la dificultad de obtener datos en algunos de los sectores más atrasados, aunque importantes, de la economía. La actual situación puede explicarse en grado considerable por la inquietante propensión de ciertos funcionarios públicos a tratar cualquier información como propiedad privada, conforme al plausible supuesto de que, en el mundo burocrático, el que más sabe, más poder ejerce.

La presencia de grupos de especialistas competentes dentro del sector público no basta, por supuesto, para suprimir las dificultades potenciales que implica el hecho de que prácticamente no existan fuera del gobierno técnicos bien preparados sobre asuntos económicos. Esto hace que sea difícil la discusión, seria y abierta, de los problemas de política económica, o de un determinado plan de desarrollo, incluso admitiendo que los autores del plan estuvieran dispuestos a entablar semejante discusión. Si bien algunos podrían defender el secreto que rodeó en el pasado a las actividades de la Comisión de Inversiones alegando que afectaban a la inversión del sector público de escaso interés directo para el resto de la sociedad, resulta mucho más difícil justificar o explicar la política a puerta cerrada de la Dirección de Planeación de la Secretaría de la Presidencia durante la administración pasada, y la falta de información sobre detalles vitales del "Plan de acción inmediata" que se preparó bajo los auspicios conjuntos de ésta y de la Secretaría de Hacienda. Muy pocas personas parecen darse cuenta de que la planeación democrática es imposible, a menos que se eduque al pueblo a participar en su ejecución. Estas actitudes son todavía más extrañas si se toma en cuenta el ilustrado papel que desempeña en México la opinión pública en relación con las cuestiones económicas nacionales más importantes, y los crecientes síntomas de aceptación, por parte del sector privado, de la idea de una planeación nacional indicativa, dentro de las líneas seguidas durante los años recientes en Holanda, Francia y el Japón.[40]

Pero los obstáculos reales y serios surgen cuando se considera el problema de administrar el plan de desarrollo, controlar las acciones de los diferentes sectores de la economía y ejecutar

económico programado y la organización política", *Aspectos sociales del desarrollo económico en América Latina*, vol. I, UNESCO, París, 1962 (SS. 61/V. 10/S), pp. 284-5.

[40] Cosío Villegas da muestras también de extremo pesimismo a este respecto: "...la idea de encauzar el crecimiento económico dentro de un plan o programa... no tiene por ahora un apoyo popular suficiente, o, para decirlo con mayor exactitud, no tiene ningún apoyo popular. Además —y a pesar de las vanidosas y reiteradas manifestaciones en contrario—, los partidos políticos y gobernantes latinoamericanos no son lo suficientemente ilustrados para entender de verdad esa idea y abrazarla y hacer de ella, como si dijéramos, el eje central de su prédica y de su acción". *Ibid.*, p. 281.

los programas de desarrollo regional. A la luz de la experiencia del pasado, es en extremo improbable que México pueda efectuar la ejecución ordenada de semejante empeño, a menos que se establezcan algunas reformas fundamentales y completas en la administración pública y en la estructura legal e institucional del sector público.

Es un fenómeno bastante alentador el hecho de que las deficiencias de la administración pública hayan dejado de ser recientemente tema intangible, vedado a una discusión franca y abierta.[41] No obstante, todas las propuestas de reforma en este campo parecen olvidar que la burocratización del aparato estatal y la aún mayor del sector paraestatal se deben, en parte, a los métodos anticuados de la administración pública misma. En un grado probablemente muy alto, el fenómeno de la burocratización tiene su origen en la aceleración del proceso de crecimiento demográfico y en la imposibilidad de canalizar la creciente fuerza de trabajo hacia actividades directamente productivas en la agricultura, la industria y el comercio, en las que el progreso tecnológico se traduce en el uso de técnicas de producción con intensidad creciente de capital. En una economía con tales características, el sector de servicios es el llamado a absorber el excedente, cada vez mayor, de la fuerza de trabajo. Consecuentemente, para evitar la agravación de tales tensiones sociopolíticas, incumbe al Estado, en todos sus niveles, proporcionar empleo a aquellos que, por su baja o exigua preparación, no lo encuentran en otras partes.[42] Como resultado, la productividad del sector público es sumamente baja y la posibilidad de aumentar su ahorro global bastante difícil.

Tomando en cuenta las ventajas y desventajas que enfrenta el país, urge, sin embargo, si se quiere pasar de la etapa de la estra-

[41] Véase, por ejemplo, Miguel Duhalt Krauss, "¿Es la administración pública mexicana un factor limitante de desarrollo?", *Comercio Exterior*, vol. XIV, núm. 8, agosto de 1964, pp. 540-42, y Fernando Solana "La reforma de la administración pública mexicana", *El Día*, 26 y 27 de octubre de 1964. Solana, después de haber planteado la pregunta en el sentido de si es suficiente modificar una ley de Secretarías de Estado para que la reforma de la administración pública esté consumada, hace hincapié en que "la organización real del gobierno de México, visto en el nivel macroorganizacional, no corresponde a la organización jurídica formal que establecen las leyes. En el nivel federal, los tres 'poderes' no se encuentran en el mismo nivel sino que el legislativo y el judicial están subordinados en cierta medida al ejecutivo. Por otra parte, los gobiernos estatales carecen de la autonomía establecida formalmente; tienen dependencia mucho mayor de lo que señalan las leyes, con respecto a la federación. Los municipios funcionan prácticamente como divisiones administrativas de los gobiernos estatales". Termina el mismo autor su ensayo con el alegato siguiente: "Los funcionarios mexicanos han demostrado su capacidad de conducir la nave de la nación en tiempos buenos y malos, a pesar del aparato defectuoso de la administración pública. Pero esto ya no basta."

[42] Este fenómeno se presenta en forma mucho más aguda en economías estancadas con tasa de crecimiento económico relativamente baja como en Argentina, Chile y Uruguay. En estos casos pedir la reforma del sector estatal es pedir lo imposible.

tegia de desarrollo intuitivo a la de una planeación más racional, establecer las precondiciones para el proceso de planeación mediante: *1)* establecimiento de un servicio civil que incluya conceptos de seguridad en el empleo y de "conflicto de intereses"; *2)* eliminación del secreto que envuelve el proceso del presupuesto; y *3)* control federal efectivo de los múltiples organismos y empresas de propiedad estatal o controladas por el Estado. Resulta, quizá, un tanto optimista suponer aquí que, por otra parte, el sector privado estaría deseoso de cooperar en la ejecución de un plan de desarrollo, por lo menos, por dos razones: el estímulo que un plan nacional trasmitiría a la economía permite aumentar las oportunidades de inversión y de ganancias, y la adopción de un plan obligaría a sustituir, por normas formales e impersonales, la actual práctica de resolver asuntos y problemas, a medida que surgen, mediante decisiones administrativas tan arbitrarias como difíciles de prever .

Baste con recordar, una vez más, que hasta la fecha existen en México quince secretarías de Estado facultadas por la ley para planear y realizar su programa de inversiones, aparte de seis comisiones de desarrollo regional y un buen número de grandes organismos autónomos, así como varios centenares de empresas estatales. Tomados globalmente, los presupuestos corrientes que ejercieron, en 1964, veinte grandes organismos y empresas del sector público, excedieron por sí solos a la totalidad del presupuesto federal, y su producción representó más del 6 % del producto nacional bruto en ese año. Estas actividades oficiales todavía no se encuentran eficientemente coordinadas o controladas, pese a los intentos hechos en tal sentido en las dos pasadas décadas.[43] Tales circunstancias originan muchas veces filtraciones o desper-

<hr/>

[43] Cuando se presentó al Congreso Mexicano un proyecto de ley (posteriormente rechazado) a finales de 1961 en el que se preveía el control sobre las empresas públicas, el senador Rodolfo Brena Torres señaló: "Hasta ahora [el sector descentralizado de la administración pública federal] ha sido como un mosaico reunido sin prestar demasiada atención al método y sin el beneficio de un enfoque integral. El hecho es que en ese tiempo no podía haber método, ni visión conjunta, ni misión común de las agencias descentralizadas en el sentido en que puede haberlo ahora." Véase *Novedades*, 28 de diciembre de 1961. En 1963 el Congreso de la Unión aprobó una nueva Ley para el control y vigilancia de los organismos públicos descentralizados y de las empresas de participación estatal, pero por no haber firmado el Presidente de la República éste nunca entró en vigor. Sería difícil entusiasmarse con la Ley de 1963 ya que, siguiendo el patrón de división de las responsabilidades entre tres secretarías de Estado, no representó gran adelanto en comparación con la ley anterior de 1947. Finalmente, la incorporación de los presupuestos de 20 organismos descentralizados y empresas propiedad del Estado en el presupuesto global del sector público para 1965 representa solamente un progreso limitado como puede juzgarse por la presentación y el contenido del presupuesto. Aunque se propone someter al sector paraestatal al control financiero no se prevé todavía ningún control de los organismos descentralizados por el poder legislativo ni la publicación de la información detallada sobre las operaciones de las empresas cuyo gasto total es mayor que el del gobierno federal.

dicios en los escasos recursos financieros del gobierno federal y, lo que es probablemente de mayor importancia, al mal uso de los limitados cuadros de administradores competentes con que cuenta el gobierno.

Todo ello no quiere decir que sea imposibe lograr una planeación a largo plazo, coherente, del desarrollo económico de México. Será, sin embargo, una empresa bastante difícil, por el hecho de que hay todavía muchos Méxicos: el México de la industria moderna, y el de los acumuladores primitivos de capital dentro de la mejor —o más bien la peor— tradición del capitalismo del siglo XIX; el México de los intelectuales de renombre internacional y el de los campesinos indígenas analfabetas; el México de los funcionarios públicos y profesionistas honestos, y el de los políticos sin escrúpulos. Si no fuese así, el país dejaría de ser uno de los muchos países en vías de desarrollo del mundo, y el problema de la planeación para el desarrollo, probablemente, ni siquiera se presentaría. Sin embargo, ha surgido con gran urgencia. Y mantener la creencia de que la planeación llevada a cabo desde arriba, sin la participación democrática de los habitantes del país, constituye la fórmula mejor, equivale a sostener una ficción.

BIBLIOGRAFÍA

Cosío Villegas, Daniel, "El desarrollo económico programado y la organización política", *Aspectos sociales del desarrollo económico en América Latina*, vol. I, UNESCO, 1962 (SS.61/V.10/S), pp. 269-86.

De la Peña, Sergio, "Introducción a la planeación regional", *La planeación económica regional*. México, D. F. Banco de México, S. A., Departamento de Investigaciones Industriales, 1960 (mimeografiado).

Friedmann, John (ed.), "The Study and Practice of Planning", *International Social Journal* (París), vol. XI (1959), núm. 3, pp. 327-412.

Furtado, Celso, *Organización y administración del planeamiento*, Instituto Latinoamericano de Planificación Económica y Social, Santiago, agosto de 1964 (mimeografiado).

Hansen, Bent, *The Economic Theory of Fiscal Policy*, Londres, Allen and Unwin, 1958.

Informe del Gobierno de México al Comité Especial del CIES, sobre programación y preparación de proyectos, México, julio de 1963, p. 39 (mimeografiado).

International Bank for Reconstruction and Development, *Mexico's Public Investment Program*, 1957-1958, Washington, D. C., julio de 1957 (mimeografiado).

Junta de Gobierno de los organismos y empresas del Estado, *Memoria 1959*, México, D. F., 1959.

Navarrete, Alfredo, "La planeación financiera del desarrollo económico en México, 1964-1970", *El Mercado de Valores*, Año XXIV, núm. 41, 12 de octubre de 1964, pp. 609-616.

Organización de los Estados Americanos, *El desarrollo económico y social de México* (documento presentado por el gobierno de México a la primera reunión anual del CIES al nivel ministerial, México, octubre de 1962), México, D. F., octubre de 1962.

Organización de los Estados Americanos, *Organismos de planificación y planes de desarrollo en la América Latina* (documento informativo núm. 8-ES-RE para la reunión extraordinaria del Consejo Interamericano Económico y Social al Nivel Ministerial, Uruguay, agosto de 1961), Washtington, D. C., julio de 1961 (mimeografiado).

Ortiz Mena, R., Urquidi, V., Waterson, A., y Haralz, J. H.: *El desarrollo económico de México y su capacidad para absorber capital del exterior*, Fondo de Cultura Económica, México, 1953.

Parra, Manuel Germán (ed.), *Conferencias de Mesa Redonda* (presididas por el Lic. Miguel Alemán durante su campaña electoral, 27 de agosto de 1945-17 de junio de 1946), México, D. F., 1949.

Primer Seminario sobre Desarrollo Regional, México, 7 al 17 de marzo de 1962: *Acta* (mimeografiada).

Revista de Economía (México, D. F.,) vol. XXV, núms. 4, 5 (abril y mayo de 1962), pp. 105-96 (números dedicados a la planeación y el desarrollo económico).

Romero Kolbeck, Gustavo, *Apuntes de las conferencias sobre la inversión pública en México* (dictadas en el Programa Técnico BID-CEMLA en septiembre de 1962). México, 1963 (manuscrito).

Romero Kolbeck, Gustavo, "La inversión del sector público en México", *México, 50 años de revolución, Vol. I: La Economía*, pp. 492-508. México, Fondo de Cultura Económica, 1960.

Sáez, Raúl, "Flaquezas de la planeación en Latinoamérica", *Comercio Exterior*, México, vol. XIV, núm. 10, octubre de 1964, pp. 691-694.

Schaeffer, Wendell Karl Gordon, "La administración pública mexicana", *Problemas Agrícolas e Industriales de México* (México, D. F.), vol. VII, núm. 1.

Secretaría de la Presidencia, *México, Inversión Pública Federal, 1925-1963*, México, 1964.

Tejera Paris, Enrique, *Introducción a la administración pública en la política de desarrollo*, Nueva York: Naciones Unidas, Programa de Asistencia Técnica, 12 de diciembre de 1957 (mimeografiado).

Urquidi, Víctor L., "The Will to Provide Economic Aid", *Motivations and Methods in Development and Foreign Aid* (Proceedings of the Sixth World Conference), Society for International Development, Washington, D. C., 1964.

Vernon, Raymond, *The Dilemma of Mexico's Development*, Harvard University Press, Cambridge, Mass., 1963.

Yates, Paul Lamartine, *El desarrollo regional de México*, México, D. F., Banco de México, S. A., Departamento de Investigaciones Industriales, 1961.

2
Objetivos y metas de la planeación

JORGE TAMAYO LÓPEZ PORTILLO

En un sentido estricto, la *planeación* como *acto* y *efecto* de planear es tan antigua como el acto de prever o proyectar las futuras acciones y en especial en el campo de la ingeniería y arquitectura. Sin embargo, a raíz de la aceptación de la *planeación* económica, en las economías capitalistas, los técnicos en diferentes campos del conocimiento han adulterado, por ignorancia, o mala fe, el significado real e histórico de la planeación económica nacional. En consecuencia, es importante tratar de precisar el significado de la *planeación económica* y así podemos definirla como *la adaptación de la producción a las necesidades de la sociedad, ya que la elaboración de un plan no obedece al deseo de organizar y reglamentar la producción, sino de adaptarla a su fin, que consiste en la satisfacción de las necesidades sociales, adecuadamente jerarquizadas.*

Teniendo en cuenta esta definición podría formularse la de un *plan económico*, diciendo que es el conjunto de medidas adoptadas para hacer posible un objetivo dado. Tal definición podría aplicarse tanto a un plan económico parcial, como al que abarque la totalidad de la vida económica.

Semejante concepto nos lleva de la mano para afirmar que la planeación económica implica que el desarrollo económico *queda sujeto a la voluntad humana ante la desaparición del regulador a posteriori* de la competencia, sobre el cual descansaba la política económica liberal.

EL PRINCIPIO DE RACIONALIDAD ECONÓMICA

El principio de racionalidad económica precisa que el grado máximo de realización de un fin se obtiene actuando de forma tal que por un gasto dado de medios se obtenga el grado máximo de realización del fin (variante denominada del máximo resultado) o bien cuando a un grado dado de realización de un fin se emplea un mínimo de medios (variante denominada principio de la economía de los medios).

El caso más importante de aplicación del principio de racionalidad económica fue llevado a cabo primeramente en la empresa capitalista, pero este triunfo quedó limitado al campo de la *empresa individual* sin extenderse a la economía nacional ni considerarla como un todo. Es decir, que este principio quedó limitado a ser un principio de *racionalidad económica en el sector privado.* La racionalización de la actividad económica dentro de una empresa capitalista se reduce a la realización de un fin privado, es decir, a elevar al máximo las ganancias. En esas condiciones existen tantas aplicaciones del principio como empresas haya en un país, cuyo interés, a fin de aumentar sus utilidades, reside en desplazar del mercado al competidor.

En la etapa actual de desarrollo y como resultado del desenvolvimiento de las fuerzas productivas, es necesario y posible lograr la aplicación del principio de racionalidad económica en *escala social,* lo cual nos lleva a una nueva fase en la historia de la aplicación del principio ya mencionado. Así, pues, la racionalidad social de la actividad económica demanda que los objetivos de las empresas individuales queden subordinados a un *fin* o *meta* que abarque, como un todo, el proceso social de producción, distribución y consumo. En otras palabras, se requiere una coordinación entre las actividades de las empresas individuales, integrando sus objetivos a un fin común con la meta de beneficiar a los integrantes de una sociedad. Así como las ganancias o utilidades sirven de estímulo para el logro de objetivos privados y son una prueba de la medida en que el principio de racionalidad económica está siendo llevado a cabo dentro de un marco capitalista de producción, en el marco de una economía planeada en escala nacional, los objetivos de las empresas individuales son integrados y determinados a través de un *plan económico nacional.*

Todo esto nos proyecta hacia el establecimiento de una estructura de objetivos adecuadamente jerarquizados, peculiaridad de los sistemas económicos planeados, así como es característica del sistema capitalista la existencia de objetivos paralelos e independientes en las empresas individuales.

Así, podemos afirmar que lo que caracteriza y hace diferente una economía planeada en escala nacional de una economía de libre empresa o parcialmente planeada es el hecho de que en la primera se lleva a cabo la aplicación del principio de racionalidad económica en escala nacional, orientándolo hacia el máximo beneficio social asentado en los planes de desarrollo económico, mientras que en el marco capitalista la aplicación del principio se limita a la empresa individual.

Se ha intentado oponer a la planeación nacional o integral ciertos sistemas que pretenden situarse a mitad del camino entre ésta y la de un régimen liberal. Presenta dificultades la tarea de definir estos sistemas, cuya terminología corriente los denomina como intervencionismo, dirigismo, planeación flexible, programación, etc. Sin embargo, no importan tanto los términos como el alcance de cada uno de ellos y sus diferencias con la planeación económica nacional.

Lo esencial en el modelo capitalista de desarrollo queda reducido a una política económica liberal donde mercado y precios eran mecanismos a través de los cuales se regía y regulaba la producción, distribución y consumo de los bienes y servicios. Así, en el seno de esta sociedad, la libre competencia realizaba una adaptación *a posteriori* en virtud de las leyes económicas y a tarvés de las fluctuaciones del mercado.

¿Cuál era el mecanismo de la libre competencia que adaptaba *a posteriori* la producción y la demanda y cómo operaba? La adaptación tenía lugar en la forma siguiente:

1º Al elevar los *precios* de productos ofrecidos en cantidad *insuficiente*, se atraía hacia la producción de éstos mano de obra y capital suplementario.

2º Este mismo mecanismo de libre competencia, al ofrecer productos en cantidad excedentaria hacía bajar los precios y alejaba la mano de obra y el capital de la producción de estos artículos.

Así, las decisiones de *qué producir* y *cómo producir* eran resultado del *mecanismo de precios y mercado* y la adaptación de la producción a la demanda se realizaba en forma *a posteriori*. Pero el desarrollo del capitalismo, con las consecuencias de concentración económica que le son características, la aparición de monopolios (trust, cárteles, etc., es decir, con la *desaparición de la libre competencia*, obstruye cada vez más este modo de adaptación *a posteriori* cuya descripción mencionamos. Hay que atribuir a la existencia de tales hechos, más que a otros factores, el desarrollo, dentro de las propias economías capitalistas, de tentativas de planeación económica y social, a las cuales se les asigna los términos de planeación flexible o indicativa, programación, etcétera.

Asimismo, la política económica liberal asignaba un papel pasivo al Estado, limitando sus acciones a las de un Estado policía cuya misión básica era vigilar el orden social establecido. Pero ante la quiebra de la política económica liberal manifestada en forma drástica en la crisis mundial de 1929, el Estado comienza a dejar de ser un simple vigilante de la actividad económica.

EVOLUCIÓN DE LA INTERVENCIÓN ESTATAL

Intervencionismo. En el seno del capitalismo industrial, el intervencionismo es la forma primaria de acción del Estado sobre la actividad económica. Esta forma original es el proteccionismo, cuya palanca principal puede considerarse la regulación aduanera, dando como resultado el desarrollo de industrias nacientes y de las fuerzas productivas dentro del país.

Sin embargo, en la etapa actual del desarrollo del capitalismo monopolista, el proteccionismo tiene un carácter conservador, ya que no siempre trata de proteger a las industrias incipientes sino que, con cualquier pretexto, da protección a situaciones adquiridas y refuerza la de los monopolios, tanto nacionales como extranjeros, en el mercado interior.

Lo que caracteriza a estas intervenciones estatales es que sólo tratan de paliar las más graves consecuencias derivadas de las dificultades económicas sin que tiendan a eliminar sus causas.

Podemos afirmar que el intervencionismo trae consecuencias prácticamente restriccionistas como la fijación de precios máximos y mínimos, aranceles, subsidios, etc. Estas intervenciones han podido, en ciertos casos, aportar soluciones momentáneas, sin que modifiquen el fondo del asunto ni sean capaces de eliminar las causas que las generan.

Dirigismo. Debido a la baja de la tasa de beneficio, el paro masivo y otros fenómenos más que aparecieron en forma aguda en la crisis de 1929, el Estado se vio obligado a desarrollar su intervención y, sobre todo, a hacerla más *sistemática*, produciéndose entonces lo que Charles Bettelheim llama dirigismo o economía dirigida.

El dirigismo implica una intervención sistemática destinada a orientar la economía en un sentido determinado. Sin embargo, el dirigismo no presupone la nacionalización de una fracción importante de los medios de producción.

El dirigismo comporta pues un conjunto de intervenciones que, en lugar de ser simples reacciones inmediatas ante dificultades particulares, se inspira en una serie de ideas generales que constituyen por sí mismas toda una política económica.

Desde la primera guerra mundial, tenemos algunos ejemplos de tentativas dirigidas. Vale la pena destacar el de un país capitalista como Estados Unidos, basado en la idea de que el aumento del *poder adquisitivo* de la población bastaría para salir de la crisis de 1933, y llega a inspirar, en la economía norteamericana, una serie de medidas que constituyen el New Deal.

PLANEACIÓN FLEXIBLE O INDICATIVA

La llamada planeación flexible es la que pretende realizarse, sin actuar directamente sobre la producción y sin que el Estado sea propietario total de los medios de producción.

Así como en la planeación integral el Estado actúa como empresario único, en la planeación flexible se hace en forma indirecta mediante:

a) Distribución de materias primas.
b) Control de precios.
c) Control sobre inversiones.
d) Control sobre apertura de créditos.

No obstante, para que podamos hablar de planeación flexible se hace necesario que el conjunto de estas medidas quede integrado dentro de un plan, ya que de no ser así se trataría de un mero dirigismo.

El caso más representativo de la planeación flexible, dentro de los países capitalistas avanzados, lo constituye el caso francés. Pero en este país se ha contado con un sector estatal que ha permitido, en cierta medida, determinar la dirección del sector privado.

Así, la relación general sobre el Plan Francés de Modernización y Equipo declara [que] este plan es esencialmente un *método de convergencia en la acción y el medio de que cada uno sitúa su esfuerzo* en relación con el de todos. En una economía que, como la nuestra, comportan simultáneamente sectores nacionalizados y un amplio sector libre, este plan debe aplicarse tanto a los servicios estatales como a los servicios particulares y, por consiguiente, ser tanto un plan de orientación como de dirección.[1]

EL SIGNIFICADO Y ALCANCE DE LA PLANEACIÓN ECONÓMICA EN MÉXICO

La división entre países avanzados y países subdesarrollados impone a estos últimos la necesidad urgente de acelerar su tasa de desarrollo económico más allá del crecimiento demográfico, a fin de incrementar la productividad *per capita*.

Sin embargo, como resultado de la transformación del sistema capitalista, donde los precios y el mercado fueron el mecanismo por el cual se ajustaba *a posteriori* la producción a la demanda, se requirió una nueva orientación en la política económica contemporánea que permita acelerar el proceso de desarrollo económico de aquellas áreas subdesarrolladas donde vive la mayor parte de la humanidad.

México, ubicado dentro de ese gran grupo de países subdesarrollados, no puede sustraerse a la necesidad de sustituir su caduca economía competitiva por una adaptación *a priori* de la producción a las necesidades sociales, que no es otra cosa que adoptar la *planeación económica*, para evitar el desperdicio de sus recursos. Las metas y objetivos básicos a que debe enfrentarse la planeación en un país subdesarrollado como el nuestro están determinados no sólo por el logro de tasas de crecimiento económico elevadas, sino que este crecimiento llegue a las mayorías de nuestra población.

[1] Charles Bettelheim, *Problemas prácticos y teóricos de la planificación,* Editorial Tecnos, Madrid, p. 142.

Ello implica cambios estructurales profundos como prerrequisitos para una efectiva planeación.

Si por desarrollo económico entendemos el incremento de la productividad *per capita*, la planeación deberá tender a lograr un incremento del producto social mediante la utilización de los recursos disponibles.

Siguiendo a Oskar Lange y Michal Kalecki, podemos afirmar que es factible incrementar el producto social mediante la reorganización de las actividades económicas, lo cual implica una utilización de capacidades ociosas tanto en la industria como en la agricultura, a más de la traslación de fuerza de trabajo improductiva a sectores productivos, la disminución a un mínimo necesario del aparato administrativo y la supresión de fuerza de trabajo improductiva representada por clérigos, intermediarios, un ejército de especuladores, etc. Si bien todas estas medidas permiten elevar la productividad *per capita*, no es menos cierto que los factores más dinámicos, en cualquier sistema económico, han sido la inversión y el progreso tecnológico.

Todo esto nos lleva a fijar los dos grandes objetivos de la planeación en un país que como México se halla en vías de desarrollo.

Primero se requiere una mayor movilización de los recursos con fines productivos; es decir, un plan que permita traducir el "excelente económico potencial" en "excelente económico real". Lo anterior presupone cambios en la producción, distribución y consumo de los bienes y servicios, y en países en donde no existe, por razones históricas, una burguesía nacional suficientemente poderosa para impulsar el desarrollo económico, el Estado y su actividad económica deberá convertirse en el principal acumulador de capital y, por ende, desempeñar el papel histórico que en el capitalismo competitivo desempeñó la clase burguesa.

Con todo, una mayor captación del excedente económico, por sí sola, implica ya un logro muy importante, pero el segundo gran objetivo de la planeación nacional será determinar la dirección de la inversión por ser muy frecuente en los países subdesarrollados que, aparte de una tasa de inversión baja, tanto en términos relativos como absolutos, exista una inadecuada dirección de las inversiones a causa de tener generalmente los inversionistas privados objetivos muy diferentes de los requeridos para el desarrollo proyectado a largo plazo.

De ahí que el Estado no deba limitar su acción a los campos tradicionales, como son las inversiones en infraestructuras y obras de beneficio social, sino ampliarlo hacia inversiones productivas, ya que cuanto más importante sea el sector paraestatal, tanto en términos cuantitativos como cualitativos, mayores serán las posibilidades de contar con un sistema de planeación nacional, puesto que en un plan nacional se presupone la subordinación de los intereses particulares a los sociales, cosa que sólo puede lograrse en la práctica cuando se dispone de un sector nacionalizado que oriente la inversión y la actividad privada hacia las metas establecidas en un plan nacional.

Sobre la jerarquización de las inversiones no existe un criterio generalizado, puesto que ésta tiene que estar supeditada al grado de desarrollo y a las condiciones físicas, técnicas y políticas de un país determinado.

Se plantea un dilema a los países con exceso de mano de obra —ya sea subocupada y desocupada totalmente— sobre la forma de seleccionar las técnicas de producción; a juicio nuestro y en términos generales, deberá optarse por las intensivas de capital puesto que son las de mayor productividad; sin embargo, su utilización presupone, a corto plazo, menores niveles de empleo aunque mayor margen de acumulación que permite, por efectos acumulativos, lograr más altos niveles de ocupación a medio plazo. Ahora bien, si no existe un plan y consecuentemente un control sobre la generación de este nuevo excedente económico como resultado de técnicas altamente productivas, se corre el riesgo de que los incrementos en la productividad se traduzcan, en su mayor parte, en consumo suntuario, fuga de capitales, inversiones improductivas, en lugar de financiar inversiones productivas que determinen el ritmo y modo del desarrollo económico.

Es importante resaltar que la planeación económica integral ha sustituido en los países socialistas a la economía de libre competencia y que, por tanto, desempeña históricamente el papel que los precios y el mercado representaron en la economía capitalista.

No obstante, sería necesario precisar el alcance que, en un país como el nuestro, pueda tener la planeación, ya que obviamente no sería el mismo que en una economía donde la totalidad de los medios de producción, o la mayor parte de ellos, son de propiedad estatal.

Creemos que México, en la fase actual de su desarrollo, cuenta con un sector nacionalizado bastante importante para permitir orientar la economía nacional hacia un proceso de desarrollo más acelerado y justo que el experimentado hasta la fecha.

En estas condiciones es posible, sin abandonar totalmente el marco de economía privada, planear la economía mexicana. Sin embargo, tal planeación tendría orientaciones diferentes en lo que concierne a los dos grandes sectores de la economía nacional; en el primer caso, el plan tendría carácter ordenativo para los diferentes entes públicos en sus distintos niveles: federal, estatal y municipal.

En el caso del sector privado, el plan ya no presentaría el mismo carácter que en el público, aunque utilizando el sector nacionalizado sería posible dirigir el sector privado y evitar o, al menos, disminuir la anarquía que prevalece en países como el nuestro, tanto en lo que se refiere a inversión como a distribución.

Es necesario puntualizar que el proceso de planeación no implica sólo consideraciones de carácter *técnico*, y que el éxito del mismo dependerá del rompimiento previo de los obstáculos estructurales al desarrollo y de la *participación activa* de la totalidad de las fuerzas productivas en nuestro país. Se debe rechazar la planeación desde *arriba*, pues la planeación económica nacional presupone ingerencias, en la elaboración, ejecución y control del plan, de obreros, campesinos, intelectuales, industriales y comerciantes nacionalistas, así como autoridades federales, estatales y municipales.

Sólo en esta forma y con la decisión política de planear del más alto nivel jerárquico, apoyado en el sector nacionalizado, será posible pensar en una planeación de la economía mexicana, a fin de lograr un desarrollo en beneficio de las grandes mayorías de nuestro pueblo. No obstante, es importante resaltar que la simple existencia de un sector nacionalizado, por sí sólo, no garantiza su utilización en provecho de las grandes mayorías, sino que puede responder a intereses de grupos oligárquicos, como ha sido, desgraciadamente, la experiencia de nuestro país en muchos casos.

En resumen, en países subdesarrollados como México, el Estado y su actividad deberán orientarse hacia el logro de *mayor acumulación de capital* frente a una inversión privada reacia a invertir en aquellos campos productivos básicos que propicien un desarrollo sólido, disminuyendo en esta forma la dependencia con el exterior y sentando bases para un desarrollo autosostenido.

3
Problemas de planeación y desarrollo

HORACIO FLORES DE LA PEÑA

Desde hace ya casi 15 años los países latinoamericanos, en su conjunto, padecen una grave crisis en su crecimiento que, en algunos casos, los ha llevado a la violencia abierta y permanente y, en otros, ha producido retrocesos muy considerables en su desarrollo social y político. Basta considerar que son pocos las países que conservan gobiernos libremente elegidos y que operan en un marco de cierta estabilidad política y, aun menos, los que mantienen tasas de crecimiento medianamente aceptables.

El deterioro de la situación económica se ha traducido en una tasa de crecimiento del producto nacional bruto que apenas excede al aumento de la población y siempre dentro de crecientes presiones inflacionarias y con un fuerte desequilibrio externo.

El desequilibrio global se ha ido agravando conforme se acentúa el estancamiento. Las fluctuaciones en el tipo de cambio aumentan el grado de dependencia de la economía nacional de las fuentes de financiamiento externo, lo que incide en forma negativa sobre la capacidad de autodeterminación, tanto en el terreno económico, como en el político.

Las presiones inflacionarias internas traen como resultado una progresiva desigualdad entre las distintas clases sociales, con el agravante de que la distribución del ingreso es más injusta donde es menor y más lento el desarrollo.

Esta situación, a su vez, produce una inestabilidad política creciente que hace más difícil la resolución de los problemas de crecimiento y equilibrio, coexistiendo en casi todos los países la inestabilidad política, el desequilibrio y el estancamiento económico con repercusiones de unos sobre los otros, en la forma típica de causación circular y acumulativa de los fenómenos económicos.

En Latinoamérica estas crisis del desarrollo se atacaron con medidas de tipo monetario y crediticio orientadas, por un lado, a eliminar las presiones inflacionarias y el desequilibrio externo y, por el otro, a promover un mayor crecimiento dentro de un sistema de equilibrio general automático, en el cual ya sólo creen los expertos del Fondo Monetario Internacional y las autoridades monetarias de los países latinoamericanos.

Los fracasos de esta política no se hicieron esperar, lo mismo sucedió en Chile que en Brasil, Argentina, Perú y Cuba; en algunos países, el precio que sus mandatarios pagaron por su ingenuidad económica fue perder el poder como resultado de las presiones de los grupos políticos más reaccionarios, como fue el caso de la Argentina y de Brasil. En el caso de Cuba las políticas de estabilización agudizaron el descontento popular que facilitó el establecimiento de un régimen genuinamente revolucionario. En México, el precio fue prolongar innecesariamente el estancamiento económico y reducir artificialmente la tasa de crecimiento del ingreso real.

El resultado neto de estas políticas de estabilización fue detener el desarrollo sin frenar la inflación ni el desequilibrio externo, ya que todos estos fenómenos no tienen un origen monetario, sino que surgen por la incapacidad de la economía para aumentar su producción, *paripassu* con los incrementos de los ingresos monetarios.

El fracaso de las políticas de estabilización puso en evidencia lo inadecuado del tratamiento y desprestigió totalmente la política monetaria y crediticia, llevándose su rechazo hasta extremos que resultan francamente reñidos con el análisis científico de los fenómenos económicos.

Es cierto que los instrumentos monetarios y crediticios corresponden a la etapa primitiva de la economía y que carecen del rigor lógico alcanzado por las teorías modernas del desarrollo; tampoco alcanzan el mismo espíritu constructivo y riguroso del análisis matemático; a pesar de ello, resulta injusto clasificar como inservibles las políticas monetarias y de crédito por el hecho de no haberse logrado con ellas el equilibrio y el desarrollo. No es éste su papel, sino el de meros instrumentos de tipo secundario para corregir desequilibrios sectoriales. Que se les haya utilizado en forma indebida, es un hecho imputable más bien a la ignorancia de quienes lo hicieron que al valor intrínseco del instrumental mismo.

Como resultado de la aceptación, en Punta del Este, del programa de la Alianza para el Progreso, se pusieron de moda, entre funcionarios y miembros del sector privado, los conceptos de reforma agraria y fiscal y planeación económica.

La aceptación de la planeación económica como un medio de acelerar el desarrollo se hizo, en primer lugar, en forma festinada y en medio de una gran confusión, y, en segundo lugar, tanto los políticos como los capitanes de industria esperaban que actuara como sustituto perfecto de las reformas estructurales, especialmente de la agraria y la fiscal. De estos dos problemas nos ocuparemos a continuación:

I

Es cada vez más evidente que entre las personas interesadas en los problemas económicos, aun entre aquellos que el gran público califica como economistas, hay una gran confusión sobre la naturaleza del crecimiento económico.

Esta situación, en parte, es resultado del carácter polémico y apologético de la ciencia económica, y del predominio de los "hombres prácticos" en el amplio campo de la política económica y aun en el más exclusivo de la investigación científica; por ello, en gran parte de las aportaciones a la literatura sobre el desarrollo económico predomina el dogmatismo y la superficialidad.

Es quizá en el campo de la planeación económica donde la confusión de valores es mayor; esa confusión va desde las aportaciones, relativamente cómicas, de la arquitectura a la planeación —donde el error básico es creer que hacer planes y planos es lo mismo— hasta las aportaciones muy serias e interesantes de los sociólogos y los historiadores.

Sin embargo, lo que distingue el enfoque científico de la planeación de las conclusiones de otros especialistas, ya sean historiadores, sociólogos, políticos, etc., es que en el primer caso las variables importantes inmediatamente se identifican; en el segundo caso, en el proceso de razonamiento del investigador, inconscientemente o por desconocimiento de la economía, se excluyen los factores principales y se dedica todo el esfuerzo al estudio de problemas secundarios que muchas veces van más allá de la capacidad de comprobación empírica.

Por ello, el concepto mismo de planeación varía grandemente, ya se trate de economistas anglosajones plenamente identificados con el sistema económico de empresa privada, o de técnicos cuyo interés es más bien científico, aunque su análisis no esté desprovisto de aspectos apologéticos sobre el sistema de planeación central.

Así, para los primeros, planeación económica significa que "el gobierno ha organizado sus decisiones en forma tal que tomen en cuenta todos los efectos económicos de cada uno de sus actos y su programa de acción esté estructurado, coherentemente, para lograr un desarrollo económico, tan rápido, como lo permita la consecución de otras metas..."[1]

Esta definición de Hagen implica que el Estado debe planear compulsoriamente sus actividades y en forma indicativa las del sector privado y sin modificar sustancialmente las relaciones entre los dos, ni mucho menos las condiciones de libertad de decisión en que este último se mueve.

Este enfoque de la planeación, como dice un técnico mexicano[2]

---

[1] H. Hagen, *Planning Economic Development*, pp. 1 y 19, Richard J. Irwin Inc., 1963.
[2] Sergio de la Peña, en *Comercio Exterior*, 1963.

está de acuerdo con los vientos dominantes, porque no trata de racionalizar el desarrollo, puesto que deja al arbitrio individual, a la competencia entre empresarios y al juego de los costos y los precios la determinación del rumbo que tome el sector más importante de la economía.

Los economistas de este tipo, en el fondo, siguen muy complacidos con el sistema en que viven y prefieren seguir soñando en las supuestas ventajas de un liberalismo que en la realidad nunca ha operado, ya que, en la medida en que la sociedad evoluciona, la libre competencia es sustituida por formas de competencia monopólica que, para aumentar las ganancias individuales, restringe la producción y la inversión; por lo tanto, los objetivos de la competencia monopolista resultan reñidos con el crecimiento de la actividad económica, puesto que conducen a una utilización deficiente de los recursos productivos.

En estas aportaciones hay, también, un esfuerzo verdaderamente heroico por resolver los problemas inherentes a la utilización de técnicas complejas, con el fin de resolver y predecir las relaciones causales entre los diversos factores de la economía; pero, en el fondo, todas estas técnicas no son sino un crudo juego de azar,[3] en el que invariablemente se yerra, ya que se basan en el comportamiento histórico a corto plazo de unas cuantas variables, sin matizarlo cualitativamente para tomar en cuenta el carácter acumulativo de los fenómenos económicos y de las transformaciones sociales y tecnológicas.

Dentro de esta técnica de planeación se le da más importancia a la predicción económica que a los cambios estructurales. Todas ellas parten de dos supuestos sumamente simplificados: a) que la previsión se puede basar en funciones derivadas de un análisis de la experiencia reciente; y b) que la regulación de la economía puede apoyarse en modelos de operación sumamente cruda, en los cuales el papel central lo tiene una simple relación aritmética entre producción y acumulación de capital, que no resiste los cambios bruscos en el ámbito del comercio internacional o el efecto de las innovaciones tecnológicas.

Esto significa que las relaciones causales operan, pero su cuantía y características resultan imprevisibles, mientras no se racionalice el funcionamiento de la economía nacional y se tenga cierto grado de seguridad sobre la naturaleza de las relaciones económicas en el ámbito internacional.[4]

El efecto de estos factores sobre la planeación de la escuela anglosajona no se hizo esperar en el ámbito de Latinoamérica, matando los planes antes de nacer; tal fue lo que ocurrió en Colombia, Brasil, Chile y México, para citar sólo unos cuantos casos de mortalidad prematura.

En nuestro país, el "Plan de acción inmediata" anunciado por

---

3 *Ibid.*
4 *Ibid.*

el Ministro de Hacienda en octubre de 1962 y que cubría el período 1962-1964, tuvo una triste historia, tanto en su formulación por una comisión que no operó, como en su aprobación por los organismos internacionales de crédito. El resultado es que, a finales de 1964, aún no existía plan, por lo que ni siquiera pudo llenar el propósito alterno de servir de programa económico.

El concepto mismo de planeación explica el fracaso del "Plan de acción inmediata", ya que descansa en la acción del sector público, por lo que, automáticamente, pasa a ser programa en vez de plan y la acción misma del sector público se basa en funciones derivadas del análisis histórico a corto plazo, donde el papel principal lo tiene la función producto-capital y las propensiones marginales a importar y a ahorrar.

En todo plan, el parámetro más importante es la selección correcta de la tasa de crecimiento; el "Plan de acción inmediata", por los defectos señalados antes, proyectó un crecimiento de 5.4 % al año. La planeación mexicana sería el parto de los montes si logra una tasa de crecimiento menor que la que le ha permitido una economía libre, y sería el primer caso de un país que planeara para hacer más lento el crecimiento.

El caso opuesto al enfoque superficial de la planeación lo representan, entre otros, economistas como Paul Baran, Bettelheim o Lange, para quienes la planeación es la adaptación de la producción a las necesidades de la sociedad, ya que la elaboración de un plan no podría tener como único objetivo la organización y regulación de la producción, sin adaptar ésta a la satisfacción de las necesidades sociales.[5]

Se habla de necesidades sociales cuando se las juzga desde el punto de vista de los medios necesarios y útiles para la existencia y desarrollo de los individuos que la componen. Las necesidades que deben interesar al planeador y al economista son las que surgen de un estadio determinado de civilización y desarrollo.[6] En esta forma, para estos economistas, la planeación del desarrollo no es un fin en sí mismo, sino el medio más adecuado para satisfacer las necesidades de la sociedad, que difieren de las necesidades individuales en cuanto a que no son el producto de un proceso de valoración subjetiva.

Un plan consta de la totalidad de las medidas que se adopten para hacer posible un objetivo dado;[7] o, en otras palabras, la planeación económica implica que el desarrollo económico queda sujeto a la voluntad humana. Es decir, que las relaciones económicas se ajustarán a las directrices que la voluntad humana les dicta.

Bajo estas condiciones, el principal obstáculo a la planeación

5 Charles Bettelheim, *The Theory of Planning*, Asia Publishing House, Londres, p. 10.
6 *Ibid.*, p. 11.
7 *Ibid.*, p. 1.

en los países de Latinoamérica es el hecho de que la actividad económica sigue siendo una empresa privada y la planeación tiende a que sea una actividad social gobernada por y para los intereses de la sociedad.

En la medida en que hay una gran concentración de poder económico en manos privadas, la planeación resulta incompatible con el sistema, sobre todo porque el Estado que va a regula; la actividad del sector privado muy frecuentemente forma parte del mismo.

Por ello, surge como primera condición para la planeación que ésta cubra a toda la economía y no solamente al sector público y, en segundo lugar, se hace indispensable que el Estado nacionalice las principales actividades productivas, para que pueda ejercer un adecuado dominio sobre el monto y destino de la inversión privada. Posteriormente, el Estado deberá participar en forma gradualmente creciente en el proceso productivo.

En tercer lugar, se hace indispensable que, al iniciar el proceso de planeación, no se utilicen exclusivamente métodos de tipo indicativo para la actividad del sector privado, sino que se debe llegar, cuando menos, al control de las importaciones y exportaciones y al sometimiento de todas las inversiones a licencia del Estado. Con la planeación económica se busca no sólo lograr que la inversión privada vaya adonde el Estado quiere, sino de impedir que haga lo que al plan no le interesa en función de su objetivo de satisfacer las necesidades sociales.

Esto no implica que para hacer planeación sea condición *sine qua non* la socialización de los medios de producción, aunque es obvio que esto haría más fácil la labor de regulación de la producción, pero lo que sí ocurre es que la planeación será más completa en la medida en que el poder competitivo del Estado sea mayor.

Ahora bien, como el objetivo del plan es la adaptación de la producción a las necesidades sociales, pero no en forma espontánea por medio de la competencia, sino en forma consciente, después de valorar y dar prioridades a los distintos tipos de consumos en función de los recursos productivos disponibles, resulta sumamente importante para el crecimiento de la economía que la distribución de los factores productivos, entre consumo e inversión productiva, se haga en forma tal que permita un crecimiento sustancial de esta última, por lo que el plan tendrá que eliminar, para lograr su objetivo, la parte del consumo que no sea necesario para mantener el esfuerzo productivo de la colectividad.

II

Esto implica cambios en la estructura económica que resultan impostergables, y el peligro de la planeación en los países subdesarrollados estriba en que se le utilice como sustituto de las reformas; tal vez esto explica la rapidez con que los hombres de empresa, y aun los funcionarios públicos, aceptan la necesidad de la planeación como instrumento para acelerar el desarrollo.

Si no se hacen los cambios estructurales, la planeación no tendrá como resultado la elevación de los niveles de vida de los sectores populares; por otro lado, establecer un sistema planificado sin tomar debidamente en cuenta las circunstancias históricas conduciría a una mayor inestabilidad política ya que, en la actualidad, la planeación no puede tener como fin una explotación más racional y sistemática de la fuerza de trabajo.

Oskar Lange[8] señala que, en términos generales, los objetivos económicos de la planeación deben ser unos cuantos, pero que conduzcan rápidamente a la meta del aumento del consumo social. Estos objetivos, para una economía subdesarrollada, son:

a) Una rápida industrialización;
b) Un desarrollo agrícola acelerado;
c) Establecer las bases de una nueva economía, con justicia social e independencia económica.

Esto implica que la planeación no es alternativa para:
1) Una intervención mayor del Estado en la producción;
2) La nacionalización de los sectores estratégicos de la producción;
3) La reforma agraria;
4) La reforma fiscal;
5) La participación creciente de los sectores populares en el ingreso por medio de una política de salarios crecientes y precios de garantía para los productos agrícolas;
6) La integración de una economía nacional, que se libere de la dependencia del capital extranjero.

Una economía subdesarrollada se caracteriza porque la existencia de bienes de capital es insuficiente para dar ocupación a toda la fuerza de trabajo disponible dentro de condiciones modernas de producción.[9]

Tanto la industrialización como la modernización de la agricultura no se pueden lograr rápidamente por medio del capital privado, porque éste es escaso, tímido y voraz al mismo tiempo. En nuestros países, el capitalismo moderno con una actitud nueva para tomar riesgos es escaso. Puede decirse que en las economías subdesarrolladas el empresario moderno aún no aparece como factor dominante dentro de la clase capitalista.

El capital extranjero no puede llenar el vacío del capital privado nacional, porque sólo está dispuesto a invertir como capital monopolista[10] interesado en ganancias altas y rápidas e integrado

8 *El Trimestre Económico*, vol. XXVI (4), octubre-diciembre de 1959, p. 589.
9 *Ibid.*, p. 626.
10 *Ibid.*, p. 590.

a la economía de donde viene o adonde vende y sin mayor relación con la economía donde opera.

En esta forma, la acumulación de capital sólo podrá acelerarse con la inversión del Estado para ir desarrollando un sector nacionalizado poderoso y, para evitar estrangulamientos de todo orden, la acción del Estado debe iniciarse con la nacionalización de sectores básicos de la economía.

Ahora bien, un proceso de inversión industrial acelerado requiere una producción agrícola fuertemente comercializada, para satisfacer la demanda urbana de artículos agrícolas, para obtener los abastecimientos de materias primas que la nueva industria requiere, y contar con un saldo exportable de cierta consideración, ya que por medio de las exportaciones la agricultura contribuye al proceso de acumulación de capital.

Todo esto implica la aplicación de técnicas modernas a la agricultura, el uso de abonos y en ocasiones su mecanización, proceso de modernización que nunca ocurre dentro de un marco feudal de tenencia de la tierra; a mediano plazo, dentro del plan de desarrollo, la contribución de la agricultura es tan grande que se hace necesaria la organización de los campesinos individuales en formas cooperativas para explotar la tierra en condiciones óptimas.

La reforma agraria es indispensable para liquidar las formas feudales de explotación de la tierra. Al recibir la tierra, los campesinos inmediatamente elevan su capacidad de compra, ya que las condiciones técnicas en que explotan la tierra no difieren grandemente de las del latifundio. La reforma agraria también reduce la desocupación rural y eleva el ingreso del campesino, ya que en la actualidad el ingreso rural depende de que el campesino tenga tierra o no. En etapas subsecuentes, la técnica con que trabaja y su forma de organización serán los determinantes del crecimiento de su nivel de vida. En esta forma, el efecto inmediato de la reforma agraria es doble: por un lado, facilita la tecnificación de la agricultura y, por el otro, permite una rápida expansión del mercado interno y la reducción del consumo suntuario al reducir las rentas feudales.

Obtener recursos suficientes para las dos tareas, crear una industria y modernizar la agricultura, significa una política impositiva orientada a captar proporciones crecientes del excedente económico, reduciendo el consumo suntuario, que en las economías subdesarrolladas fluctúa entre un máximo del 45 % del gasto nacional (caso India) y un 25 % o 30 % en el caso de países como Brasil o México.

La reducción del consumo suntuario se consigue más fácilmente por una combinación de: a) un impuesto progresivo sobre los ingresos personales; b) un impuesto progresivo al consumo suntuario; c) impuestos sobre los artículos de importación para que el precio equilibre la demanda y oferta absorbiendo el Estado la diferencia entre el precio interno y el externo; por último, podría imponerse un impuesto a la construcción residencial, o la propiedad rural.

Aun con estos impuestos el ahorro privado puede exceder a la inversión privada. La diferencia debe absorberla el Estado para aumentar la inversión pública. A los economistas monetaristas les preocupa mucho la captación de estos ahorros; en realidad el problema se reduce a mantener a la inversión privada dentro de los límites que se le fije en el plan y a no proyectar conceptos de economía doméstica al análisis económico.

Según Kalecki,[11] si la oferta de bienes de consumo es elástica y se reduce suficientemente el consumo suntuario, la conversión del ahorro privado en inversión pública no causará inestabilidad financiera y será casi automático, ya que en la medida en que esto no ocurra por la compra directa de valores del Estado, los ahorros se manifestarán en un aumento del endeudamiento del sistema bancario, incluyendo el banco central, con el sector privado, o sea un exceso de depósitos y efectivo a favor del sector privado frente a los créditos recibidos. La contrapartida de estos ahorros sería el endeudamiento del Gobierno con el sistema bancario. En esta forma sencilla se capta el ahorro privado excedente.

El crecimiento progresivo de la economía hará necesario que se asegure la participación de los sectores proletarios en los ingresos adicionales creados por el desarrollo, por medio de la política de salarios y de precios de garantía al sector rural. El límite al aumento de los ingresos populares estará dado, en términos macroeconómicos, por la productividad total de la economía, al nivel de empresa, por la productividad del trabajo. Esto, sin prejuzgar sobre el hecho de que el ingreso está muy mal distribuido entre trabajo y capital, a favor de éste.

En la etapa histórica en que nos corresponde planear el desarrollo, el éxito de éste requiere la integración de una economía gradualmente más nacional, reconociendo que la inversión extranjera es un elemento de descapitalización y de interferencias nocivas en el desarrollo del país, por su condición casi siempre monopolista e integrada con la economía de otros países.

Todos los factores señalados anteriormente permiten acelerar el crecimiento de una economía, pero el mero establecimiento de un plan económico no los sustituye; es más, su éxito será una función directa del grado en que estas transformaciones se operen. Debe tenerse siempre presente que la planeación no es una panacea y que la transición entre una economía libre y una dirigida no es fácil ni rápida. No deben esperarse resultados sorprendentes sólo por el hecho de llenar un requisito formal, como sería legislar sobre el problema o establecer un órgano administrativo que la ejecute. El paso es mucho más serio y afecta la base misma del sistema de empresa privada.

11 "Political Aspects of Full Employment", *Political Quarterly*, octubre-diciembre de 1943.

Debemos siempre insistir en que el problema más difícil al que se enfrentará el plan de desarrollo consistirá en la elevación sustancial de la inversión productiva, procurando que el monto de ésta se acerque al excedente económico que es igual al ahorro keynesiano más el consumo suntuario.

Esto implica que en la mecánica de la planeación deben seguirse tres fases perfectamente determinables:

1. Medir la magnitud del excedente económico;
2. Establecer el mecanismo para captarlo, y
3. Determinar los fines a que debe dedicarse.

Ahora bien, la medida en que el excedente económico pueda controlarse, para utilización en inversión productiva, variará en relación inversa al grado de liberalismo económico del país.

La utilización misma que se dé al excedente económico también dependerá de la estructura económica de la sociedad. En las economías de planeación central el monto de la inversión es casi equivalente al excedente económico, porque el aumento de la inversión bruta se logra a costa del consumo suntuario.

Los países en condiciones de emergencia bélica avanzaron aceleradamente en el proceso de formación de capital, porque les fue más sencillo comprimir el consumo, ya que en esta situación se pudo prescindir de la mayor parte del consumo no indispensable.

Es lógico preguntarse, como lo hacía Paul Baran, ¿por qué si los países desarrollados aceptan restricciones sumamente serias en condiciones de emergencia bélica, los países subdesarrollados no proceden con el mismo criterio cuando se trata de restringir el consumo suntuario para aumentar la inversión y acelerar el crecimiento? Después de todo, ¿qué emergencia puede ser mayor que la guerra permanente contra la miseria?

4

Participación política y programación del desarrollo

PABLO GONZÁLEZ CASANOVA

1. Hay dos tipos de análisis en las ciencias sociales contemporáneas que son peligrosamente incompletos: *a)* el de los economistas que diseñan programas o planes de desarrollo y redistribución del ingreso sin tomar en cuenta las variables sociales y políticas, y *b)* el de los sociólogos y expertos en ciencia política que diseñan medidas para la estabilidad política sin tomar en cuenta las variables del desarrollo económico y la redistribución del ingreso. En ambos casos se da un elemento de ingenuidad, que es optimista en el caso de los economistas y pesimista en el de los sociólogos. El optimismo de los economistas consiste en creer —como ya lo hemos dicho en otras ocasiones— que el desarrollo, en tanto que implica una más equitativa distribución del ingreso, se va a lograr por una racionalidad puramente económica. Se afirma, así, que el mayor poder adquisitivo de las masas o el incremento del mercado interno se convertirá en una meta de las *élites* gobernantes si se aclara que es un requisito de inversión, capitalización y desarrollo sostenido. Con esta perspectiva el economista considera que no hay contradicción racional entre desarrollo, distribución del ingreso y justicia social. Esta tesis es discutible e imprecisa: *a)* el desarrollo implica[1] procesos de igualitarismo que no son incompatibles con los de desigualdad e injusticia social; *b)* es muy diversa la connotación filosófica y operacional de los conceptos de desigualdad y justicia social; *c)* son muy diversas las formas en que se puede medir la desigualdad desde el punto de vista estructural y estadístico. De otro lado, la tesis es particularmente trunca en tanto que ignora los requisitos políticos y sociales de la distribución del ingreso y no analiza las variables correspondientes.

En el caso de los sociólogos, particularmente de aquellos interesados en mantener la estabilidad política de un régimen, la ingenuidad pesimista que los caracteriza señala: *a)* que las masas tienen un "nivel creciente de aspiraciones", "expectativas cada vez

---

[1] Al hablar de planes y programas de desarrollo damos por supuesta la diferencia entre "desarrollo" y "crecimiento".

mayores", un "rango de necesidades cada vez más amplio"; *b)* que hoy se presenta una situación mucho peor de la que se presentó entre los países que primero arrancaron en el desarrollo capitalista, en el sentido de que las demandas y aspiraciones de las clases populares en cuanto a consumo, niveles de vida, horarios de trabajo, prestaciones, era entonces menor y el sistema no era afectado en su estabilidad política; *c)* en el sentido de que actualmente el desequilibrio en el desarrollo político-económico —que no existió en el siglo XIX— proviene de que la velocidad en el crecimiento de la población, la alfabetización, participación política, exposición de las masas a la modernidad, es mayor que el crecimiento de la industria, del producto total y *per capita*, por lo cual hay hoy un descontento y una amenaza para la estabilidad de estos países que ayer no hubo, en Inglaterra, Francia y Estados Unidos.

Esta perspectiva es imprecisa y discutible, ya que sólo se hace hincapié en el crecimiento de las aspiraciones y expectativas, olvidando: *a)* el crecimiento de las fuerzas de producción; *b)* que las niveles de aspiraciones de las masas también crecieron en el siglo XIX en relación con el XVIII; *c)* que es difícil medir con cierta validez estos cambios históricos del "nivel de aspiraciones" y que en ocasiones éste no ha aumentado, sino que han bajado los niveles de vida y ha habido un proceso de empobrecimiento, particularmente característico en las zonas inestables, y *d)* que el desarrollo del siglo XIX también fue desequilibrado y que los desequilibrios que señala Deutsch en las tasas de crecimiento de los indicadores de población, cultura y participación política así como los de desarrollo industrial, urbano y económico, caracterizaron lo que Marx analizó —bajo otra perspectiva— como una contradicción entre las fuerzas de producción y las relaciones de producción.[2]

Ciertamente, así como los economistas suelen hablar en forma más o menos enfática de "justicia social", así los sociólogos y expertos en ciencia política no dejan de hablar del desarrollo económico en forma marginal o eventual. Pero si los economistas se aplican a hacer programas de desarrollo sin tomar en cuenta las condiciones políticas y sociales, los sociólogos se aplican a estudiar medidas de estabilidad sin tomar en cuenta que el problema, en muchos países, es un problema de cambio de estructuras y desarrollo económico. En consecuencia, el objetivo práctico y la orientación política de muchos sociólogos los lleva a recalcar particularmente una política de tipo psicológico, propagandístico, que tiende, en forma indirecta, a calmar a las masas, a disminuir su nivel "excesivo" de aspiraciones, el rango psicológico de sus necesidades o el número de niños que cada familia debe tener.

En el trasfondo de estas dos posiciones científicas posiblemente subyace una posición de la *élite* en estos países, posición que Germani llama tradicionalismo ideológico: "A menudo —dice—

[2] Karl W. Deutsch, "Social Mobilization and Political Development", *The American Political Science Review*, vol. XV, septiembre de 1961, núm. 3.

en épocas recientes estos grupos no rechazan totalmente el desarrollo, sino que lo aceptan e incluso lo promueven. Sin embargo, si por un lado sostienen los cambios específicos en la esfera económica ('la industrialización', el 'desarrollo económico') especialmente, en tanto que estas transformaciones constituyen una base para asegurar la independencia del país, por el otro rechazan la extensión de los demás cambios requeridos que implica tal transformación..." De este modo se tiende a mantener en lo posible las instituciones "tradicionales" en cuanto a familia, instituciones políticas (o, por lo menos, poder político efectivo), educación, estratificación social, y añade que "el *tradicionalismo ideológico* puede aparecer sobre todo en las sociedades que a través de un proceso de rápidos cambios, están pasando a la etapa de la *democratización fundamental*, es decir, se hallan caracterizados por la incorporación masiva de grandes sectores de las masas populares, hasta este momento excluidas de la mayoría de los aspectos del tipo de vida industrial-urbano, particularmente el ejercicio efectivo de los derechos políticos". (Germani, *Política y sociedad*, pp. 112-114.)

2. Una forma distinta y embrionaria de plantear el problema consiste en relacionar la "participación" política y lo que Deutsch llama la "movilización" con el desarrollo económico, con el igualitarismo, la distribución del ingreso y la programación o planeación del desarrollo. Varios autores plantean así el problema, aunque de una manera parcial. T. H. Marshall en unas conferencias que dio en honor del economista Alfred Marshall sostuvo la siguiente tesis: "...la conservación de las desigualdades económicas se ha hecho más difícil con el enriquecimiento del *status* de ciudadanía. Existen menos habitaciones para ellos y existen mayores probabilidades de que sean provocados..." (Marshall, *Citizenship*, p. 77). Myrdal, en su gran investigación sobre *El dilema norteamericano*, sostiene que la población que vota obtiene mayores prestaciones sociales —justicia, protección policiaca, empleos, etc.,— que la que no vota. (*An American Dilemma*, pp. 497-504) y algo semejante dice O'Key por lo que se refiere al sur de los Estados Unidos y al problema político negro: "Es una ley virtual de nuestra política que cualquier minoría considerable, si puede expresarse ampliamente, obtendrá un respeto notable de los líderes políticos..." (O'Key, *Southern Politics*, p. 674).

Finalmente, y por lo que se refiere a una acción política que busque provocar este tipo de procesos, Seymour Martin Lipset afirma que: "...cuanto mayores son los cambios en la estructura de la sociedad u organización que un grupo gobernante intente introducir, tanto más la dirección desea e incluso requiere un alto nivel de participación de sus ciudadanos o miembros" (S. M. Lipset, *Political Man.*, p. 180).

Estas tesis, que son el resultado de investigaciones históricas y empíricas, parecen particularmente atractivas para el análisis y la programación del desarrollo. Hay evidencias amplias de que la participación política se encuentra asociada con los distintos aspectos del desarrollo económico, industrialización, urbanización, riqueza, educación, más equitativa distribución del ingreso e, incluso, los cambios de estructura necesarios para el desarrollo. En estas condiciones es fundamental estudiar el desarrollo económico en relación con la participación política, porque no es posible estudiar seriamente un fenómeno sin estudiar el otro. Pero ello nos plantea otros problemas, ya que parece muy atractivo pensar en una programación del desarrollo que incluya como variable fundamental la de la "participación política". Esta idea de programar o planear la participación política junto con el desarrollo económico, no puede emitirse sin grandes reservas, aun cuando éstas sean menores que la idea de planear el desarrollo *sin* la participación política.

El primer problema que se presenta es saber si esa mayor participación política de las masas "constituyó una condición necesaria del desarrollo, o es una ampliación del mismo, una consecuencia inevitable..." (Germani, *Política y Sociedad*, p. 87).

Si pensamos que se trata de una consecuencia, de una ampliación del desarrollo, nos explicamos por qué en países ya desarrollados —como los países escandinavos o Francia— la programación e incluso la planeación del desarrollo, se hacen adjudicando una importancia científica *secundaria* a las variables políticas y sociales. La participación política de las masas es un hecho previo. A partir de la organización y participación política existentes se programa con variables puramente económicas, y una organización "planeadora" que convoca a los representantes de fuerzas ya organizadas, políticamente participantes. El problema de aumentar la participación política de las masas no se da como un problema vital, central; las masas ya participan en alta medida con sus organizaciones, su cultura política, su capacidad de expresión pública, su participación electoral.

Ahora bien, si pensamos que el incremento de la participación política de las masas es condición necesaria para el desarrollo de los países subdesarrollados, la idea de que las *élites* con "tradicionalismo ideológico" programen la movilización política de las masas parece un absurdo, y en ocasiones lo es. El proceso de movilización política tiene que darse en gran medida como se dio en los países que se desarrollaron primero, es decir, en una forma natural, no planeada, como efecto de la urbanización, capitalización, industrialización y como respuesta de las masas movilizadas y proletarizadas con sus organizaciones revolucionarias que se van volviendo *tradeunionistas*, sus organizaciones sindicales y cívicas que logran, mediante una lucha tenaz, el respeto de los líderes políticos. Sin destacar este proceso natural hay también, sin embargo, antecedentes históricos de procesos políticos deliberados en que las *élites* no padecieron el tradicionalismo ideológico, y "planearon" una política de participación de las masas, de redistribución del ingreso, como es el caso de la Inglaterra de Disraeli o la Alemania de Bismarck, por no citar sino los ejemplos más conocidos. Estos antecedentes del siglo XIX permiten pensar que en ciertas condiciones históricas los grupos gobernantes de una sociedad o una organización *desean* e incluso *necesitan* aumentar el nivel de participación de los ciudadanos y miembros. Así, parece posible que la cultura y técnicas de la programación y de la planeación que caracterizan el diseño de la política económica del siglo XX, puedan aplicarse al análisis y puesta en marcha de una política de participación cívica, y a una política de las masas relacionadas con la programación o planeación del desarrollo. ¿Pero en qué condiciones históricas y estructurales es esto posible?

Si constituye un abuso de términos pensar en una planeación de la participación política, parece viable la hipótesis de que es posible diseñar una política para la democratización de un país, para la movilización y participación política de las masas, estudiando sus relaciones con la política de desarrollo económico y la programación del desarrollo. A ese efecto es necesario recordar que los procesos de democratización histórica son: *1.* Una consecuencia del desarrollo. *2.* Un requisito del desarrollo. *3.* Producto de la acción política de las masas que *se* organizan y, *4.* Producto de una acción política de las *élites* que no padecen el "tradicionalismo ideológico".

Si se toman en cuenta estos factores, un problema práctico y político fundamental es el precizar la estructura y las tendencias de la participación de las masas en relación con el desarrollo económico, como consecuencia y factor del mismo, para dirigir y acelerar los procesos de participación y desarrollo, en las formas más viables, concretas y precisas.

Los problemas previos a toda planeación técnica que se deben investigar consisten en saber cuáles son las formas de asociación del desarrollo económico y la participación política, en qué condiciones se da esta asociación, en qué coyunturas, cuáles son sus tendencias, cuáles los umbrales significativos de la participación política, qué características o indicadores de la participación política se asocian más estrecha y generalmente con características e indicadores más concretos del desarrollo económico, cómo se rompe el "círculo vicioso" del "marginalismo" o de la sociedad tradicional, y qué asociación guarda con el rompimiento del círculo vicioso de la pobreza, qué relaciones hay entre el "despegue" económico y la participación política, en qué condiciones aparecen estos desequilibrios, qué efectos tienen, cómo surge y evoluciona el "ciudadano real", en qué forma aumenta la participación impulsada por los líderes de base —locales— de los estratos más bajos de la sociedad, en qué forma y condición aumenta la participación política al impulso de las *élites* que no padecen el tradicionalismo ideológico.

El conocimiento de estos fenómenos y de las variables más significativas está muy lejos de permitirnos formular una planeación del desarrollo político, pero puede permitir formular una estrategia política del desarrollo económico, diseñar una política de movilización y participación política de las masas en lugares y coyunturas más favorables y por los grupos y organizaciones más conscientes, utilizando los medios directos e indirectos idóneos cuya asociación o eficacia en el desarrollo haya sido empíricamente comprobada.

Esta meta parece muy pobre cuando en la mayor parte de los países subdesarrollados se está hablando de planear el desarrollo económico. Sin embargo es la única que genuinamente puede alcanzarse en la sociología política, en la ciencia política y también en la ciencia económica. Pero como parece provocar una especie de frustración intelectual y destruir una actitud demagógica, creemos importante recalcar que otro camino es imposible para la investigación científica de la política de desarrollo en las condiciones actuales y que, por el contrario, es el único que permite eliminar la peligrosa retórica de la planeación que está surgiendo en muchos países subdesarrollados.

Ahora bien, el problema desde el punto de vista técnico de la planeación, implica una serie de estudios políticos y sociológicos. Pero ¿qué posibilidades tenemos nosotros de hacer estos estudios con las características rigurosas que ameriten el calificativo de estudios científicos de la planeación?

Algunas observaciones metodológicas pueden aclarar con mayor precisión las dificultades y posibilidades a que nos enfrentamos en la sociología política que en forma directa o indirecta repercuten en una planeación económica:

I. "En las teorías económicas formales con sus conjuntos de conceptos precisamente relacionados entre sí se ha encontrado que las matemáticas son extremadamente útiles. Tienen un isomorfismo parcial con el álgebra y el cálculo. En ocasiones se pone en duda el grado en que esas teorías representan adecuadamente el comportamiento económico, pero éste es un problema distinto, un problema de la correspondencia de las predicaciones de la teoría económica con el comportamiento real, y no un problema de la correspondencia entre la teoría económica y su representación matemática" (cf. Coleman, 1964, p. 3). Este isomorfismo ha sido mucho menos explorado en sociología y ciencia política, y hasta en ocasiones un falso afán de isomorfismo matemático ha dado lugar a pasar ilegítimamente de una escala a otra elaborando modelos en que se hacen transformaciones donde los datos numéricos no mantienen sus propiedades.

Por lo demás muchas teorías, formalizadas matemáticamente, representan comportamientos sociales y políticos de grupos muy artificiales y simples que están lejos de representar adecuadamente el comportamiento político en sus problemas esenciales.

De otra parte, aunque existan algunos modelos de predicción usados en ciencias sociales y políticas, como el modelo de Anderson para predecir cambios en la intención de votar, y aun cuando hay posibilidad de hacer análisis de regresión y ecuaciones de predicción "cuando nos damos cuenta que la mayor parte de las correlaciones en ciencias sociales alcanzan un valor menor de 0.7, nos vemos obligados a reconocer que una predicción exacta es imposible" (Blalock).

II. En la sociología contemporánea hay serios problemas de estandarización y formalización de la descripción de unidades (individuos, grupos, organizaciones) y como ello constituye un prerrequisito de la programación, vemos que desde el más bajo nivel cuantitativo encontramos problemas a veces insuperables. En muchas ocasiones, los datos mismos no son registrados en forma útil para el análisis o, sencillamente, no son registrados en ninguna forma porque hay obstáculos políticos y sociales que lo impiden.

Hay así un problema vital de información. Mucha de ella es misteriosa, mala y, otra, inexistente. No podemos hacer proyecciones sin un diagnóstico de la realidad actual del país cuando nos faltan los datos más elementales, cuando muchos de los que tenemos están tomados a la ligera, cuando otros son considerados secretos o confidenciales. Antes de pensar en la planeación se necesita replantear el problema jurídico y político del derecho a la información científica.

III. Por todo lo anterior sigue teniendo una prioridad teórica y práctica el localizar las variables más significativas del cambio social y político, describirlas en forma estática y dinámica, relacionarlas entre sí y con los conceptos cualitativos que maneja la sociología, la ciencia política y el sentido común, procurando que se registre el tipo de datos necesarios para el análisis en las formas más confiables y válidas.

IV. La prioridad indicada en el punto III es también necesaria en las condiciones históricas actuales como forma de aclarar y precisar los problemas y factores del cambio social y político frente a las distintas formas existentes en la sociedad contemporánea, formas de simulación, enajenación, manipulación ideológica y ocultamiento (conscientes o inconscientes) de las variables más significativas para explicar la situación y el cambio social y político. Esta tarea es tanto más importante que los procesos de movilización política ligados al tradicionalismo ideológico que incrementan los fenómenos de simulación y ocultamiento e impiden conocer la evolución y estado actual de las expectativas populares, el tipo y rango de las necesidades de los distintos grupos y clases sociales, todos ellos elementos necesarios para el conocimiento de las demandas populares analizadas en términos económicos y políticos. Desde el punto de vista teórico y práctico la tarea de descubrir y precisar estos fenómenos nos conduce al terreno clásico de la ciencia política y de lo que tradicionalmente se entiende por política y, relativamente, lejos del concepto de planeación central.

V. La "participación política" y su correlato dinámico, la "movilización política", en tanto que variable de disposición, esto es, variable causada por numerosos factores, tiene múltiples consecuencias y puede realizar el papel que desempeña el ingreso o el producto en la caracterización de la situación y el cambio económico.

VI. El estudio de la estructura y tendencias de la participación política, sus relaciones con la estructura y tendencias de la participación económica y de las necesidades populares puede ayudarnos a conocer los fenómenos de desarrollo integral, a acelerar el desarrollo político para el desarrollo económico y a precisar la estrategia del desarrollo.

Se trata de un estudio urgente que debe estructurarse en relación con: a) las áreas centrales y las regiones periféricas; b) los estratos y clases; c) la movilización en áreas centrales y regiones periféricas; d) la movilización por estratos y clases; e) la movilización "desequilibrada" y "equilibrada" (sus condiciones y requisitos, y sus efectos); f) el marginalismo por áreas centrales y regiones periféricas; g) las demandas y los fenómenos de conciencia de las necesidades y de la formulación de las necesidades en términos políticos (organizaciones, votación, petición); h) los fenómenos de manipulación y enajenación; i) la estrategia de la acción política y el desarrollo económico.

Estos objetivos no son modestos. Son mucho más ambiciosos que la idea de una planeación económica o político-económica que se hiciera olvidando los requisitos políticos y técnicos de la planeación.

SEGUNDA PARTE

La estructura administrativa de la planeación

1

El órgano central de planeación

IGNACIO PICHARDO P.

I. LA PLANEACIÓN EXIGE REFORMAS ADMINISTRATIVAS

Hoy, en círculos académicos y políticos, existe intensa preocupación por explorar las aplicaciones de la técnica de planeación a los problemas de desarrollo. Una copiosa bibliografía sobre problemas metodológicos de planeación ha sido acumulada en corto tiempo. Sin embargo, un aspecto importante de la planeación no ha recibido la misma cuidadosa atención. Nos referimos al problema de la organización administrativa dentro de la planeación económica.

La experiencia ha mostrado, en repetidas ocasiones, que para que las actividades económicas de un país se desenvuelvan de manera racional es insuficiente contar con un plan de desarrollo. No son pocos los países de Asia, África y América Latina que han elaborado planes de desarrollo, técnicamente adecuados, pero, a pesar de ello, sólo han podido ser llevados a la práctica en una mínima parte. Peor aún, algunas veces los planes quedaron convertidos en documentos de carácter tan confidencial que nunca han abandonado las oficinas de los expertos.

Afortunadamente, no es necesario considerar estas situaciones extremas para reconocer que, en la práctica, uno de los problemas que dificultan más la ejecución de los planes de desarrollo es la carencia de adecuados mecanismos administrativos.

En política, pocas decisiones pueden tener un efecto mayor sobre la estructura de la administración pública como la de planear la economía del país. Tal decisión significa, en primer término, extensión del contenido de las atribuciones estatales. La actividad del Estado no puede considerarse con el enfoque tradicional que separa a la colectividad en dos esferas de actuación: la de los particulares y la del Estado. El planear deriva, necesariamente, hacia la acción conjunta, es decir, hacia la colaboración múltiple para el logro de objetivos aceptados por la colectividad. Resultaría absurdo abrazar la noción de una economía sujeta a planes generales de desarrollo y al mismo tiempo tratar de establecer, *a priori*, límites a la intervención estatal en la economía.

En síntesis, la decisión de adoptar técnicas de planeación económica lleva, en sí, la idea de una adición al contenido de las atribuciones del Estado.

El carácter de la planeación que adopten las autoridades políticas determinará la amplitud y profundidad que deberán sufrir las reformas del aparato administrativo. Sin embargo, el solo hecho de crear un organismo central de planeación representa, por sí mismo, una modificación importante a los sistemas administrativos existentes. Será menester, por ejemplo, determinar el lugar, dentro de la estructura jerárquica, que habrá de corresponder al nuevo organismo; se señalarán la competencia y autoridad que le corresponden; será menester establecer las relaciones entre el órgano de planeación y el resto de las dependencias del sector público y, finalmente, habrá necesidad de definir la estructura interna del órgano de planeación así como su integración.

Por otra parte, los nuevos procedimientos administrativos dictados por la planeación pueden adquirir gran complejidad. En la etapa de elaboración de los planes será necesario el establecimiento de sistemas expeditos para obtener información de múltiples fuentes tanto oficiales como particulares. Los planes parciales y proyectos de desarrollo elaborados por las distintas dependencias del sector público quedarán sujetos a un riguroso procedimiento de elaboración, antes de ser presentados ante el órgano de planeación en una fecha determinada, a fin de ser coordinados con otros planes parciales y para su revisión y modificación. En la etapa de ejecución del plan es indispensable diseñar procedimientos de vigilancia y supervisión, ya que parte del éxito que pueda obtener un programa de desarrollo depende de los sistemas de vigilancia y supervisión en la ejecución, así como la flexibilidad de éstos con la mira de facilitar ajustes y modificaciones al plan original, a medida que las circunstancias lo requieran.

En un régimen político federal es necesario pensar en establecer, formalmente, métodos para obtener la colaboración del gobierno federal con los gobiernos estatales. Independientemente de la solución que se dé al problema constitucional en lo que se refiere a la participación obligatoria de los gobiernos estatales en los planes de desarrollo, es indispensable que en el aspecto administrativo se establezcan sistemas de coordinación entre ambas esferas del sector público.

La planeación económica tendrá carácter nacional, si se establece con un alto grado de colaboración y participación de los gobiernos de las entidades con el gobierno federal. Para ello, es imprescindible diseñar eficaces procedimientos administrativos, y ha de recordarse que, si bien es cierto, por una parte, que la colaboración como fenómeno administrativo depende de una disposición del ánimo y de una actitud mental determinada, por la otra, es requisito *sine qua non* el establecimiento de procedimientos institucionales que la hagan viable y que faciliten las reformas internas dentro de las dependencias de la administración pública federal.

De diversa índole e importancia son las reformas requeridas. Mencionaremos en forma general la naturaleza de algunas de ellas: un problema que debe atacarse en todos los niveles jerárquicos del aparato gubernamental es el de la coordinación de actividades, esto es, mejorarlas dentro de las distintas dependencias, secretarías, departamentos de Estado, organismos descentralizados y empresas públicas. En un esquema de planeación nacional, resulta inadmisible que las dependencias del ejecutivo operen con autonomía casi absoluta y sin el menor interés de cooperar en la realización de empresas conjuntas. La búsqueda deliberada de métodos que faciliten esta colaboración, en los diversos órganos del sector público, debe ir precedida por una investigación de carácter general que determine la eficacia de la estructura del poder ejecutivo federal, para tratar de establecer si existe una adecuada división de trabajo entre las dependencias del ejecutivo; si las funciones y las atribuciones de cada una de ellas forman una unidad lógica y coherente; si no existe duplicidad en las funciones o invasión de atribuciones y, finalmente, si no hay la posibilidad de fusionar varias dependencias (inclusive secretarías de Estado) en una sola unidad o si parece necesaria la creación de nuevos organismos.

La racionalización administrativa es necesaria dentro de cada una de las dependencias del sector público. La elaboración de "organigramas funcionales" y manuales de organización, la simplificación de métodos y sistemas, los estudios de flujo de trabajo, la mecanización del trabajo en las oficinas, la definición técnica de las funciones en todos los niveles, son todas ellas tareas de reorganización administrativa cuya ejecución es inaplazable.

Al adoptar técnicas de planeación, estamos en el momento idóneo para llevar a cabo otro tipo de reformas administrativas más ambiciosas y trascendentes, aunque de similar urgencia a las señaladas anteriormente. Mencionaremos algunas de ellas: intentar la creación de un servicio permanente de funcionarios públicos; en la mayoría de los países avanzados esta institución ha sido una marca de madurez administrativa y política. No es ni siquiera discutible el grave perjuicio que sufre la administración pública, y por ende el país, con la renovación que, inexorablemente, se efectúa cada seis años en los cuadros de funcionarios. Deben quedar establecidas las bases para que en el futuro se disponga de un servicio permanente de funcionarios públicos, tal como existe en la mayoría de los países europeos.

Otra reforma de importancia sería centralizar la administración del personal federal. Es notorio que cada una de las dependencias —y aun cada una de las direcciones de una misma dependencia— actúa en forma autónoma y con criterios propios en materia de personal. Las políticas de personal deben ser uniformes para toda la administración pública federal; lo mismo que los métodos de reclutamiento, selección, compensación, promoción, etc., que deben ser idénticos para todos los organismos públicos. Particular atención merece el capítulo del reclutamiento y la selección del personal federal. Es necesario que la selección sea objeto de los más rigurosos procedimientos técnicos para garantizar la imparcialidad en los nombramientos y la capacidad de los candidatos seleccionados. Debe pensarse, asimismo, en establecer, por lo menos, dos organismos semiautónomos para la selección de personal, es decir, una oficina para la selección de funcionarios y otra para la selección del resto de los empleados. Se requiere, también, el establecimiento, mediante un sistema técnico y simple, de las categorías en los puestos públicos que sustituyan a las actuales categorías enunciativas.

Finalmente, es preciso mencionar el problema del adiestramiento y la capacitación de empleados y funcionarios públicos, que cada vez se hace más necesario en un país como el nuestro. Sería de utilidad innegable la creación de un instituto de capacitación similar a la Escuela Nacional de Administración que funciona en Francia.

El simple planteamiento de los anteriores problemas revela la magnitud de las reformas administrativas que en cierto modo son inherentes a la decisión de planear las actividades económicas del país. Es menester aprender de la experiencia de otras naciones que han encontrado, en la falta de planeación administrativa, el más grave obstáculo a la eficaz ejecución de sus programas de desarrollo económico. En el primer plan quinquenal de Paquistán los expertos observaron lo siguiente:

La maquinaria administrativa necesita ser reorientada hacia las tareas de desarrollo social y económico. Es preciso reorganizarla, tanto mejorando su calidad como incrementándola en tamaño. Su estructura debe ser revisada para conseguir que el desarrollo económico y social sea su meta principal.

Más adelante se decía:

En las primeras fases de la planeación, la ineficacia del aparato administrativo operará como el impedimento más serio en la utilización racional y económica de los recursos naturales y financieros. En la práctica el éxito de la ejecución de programas económicos y sociales estará determinado más que nada por la capacidad de la organización administrativa y técnica.[1]

II. CONSIDERACIONES GENERALES SOBRE EL LUGAR Y UBICACIÓN DEL ÓRGANO CENTRAL DE PLANEACIÓN

La premisa inicial que debe asentarse, para los efectos de este trabajo, se refiere a las modalidades de una planeación indicativa.

[1] Government of Pakistan, Planning Board: *The First Five Year Plan*, vol. I, pp. 100 ss., Karachi, 1955.

Supongamos una economía en desarrollo en la que el sector privado es dominante, pero en la cual el sector público desempeña un papel clave en cuanto a fomentar el crecimiento y una economía cuyo principal mecanismo, para la asignación de recursos, es el mecanismo de los precios, pero donde existen interferencias institucionales con el libre juego de las fuerzas del mercado.

Probablemente, la primera cuestión que conviene considerar es el tipo de estructura que ha de tener el órgano central de planeación. Naturalmente, el particular contexto político, económico y social en el que el proceso de planeación se desenvuelve, condicionará, en gran medida, la estructura y jerarquía de la agencia de planeación.

En aquellos sistemas económicos cuyo proceso de planeación está destinado a reemplazar el mercado, parcialmente al menos, en cuanto a sus funciones de asignar recursos, y no meramente a operar como "guía" de las actividades del sector privado, la práctica más usual es crear el órgano central de planeación como una comisión o comité independiente. Las oficinas técnicas anexas se mantienen, de este modo, alejadas del engranaje pesado del aparato ministerial.

Las tareas de la planeación imponen la necesidad de que la comisión o comité goce de prestigio técnico y sea influyente dentro de la administración pública. Es necesario que formen parte de esa comisión hombres de prestigio y ascendiente: ministros, directores de organismos públicos, de agencias de desarrollo económico, expertos de alto nivel y funcionarios con vasta experiencias política y administrativa. Las funciones secretariales pueden ser desempeñadas por el director de las oficinas técnicas.

En la India, el presidente de la comisión es el Primer Ministro. El Ministro de Planificación actúa como vicepresidente; están adscritos a la comisión cuatro miembros más cuyas actividades dentro de la comisión ocupan íntegramente su tiempo; por ley, los Ministros de la Defensa y de Hacienda ocupan un lugar en la misma. Recientemente, el consejero de estadística del gabinete ha sido nombrado miembro permanente de la comisión. El secretario del gabinete es, al mismo tiempo, secretario de la comisión y director de las oficinas técnicas. De esta manera queda asegurada una coordinación efectiva entre la comisión y el gobierno. Otros países han seguido el sistema establecido por la India; entre ellos Paquistán, Filipinas e Indonesia.

No todos se encuentran de acuerdo con el punto de vista según el cual secretarios de Estado, o ministros, sean miembros de la comisión de planeación; dicha oficina de planeación, se afirma, deberá estar constituida por un grupo de expertos que investiguen con criterio independiente los problemas del país y puedan preparar y recomendar soluciones sin estar sujetos a las necesidades diarias de la administración pública. Para que la comisión esté en posibilidad de proporcionar una auténtica asesoría independiente, se argumenta, será indispensable que su organización y estructura sean independientes. El carácter de estricta asesoría con que debe operar la comisión se pierde cuando algunos ministros forman parte integrante de la misma. Una decisión en la que ellos tomen parte como miembros de la comisión de planeación, que más tarde habrán de considerarla en su calidad de ministros de Estado, será una decisión prácticamente definitiva. Los argumentos en sentido opuesto no son menos valiosos. Una oficina de planeación integrada por expertos sin conexión con los mecanismos ordinarios de la administración pública, no sería parte efectiva dentro del aparato gubernamental, sino que desempeñaría las funciones de asesoría técnica. Un organismo así, operaría aisladamente y estaría en peligro de no tomar en cuenta criterios de orden práctico, indispensables para que el plan fuese factible. Un grupo de expertos en planeación que se mantenga totalmente separado de la operación normal de la administración pública será ineficaz porque sus recomendaciones no tendrán el tono programático que las pueda transformar en recomendaciones viables. Además, se dice, la presencia de secretarios de Estado en una comisión de planeación, no impide necesariamente que los puntos de vista de la comisión tengan la imparcialidad requerida.

A. Ubicación de las oficinas técnicas

No parece aconsejable que las oficinas técnicas de la comisión queden localizadas directamente dentro de una determinada secretaría o de una dependencia ejecutiva en particular. Existiría la posibilidad, en tal caso, de que los puntos de vista técnicos de los expertos se inclinaran favorablemente hacia los criterios oficiales sustentados por la secretaría de la cual dependen. El comisario general del plan francés, P. Massé, ha dicho:

> El plan debe su éxito en gran parte al carácter extradepartamental de su posición dentro de la maquinaria administrativa. El comisariado general está asignado, en principio, al Ministerio de Finanzas y Asuntos Económicos. Sin embargo, no dependen de este departamento; su posición sigue siendo independiente. Esto permite al comisario general continuar actuando como conciliador entre los departamentos.[2]

Es muy posible que si la comisión de planeación tuviese una jerarquía semejante a la de una subsecretaría o una dirección (actuando desde dentro de alguna secretaría de Estado), su *status* administrativo y su importancia dentro del aparato gubernamental fueran obstáculo serio para llevar adelante las delicadas tareas de la planeación. Habría pocas dependencias del ejecutivo federal, o del gobierno central, dispuestas a someterse a la política de coor-

[2] PEP: *French Planning;* Londres, agosto de 1961, p. 213. Conferencia sustentada por Pierre Massé, comisario general del plan.

dinación propuesta por un organismo jerárquicamente inferior. Además de lo anterior, cabe preguntarse si algún ministro o secretario de Estado estaría en disposición de hacer a un lado sus correspondientes responsabilidades ministeriales para dedicarse íntegramente a las labores de planeación.

Otra vertiente que debe explorarse es la conveniencia y ventaja que representaría organizar las oficinas técnicas de la comisión de planeación como una nueva Secretaría de Estado.

Por ahora señalaremos algunos argumentos que se pueden esgrimir en apoyo de este punto de vista: una secretaría de planeación facilitaría la vigilancia minuciosa y detallada de las diversas fases de ejecución del plan; muy positivo resultaría que las oficinas de planeación, organizadas como en una secretaría, tuviesen la posibilidad de evitar interferencias, para gozar de independencia de criterio y del necesario prestigio político. Sin embargo, un organismo de esta clase tropezaría probablemente con serias dificultades para lograr la coordinación política del resto de las secretarías de Estado. Entre las instituciones, como entre los hombres, quienes son iguales en jerarquía no es fácil que coordinen sus actividades, sin que surja entre ellos, generalmente, un problema de precedencia y de autoridad; de aquí que una forma de resolver el problema de la coordinación para la planeación sea otorgar preeminencia jerárquica a la secretaría de planeación o al ministerio que desempeñe estas funciones. Es útil traer a consideración el ejemplo de la Tesorería británica para ilustrar lo que se está intentando señalar. La Tesorería británica ocupa indudablemente una posición de *primus inter pares* con respecto al resto de los organismos de la administración pública. No sólo tiene la responsabilidad básica de coordinar la política económica con todas las dependencias de Estado, sino que además posee autoridad para sancionar los presupuestos parciales de todas y cada una de las secretarías antes de que sean sometidos a consideración parlamentaria. La preeminencia política y administrativa de la Tesorería británica es de orden constitucional.[8]

Serias desventajas pueden desprenderse, sin embargo, de la organización de las oficinas técnicas de planeación a la manera de una secretaría, pues se argumenta que:

Estaría sobrecargada de responsabilidades administrativas y ejecutivas y como consecuencia no podría desempeñar eficazmente sus funciones básicas de investigación, análisis, asesoramiento y coordinación. Siendo una secretaría, probablemente se vería arrastrada al juego político y a la controversia (particularmente dentro de una organización

---

[8] Véase: Mackenzie y Grove: *Central Administration in Britain*, Longmans, Londres, 1961. HMSO: *Control of Public Expenditure*, Cmnd. 143, Londres, 1961.

constitucional federativa), con el consiguiente detrimento de su calidad como organismo técnico.[4]

A pesar de los inconvenientes posibles de esta forma de organización, varios países la han puesto en práctica. Podríamos mencionar, entre otros, los siguientes: Afganistán (Ministerio de Planeación), Birmania (Ministerio de Planes Nacionales) Ceilán, (Departamento de Planeación Nacional) y otros.[5]

Entre las soluciones más aceptables en el problema organizativo, ya apuntadas en un principio, está la de integrar las oficinas técnicas de planeación no como una secretaría especial y menos aún como dependencia de alguna de las ya existentes, sino como un órgano de elevada jerarquía, que responda directamente a la presidencia o al gabinete, según sea el caso. Este método parece tener las ventajas de la organización ministerial, evitando sus principales fallas. Sin embargo, en materia de administración pública, es siempre difícil hablar de "la mejor solución" a los problemas; la respuesta que dentro de un cierto contexto institucional puede parecer eficaz, en otro ambiente es posiblemente inoperante.

B. *Naturaleza de las funciones del órgano de planeación*

Otra cuestión que importa dilucidar es el problema de si el órgano de planeación debe tener funciones de asesoramiento, exclusivamente, o si debe corresponderle cierto grado de autoridad operativa que facilite el cumplimiento de su responsabilidad. Sería poco afortunado tratar de responder a esta cuestión en forma dogmática, afirmando *a priori* que bajo ninguna circunstancia debe el órgano de planeación ir más allá de una mera función de asesoría y consejo. Naturalmente, es atractiva la posición del experto en planeación de limitar su responsabilidad a prestar, ante la autoridad política, un abanico de alternativas para que sea ésta quien tome la decisión, elija una de ellas y proceda a su ejecución. Debe reconocerse, sin embargo, que la autoridad del órgano de planeación es función de un complejo de circunstancias: el tipo de planeación económica que se intenta, el grado de desarrollo, el contexto social y político en el que interviene el proceso de planeación y otros factores semejantes, condicionan en conjunto la particular relación en que se encuentra el órgano de planeación frente al resto de las instituciones de la administración pública.

En general, puede afirmarse que un organismo con facultades para asignar o recomendar la asignación de recursos materiales o financieros, experimentará la tendencia a acrecentar su autoridad

[4] Government of Pakistan, Planning Comission: *The First Five Year Plan (1955-1960)*, Karachi, vol. 1, cap. VI.

[5] United Nations: "Administrative Machinery for Planning in the SCAFE Región", *Economic Bulletin for Asia and The Far East*, vol. XII, núm. 3, diciembre de 1961.

más allá de los límites de una pura función de asesoría; la tendencia será más acentuada en los países en desarrollo, donde los procedimientos y usos de la administración pública no están todavía profundamente enraizados en la tradición. Un ejemplo notable del fenómeno que se señala, lo tenemos en la Comisión de Planeación de la India, que en diversos períodos ha asumido funciones ejecutivas; por éjemplo, la dirección general de proyectos de desarrollo, la supervisión de programas de mejoramiento de comunidades rurales (Community Development Programme), etc. Ciertamente que no todos los funcionarios públicos de la India han visto con buenos ojos la forma como la Comisión de Planeación ha ido concentrando facultades ejecutivas. Hace algunos años esta inquietud fue lo bastante intensa como para dar origen a una investigación parlamentaria.[6] El Comité Parlamentario creyó conveniente recomendar que la Comisión quedase constreñida a su función original de estricta asesoría. Sin embargo, observadores atentos al experimento de planeación india, entre los cuales pueden citarse a John P. Lewis y Gunnar Myrdal,[7] coinciden en afirmar que gracias a la enorme autoridad técnica y el prestigio de la Comisión de Planeación, los intentos de este país han seguido avanzando con éxito.

C. *Alcance de las decisiones del órgano de planeación*

Cuando menos en tres importantes áreas existe el problema sobre si la agencia central de planeación debe tener autoridad decisiva y no únicamente funciones de asesoría económica. Esas áreas son:

a) Aprobación de proyectos específicos;
b) Establecimiento de prioridades para el financiamiento de proyectos aprobados;
c) Supervisión y "control" de la ejecución del plan en sus diversas etapas.

Un aspecto fundamental en la ejecución de planes económicos, es la estricta coordinación de los programas de inversión tanto de los organismos del sector público como de las industrias clave del sector privado. En teoría, ningún proyecto del sector público debería iniciarse, bien que pertenezca al gobierno central, a las empresas públicas o a los gobiernos locales, sin la previa aprobación del órgano central encargado de planear el desarrollo. En los países socialistas ésta es una de las funciones más importantes de la agencia central de planeación; de igual modo, algunos go-

---

[6] Lok Sabra (House of Parliament): *Estimates Comittee Report: Planning Comission*, Nueva Delhi, abril de 1958.
[7] Gunnar Myrdal: *Indian Economic Planning, in its Broader Setting*, conferencia publicada por el gobierno de la India. J. P. Lewis, E. Hagen (ed.): *Planning Economic Development*, Irwin, 1963.

biernos de países occidentales han centralizado la función de coordinación de inversiones y asignación de prioridades. Las atribuciones conferidas a la Tesorería británica son un ejemplo de esta última instancia:

En principio, debe obtenerse aprobación específica de la Tesorería en los casos siguientes:
1) Para cualquier nuevo proyecto, aun cuando no implique un gasto adicional en el presupuesto del Departamento o Ministerio correspondiente.
2) Toda propuesta que implique un gasto adicional para un proyecto que la Tesorería aprobó ya.
3) Proyectos a largo plazo que comprometan al gobierno a invertir fondos durante varios años.
4) Proyectos que envuelvan particular dificultad.[8]

Todo parece indicar que una comisión de planeación, que dependa directamente del jefe del gobierno y localizada en forma independiente de las secretarías o departamentos de Estado, estará en condiciones favorables para centralizar las funciones de coordinación de inversiones y establecimiento de prioridades. La centralización de esas funciones sería una instancia en la cual la comisión de planeación estaría actuando con autoridad decisiva y no sólo con facultades de asesoramiento.

Por lo que concierne a la dirección de los proyectos aprobados, tal vez no debería facultarse a la comisión de planeación para actuar con autoridad operativa de ninguna clase. La razón es que, simplemente, no estaría capacitada para hacerlo ni contaría con la experiencia y el personal requerido. Sin embargo, el intercambio de información y las consultas sobre el desenvolvimiento de la ejecución del plan se establecerían regularmente a varios niveles, con cada una de las secretarías que tomaran parte en la ejecución de los mismos.

La carencia de facultades de dirección, por parte de la agencia de planeación, no significa que ésta se encuentre libre de la responsabilidad de evaluar el progreso en la ejecución del plan. De hecho, la agencia no podrá continuar con su tarea de planeación sin la evaluación constante de resultados, el señalamiento de retrasos y obstáculos y la formulación de recomendaciones alternativas para corregir las desviaciones. En opinión de los expertos de las Naciones Unidas se debe conceder máxima importancia a la tarea de diseñar un sistema adecuado de informes periódicos que permitan apreciar los resultados obtenidos y sirvan de base para hacer los necesarios ajustes del plan.[9]

Algunos países con experiencia en planeación económica, han

---

[8] Mackenzie y Grove: *op. cit.*, p. 395.
[9] Naciones Unidas: "Administrative Machinery for Plannig in the ECAFE Region", *Economic Bulletin for Asia and the Far East*, vol. XII, núm. 3, diciembre de 1961.

decidido establecer organizaciones independientes de la agencia de planeación, encargadas de evaluar el progreso en la ejecución del plan. En Paquistán, la supervisión de la ejecución del plan ha sido conferida a un organismo nuevo. La División de Proyectos, que opera bajo la autoridad del Comité Económico del gabinete y en colaboración con los ministerios centrales, los gobiernos provinciales y, desde luego, la propia Comisión de Planeación.[10]

El señor Jruschiev, en su informe anual al Comité Central del Partido Comunista de la Unión Soviética, en noviembre de 1962, propuso la formación de una organización mixta, en la que interviniera el Estado y el partido, cuya función sería comprobar la ejecución de las políticas administrativas y económicas en todos los niveles.[11]

Una organización independiente cuya responsabilidad exclusiva sea la supervisión parece ser solución aceptable en aquellos sistemas en los que la agencia de planeación tenga la doble función de formular los planes y ponerlos en ejecución. El sentido común exige, en verdad, que la agencia de planeación no sea juez y parte en la realización de sus tareas. Sin embargo, en aquellos países en los cuales el órgano planeador opera fundamentalmente como un grupo de asesoría, la creación de una organización distinta cuyo objeto fuese la evaluación de resultados acarrearía duplicación de actividades, creando, además, una demanda adicional de personal técnico, de suyo siempre escaso. La existencia de dos organizaciones independientes, una para la planeación y otra para la evaluación de los planes, no ha sido siempre satisfactoria.

El establecimiento de una sección especial dentro del organismo de planeación, cuya función fuese la mediación de los resultados del plan, podría ser una fórmula aceptable en aquellos sistemas en que el órgano de planeación no está engranado totalmente a la maquinaria administrativa del gobierno.

III. DISCUSIÓN DE PROPOSICIONES CONCRETAS

Conviene precisar, con toda claridad, que al hacer referencia a un organismo de planeación económica, se incluyen con frecuencia dos ideas distintas. Por una parte, se piensa en el grupo de expertos encargados del trabajo técnico y, por otra, en el organismo responsable de dirigir y orientar al equipo técnico.

En México, los antecedentes[12] que existen en esta materia, han dado origen a una cierta confusión, pues, en general, no se concibe un órgano de planeación sino como un grupo de expertos, sin que, aparentemente, se conceda importancia a la necesidad de un organismo técnico-político que actúe como coordinador de las tareas

---

[10] Government of Pakistan, Planning Commission: *The Second Five Year Plan (1960-1965)*, vol. I, cap. VI, Karachi, 1960.

[11] Artículo en *The Guardian*: Londres, 20 de noviembre de 1961.

[12] Ver la ponencia de Miguel S. Wionczek.

de planeación y como guía del trabajo de los técnicos. Los diversos órganos de planeación del sector público, que han sido creados dentro del aparato gubernamental en distintas épocas, han estado integrados exclusivamente por técnicos. A diferencia de otros países, en México los diversos comités y comisiones con funciones de planeación, se han organizado siempre al nivel de expertos. En esto radica, a nuestro juicio, la debilidad estructural que ha afectado el funcionamiento de esas instituciones.

Por la naturaleza misma de sus funciones, un órgano de planeación actúa en dos esferas de actividad diferentes: en el campo técnico y en el terreno técnico-político. Parecería conveniente que el órgano de planeación estuviese constituido en dos niveles: las oficinas técnicas por una parte, y el órgano encargado de la dirección del equipo técnico y de la coordinación de funciones con el resto del sector público, por otra. Parece difícil aceptar la idea de la creación de un grupo de técnicos, constituidos en comité, que en adición a sus tareas técnicas haga frente a los delicados manejos políticos que exige una empresa conjunta de esta naturaleza. Todo indica como muy recomendable que, por encima del grupo de expertos de la planeación, exista una auténtica comisión planeadora, de la cual formen parte los principales funcionarios de la administración pública. Éste es el mecanismo administrativo utilizado con éxito en un gran número de países, y sería, también, la solución más recomendable para el nuestro.

En resolución, la propuesta concreta es crear un órgano integrado por técnicos de alta calificación, orientados en su tarea por una comisión de planeación constituida por los titulares de las secretarías interesadas y otros funcionarios de la más elevada jerarquía. Como es natural, la comisión de planeación sería responsable exclusivamente ante el titular del poder ejecutivo. Fácilmente puede comprenderse que un organismo de esta naturaleza haría las veces de gabinete o consejo de ministros para asuntos económicos. En los sistemas constitucionales de tipo parlamentario, la creación de una comisión de planeación como la que aquí se propone no resulta indispensable, porque el consejo de ministros o el gabinete son instrumentos de coordinación y discusión de las propuestas de los expertos. El caso más señalado es el francés: Pierre Massé, que encabeza al grupo de expertos, es responsable directamente ante el presidente del consejo de ministros, pero las propuestas formuladas por el comisariado, como se denomina la oficina técnica, deben ser aprobadas por el consejo antes de ser sometidas a la opinión pública y al Parlamento.

Tomando en cuenta las experiencias de la Secretaría de la Presidencia, valdría la pena replantear la cuestión de cuáles podrían ser las ventajas y las desventajas derivadas del establecimiento de un organismo central de planeación como una Secretaría de Estado. En favor de una Secretaría encargada de la planeación se argumenta que sería un organismo que, al formar parte del aparato de la administración pública, aseguraría su participación en las varias tareas de la ejecución del plan. Se evitaría la posibilidad de que las tareas de la planeación quedaran a cargo de un organismo de asesoramiento, sin apoyo político real y sin la jerarquía necesaria para influir efectivamente sobre las decisiones económicas de las más altas autoridades políticas. Una Secretaría encargada de la planeación tendría a su favor, además, estar acorde con la tradición de la administración pública en nuestro país.

Algunas de las objeciones a la idea expresada antes son de tipo organizativo, en tanto que otras más bien son consideraciones de política administrativa. En primer término, debemos insistir sobre la noción de la planeación económica, que, en su aspecto administrativo, significa básicamente coordinación de decisiones. Ahora bien, en un régimen constitucional de tipo presidencial, donde no funciona el gabinete de ministros como instrumento de coordinación de la política económica gubernamental al más alto nivel, es necesario crear otros instrumentos que faciliten esa coordinación y que releven al titular del poder ejecutivo, cuando menos en parte, de tan pesada carga.

Es claro que la creación de una Secretaría encargada de la planeación no facilitaría la coordinación buscada. Sería muy difícil pensar que un conjunto de secretarios de Estado (particularmente aquellos titulares de dependencias que tradicionalmente han gozado de fuerza política y prestigio técnico) habrían de acudir al llamado del titular de la supuesta Secretaría de Planeación, para coordinar sus esfuerzos, sometiendo sus planes a la aprobación o desaprobación de un colega, con la misma autoridad y jerarquía.

Dentro de esta misma línea de pensamientos es fácil imaginar que, de existir una Secretaría encargada de la planeación, la responsabilidad por el éxito o el fracaso de los planes de desarrollo económico y social recaería, naturalmente, sobre los funcionarios titulares de esa dependencia. Sin embargo, localizar la responsabilidad del plan sería muy perjudicial para la operación misma de planear porque es obvio que su responsabilidad es compartida por el sector público en su conjunto y en última instancia por las autoridades políticas del país, incluyendo, desde luego, el poder legislativo. Finalmente, es necesario subrayar que un secretario de Estado que manejara las cuestiones de planeación, se vería arrastrado al juego político cotidiano que es parte inevitable de tan alta investidura. El riesgo está en que la planeación económica pierde su carácter de instrumento imparcial de la administración pública en su conjunto.

Sostiene otra opinión que este organismo debe ser una comisión de alto nivel presidida, preferentemente, por el titular del poder ejecutivo y de la cual formen parte, obligatoriamente, los titulares de aquellas dependencias del sector público directamente responsables del manejo de cuestiones económicas.

Repetimos, una de las soluciones más aceptables al problema

organizativo, apuntado en un principio, es la de integrar las oficinas de planeación no como una secretaría especial y menos aún como dependencia de alguna de las ya existentes, sino como un órgano de elevada jerarquía de doble nivel —oficinas técnicas y comisión propiamente dicha—, que dependa directamente de la Presidencia. Este método parece tener las ventajas de la organización ministerial, evitando sus principales fallas; sin embargo, en materia de administración pública, es siempre difícil hablar de "la mejor solución" a los problemas, pues, como anteriormente se ha señalado, la respuesta que dentro de un cierto contexto institucional puede parecer eficaz en otro ambiente es posible que resulte inoperante.

2

Aspectos jurídicos de la planeación

LUIS GARCÍA CÁRDENAS

Corresponde al estudioso del derecho incorporar a las estructuras jurídicas institucionales del país, en un momento determinado, las técnicas adecuadas de una planeación económica y social. Se presenta la alternativa de que, o se modifican los ordenamientos legales para ajustarlos a los métodos de planeación, o bien se procede de manera inversa.

Consideramos en principio que procede y debe intentarse un ajuste de las normas jurídicas vigentes a un esquema de planeación acorde con las necesidades del país y, con esta filosofía, intentaremos normar nuestro criterio al respecto. Como primer punto se vislumbra la ubicación de un órgano planeador en el interior del esquema jurídico constitucional del país.

Para ejecutar un plan de desarrollo económico y social en México, el órgano central de planeación debe ser capaz de lograr la máxima convergencia de todas las actividades económicas de la nación, dentro de los principios y derechos constitucionales, con una orientación, en cuanto a metas y objetivos generales se refiere, señalada por el ejecutivo federal, dentro de la esfera de su competencia, con la finalidad de lograr el óptimo desarrollo económico en una determinada época o período. En nuestro ámbito nacional, el órgano central de planeación necesita considerar y tener en cuenta la manifestación sexenal operada en nuestro gobierno federal, a fin de evitar un estrangulamiento económico que en mayor o menor cuantía ha venido observándose hasta ahora en el país en cada sucesión presidencial, lo cual se evitaría mediante el establecimiento de las funciones técnicas de planeación que lograrían una continua y controlada ejecución gubernamental hacia el desarrollo coordinado de la Unión en que está empeñado constitucionalmente todo presidente de la república.

Por tanto, proponemos, de conformidad con las bases legales de la nación, que el órgano central de planeación considere la elaboración de planes a seis años, con etapas, si se estima necesario, menores hasta llegar al presupuesto anual y por otra parte prospecciones de doce años para que el país cuente con un plan de ejecución de seis años cuya proyección cubra el próximo sexenio.

La experiencia de otros países ha demostrado que resulta muy difícil, o casi imposible, formular prospecciones fundadas en un lapso mayor a los quince años.

Para los efectos de la situación del órgano central de planeación desde el punto de vista de la ejecución de un plan de desarrollo económico y social en Méixco, podríamos señalar que encuentra su legitimación en el artículo 133 de la Constitución Federal que al pie de la letra dice: "Esta Constitución, las leyes del Congreso de la Unión que emanan de ella y todos los tratados de acuerdo con la misma, celebrados y que se celebren por el Presidente de la República, con aprobación del Senado, serán la ley suprema de toda la Unión, los jueces de cada Estado se apegarán a dicha Constitución, leyes y tratados, a pesar de las disposiciones en contrario que pueda haber en las constituciones o leyes de los Estados."

Con ello establecemos la base para que la planeación, como cualquier otro acto de gobierno, quede supeditado a la ley suprema de toda la Unión.

De todo ello debe desprenderse, en consecuencia, que la planeación depende de las normas constitucionales para que resulte factible su ejecución en el país. Si la Constitución no autoriza la planeación, ésta resultaría una simple aspiración utópica en nuestro medio, en tanto no fuese adicionada nuestra Constitución con esta forma de gobernar la economía de la nación.

Como limitación a lo expresado anteriormente encontramos que las facultades del gobierno federal son estrictamente limitadas de acuerdo con el artículo 124 constitucional, reservando a los Estados miembros del pacto federal los poderes que no están expresamente concedidos por la Constitución a los funcionarios federales. Sin embargo, en nuestra opinión, contamos con la posibilidad de iniciar una planeación económica y social de carácter integral dentro del marco de nuestras normas fundamentales, sin tener que modificar sustancialmente las estructuras jurídicas y contando, en principio, con el empeño decidido de las principales corrientes políticas que influyen en la economía nacional.

Efectivamente, el artículo 49 de la Constitución Federal establece la división del supremo poder de la federación en los tres poderes que conocemos: legislativo, ejecutivo y judicial y prohibe estrictamente la interferencia o sustitución de cada uno de ellos respecto a los otros.

El artículo 72 del mismo ordenamiento determina que toda resolución del Congreso tendrá el carácter de ley o decreto y que se mandará al ejecutivo para que las promulgue y ejecute conforme al artículo 89, fracción I, en donde se establece, además, que dicho poder deberá proveer, en la esfera administrativa, a su exacta observancia. No obstante que, como analiza con bastante amplitud Gabino Fraga en su *Tratado de derecho administrativo*, la división de poderes establecida por nuestra Constitución encuentra excepciones desde el punto de vista de los conceptos formales y materiales de los actos administrativos, ya que existe un principio inviolable en cuanto a la competencia formal que la Constitución determina para los tres poderes en que divide al supremo poder de la federación y a la luz de cuyo principio es imposible, constitucionalmente, aceptar como correcta la interferencia o sustitución en cualquier orden o grado de uno de los poderes por alguno de los otros.

En la fracción XXX del artículo 73 encontramos la fundamentación constitucional con objeto de que el Congreso de la Unión legisle sobre planeación, precisando las bases abstractas y generales para que el ejecutivo logre, mediante esta actividad, mayor efectividad en las tareas que la Constitución le tiene encomendadas. Por otra parte, el Congreso de la Unión está impedido, en principio, para emitir con carácter de ley un plan concreto determinado de ejecución administrativa, pues esto significaría la interferencia del poder legislativo en la esfera del ejecutivo con invasión de su competencia y con violación del artículo 49 de la propia Constitución. Independientemente de la facultad del legislativo para legislar en forma abstracta y general sobre planeación económica (artículo 73, fracción XXX), el Presidente de la República, conforme al artículo 87 de la misma Constitución, contrae el compromiso, precisamente ante el Congreso de la Unión, de "guardar la Constitución y de mirar en todo por el bien y prosperidad de la Unión".

Además, los artículos 65 fracción I y 73 fracción XXVIII establecen la obligación que tiene el ejecutivo de presentar ante el Congreso de la Unión la cuenta pública anual, la cual debe ser examinada y revisada por el Congreso, no sólo en cuanto a comprobar que las cantidades gastadas concuerdan con las partidas respectivas del presupuesto, sino para comprobar además la exactitud y justificación de los gastos hechos.

Para desempeño de sus funciones la Constitución otorga al Presidente de la República la facultad reglamentaria en el artículo 89 fracción I, como principal instrumento de orientación de las políticas nacionales en materia económica y social.

En consecuencia, para cumplimentar las exigencias constitucionales mencionadas, así como para proveer en la esfera administrativa a la exacta observación de las leyes expedidas por el Congreso en materia económica, el Presidente tiene la facultad de elaborar, por decreto, un plan concreto de desarrollo económico, sin la obligación de esperar a que el Congreso de la Unión legisle en materia de planeación.

Para extender esta planeación federal al ámbito nacional puede seguirse el principio del concordato legislativo que se utiliza con otros propósitos, fundándose en los artículos 122 y 132 de la Constitución utilizados, a su vez, por la administración pública para el establecimiento del impuesto federal sobre ingresos mercantiles en la jurisdicción estatal.

Además, a fin de ejercer la planeación directa sobre la iniciativa privada, puede utilizarse el convenio junto con los demás instrumentos tradicionales de la acción inductiva, como son las exenciones o gravámenes impositivos, las autorizaciones previas, el crédito, etcétera.

El órgano central de planeación, como instrumento de ejecución, puede situarse constitucionalmente en el plano de una dependencia extralineal de la presidencia de la república, de modo que sus determinaciones y actos entren a formar parte de la estructura gubernamental de la nación por la línea de mando del más alto nivel, salvando así los conflictos de índole política en beneficio de una planeación integral y coordinada del país. Por lo expuesto, consideramos que tal concepto de planeación integral de desarrollo económico y social encuentra plena justificación y concordancia con nuestros ordenamientos jurídicos constitucionales, integrantes básicos de nuestro estado de derecho, y el concepto deberá entenderse en forma tal que permita un eficiente funcionamiento de las diversas estructuras administrativas y técnicas de la administración pública y sus relaciones con el sector privado, de tal modo que no resulten deficientes respecto a las actividades económicas de la nación, ni se confundan con éstas, por una parte, y queden por otra a la medida exacta de los objetivos y metas de un correcto plan de desarrollo económico cuyas diferentes dependencias habrían de ubicarse en las posiciones físicas y políticas adecuadas. Dichas dependencias no duplicarán innecesariamente sus actividades ni se interferirán unas a otras, ni existirán en exceso o defecto y guardarán relación con el volumen de las actividades económicas nacionales, por regir en relación con el presupuesto asignado al órgano central de planeación para su integración y funcionamiento.

En síntesis, resulta imprescindible que las actividades de planeación originadas en el Estado se mantengan siempre dentro del marco de la Constitución y las leyes de la nación; que el equipo encargado se especialice cada vez más y adquiera conciencia de la planeación nacional y de sus responsabilidades; que mantenga una constante investigación para incorporar a la planeación, además del desarrollo económico, el desarrollo social, político y cultural del país.

3
La reforma administrativa para la planeación

EDUARDO BUSTAMANTE

A mí no me cabe duda, y estoy seguro que a la mayoría de ustedes tampoco, de que en estos momentos en todos los países —no usaremos el término de subdesarrollados ni en proceso de desarrollo porque parece que entraríamos a prejuzgar— que no han alcanzado un nivel económico adecuado a la evolución del mundo se discute el tema de la programación o planeación.

Se le ha dado tantas interpretaciones y tanta extensión a ese término que, efectivamente, es necesario ir precisando cuál es el concepto que debe ser objeto de nuestras deliberaciones.

Pero sí es interesante ver que, si en el fondo hay la idea de que debe ser objeto de previsión lo que el Estado ha de hacer en el futuro, podría llegar a decirse que "para qué se dan tantos brincos estando el suelo tan parejo", como el dicho mexicano, si siempre ha sido habitual que el Estado prevea cuáles son las obligaciones que tiene que cumplir, y cómo las tiene que cumplir; ¿por qué entonces, en un momento en que el volumen, el número o la importancia de las necesidades que el Estado tiene que llenar son más evidentes, se duda de esto?

Entonces, uno piensa que alguna razón debe haber para que un concepto tradicional se convierta en polémico o discutible, y la realidad de las cosas es que, si se examinan las causas de la discusión, se llega a entender esto: primero, que quienes discuten el problema de la planeación no discuten la necesidad o conveniencia de que las actividades públicas en relación, sobre todo, con las particulares sean objeto de previsión, de definición previa a su ejecución. Es decir, que prácticamente hay un consenso general sobre si la actividad del Estado, y, concretamente, su intervención en determinados puntos —digamos, en principio, en la economía—, es conveniente o no.

No hay tampoco desacuerdo en lo que se refiere a que, ya en la planeación o en la acción del Estado, debe haber o debe reconocerse un papel de dirección al Estado, porque todo mundo reconoce que éste, en su posición de regulador de los intereses generales y de conductor de la sociedad, es el único que puede interpretar en un momento dado cuál es el interés general o cuál la forma de realizarlo. Surgen los inconvenientes, el debate se suscita y la oposición se concentra cuando los particulares consideran que la planeación y su dirección por el Estado pueden significar la imposición a particulares de determinadas limitaciones en campos de acción en los que ellos no la habrían sufrido o reconocido. Si esto es así, entonces se entiende con facilidad por qué la oposición surge concretamente en el momento en que la doctrina del desarrollo económico se materializa ya en una política y en una serie de principios de ejecución. Porque si se entiende el desarrollo económico como una transformación de las bases esenciales de organización de una colectividad política, que mediante el mejor empleo de los recursos disponibles logre la satisfacción y las necesidades generales a un nivel más alto, o sea la elevación del nivel de vida de la población, resultan varias cosas:

Primero, hay una transformación esencial en las bases de organización de la colectividad. Se reconoce que las bases sobre las que se vive no son adecuadas; que hay que modificarlas. Y entonces es natural que quienes han vivido en la situación anterior se sientan en principio lesionados por el solo hecho de que se mencione que van a ser cambiadas esas bases de organización, y que a mayor abundamiento se alarmen cuando va a haber una posibilidad de apreciación por parte del poder público de cuál es el sentido del interés de la colectividad, o cuál es ese interés manifestado concretamente en determinados puntos.

Si el asunto se enfoca desde ese punto de vista, y quiero enfocarlo así por dos razones: primero, porque no soy economista; no poseo los conocimientos técnicos que son propios de su especialidad y que permitirían enfocar el problema desde el punto de vista exclusivamente técnico. Y segundo, porque soy abogado; porque soy, digamos, técnico en la ciencia del derecho; y porque entonces hay un punto en donde sí hay necesidad de una intervención de carácter técnico de un abogado en los problemas de planeación. Y ese punto surge cuando el problema de la planeación trasciende a la esfera del poder público y tiene que traducirse en una reestructuración de las bases de la sociedad que permita que esas soluciones técnicas se implanten.

Y a ese respecto quiero llamar solamente la atención sobre esta circunstancia: la economía cada día adquiere mayor importancia, porque las relaciones económicas de los individuos entre sí, y de las naciones unas con otras, adquieren más importancia. Pero, precisamente en la medida en que eso sucede, son más frecuentes los casos en que hay que trasladar al plano del poder público los problemas económicos para su adecuada solución.

Entonces, si el Estado es básicamente —y al menos en el mundo occidental así lo es— una organización jurídica, los problemas económicos fundamentales en su solución deben ser trasladados al aspecto jurídico para que se llegue al respeto de esa estructura técnica del Estado.

Pienso que es imposible concebir un Estado moderno que no tenga que planear sus actividades. Nunca lo ha sido, pero más actualmente en que, como consecuencia de los avances de la ciencia y de la técnica, cada día hay más actividades que se hacen indispensables para la vida en común. Hay un concepto tradicional de los servicios públicos que los califica como actividades de tal naturaleza que su fiel desempeño es necesario para la vida en común, y que por lo mismo debe ser regulado, asegurado o vigilado con la intervención del gobierno. Este concepto prácticamente es admitido por todos los turistas del mundo, y es la base del reconocimiento de la intervención del Estado. De un lado, como facultad de desempeñar algunas funciones y, de otro, de orientar las actividades de los particulares que con ella se relacionan. El caso es muy fácil de entender cuando se piensa por ejemplo en el servicio, diremos, de policía. Nadie discute que es esencial; y esencialmente lo tiene que desempeñar el Estado porque sería muy difícil que se contratara con una empresa para que lo desempeñara. Pero en cambio hay otros servicios que pueden ser desempeñados por los particulares y, por consiguiente, el Estado no lo hace, pero sí debe dar reglas para asegurar que se presten eficientemente y después vigilar que se lleven a cabo.

Ahora, está claro que, conforme el mundo avanza, hay más posibilidad de hacer la vida general más cómoda; hay un deseo también general de aprovechar tal cosa. Cada vez que una nueva posibilidad de vivir cómodamente se generaliza, nace un servicio público nuevo que debe ser asegurado por el Estado. Es muy fácil entenderlo. Por ejemplo, el servicio de transporte aéreo y la comunicación inalámbrica, en cuanto se generalizaron y se hicieron posibles, se convirtieron en servicios públicos. Entonces los países pobres, que por definición son los que tienen menos recursos, vienen a ser evidentemente los que tienen una falla mayor o un margen mayor en los servicios. Pero eso no afecta o no modifica o anula su deseo de tenerlos. Si la función esencial del Estado es asegurar esas actividades, evidentemente hay un volumen mayor de necesidades del Estado, o una cantidad adicional de intervenciones del Estado para vigilar que esos servicios se presten. En uno u otro caso se suscita el problema de necesidades económicas adicionales por parte del Estado cuando surge este problema; si se parte del hecho de que tiene pocos recursos, evidentemente, brota la necesidad de examinar el cuadro general para ver cuáles son los servicios más esenciales de poner en marcha.

Esta circunstancia obliga, al hacer un cuadro de los recursos del Estado y un cuadro de las posibilidades, a hacer una previsión, que es lo que siempre se ha hecho a través de la preparación del presupuesto, de manera que las tareas relacionadas con la preparación del mismo han sido siempre tareas de planeación o de previsión; tareas que van teniendo mayor importancia conforme se van ampliando los cuadros de acción del Estado. Tradicionalmente, se ha considerado que una de las distinciones más claras que pueden establecerse, entre la economía privada y la pública, es que la privada se organiza fundamentalmente a base del ingreso. Un individuo tiene que ajustar sus actividades a las posibilidades que tenga de ingreso. Puede incrementarlas, pero mientras no lo haga se supone que no puede hacer gastos en exceso sin perjuicio de incurrir repentinamente en situaciones que le hagan imposible hacerlo; pero con el Estado no pasa lo mismo, porque como él tiene la obligación de exigir aportaciones a las economías privadas para formar la suya propia, el Estado tiene que calcular teóricamente primero cuánto necesita, y sacarlo. Lo cual es muy claro de decir pero difícil de hacer. Entonces, frente a este problema real de grandes necesidades y pocas posibilidades, lo único correcto y lo que se ha hecho es un ajuste previo de las necesidades a los ingresos posibles. Es lo que, dentro del mecanismo tradicional de formación del presupuesto, consagra nuestra Constitución cuando habla de que la Cámara de Diputados tiene facultad de autorizar el presupuesto anual de gastos discutiendo primero las contribuciones necesarias para cubrirlo. Esto quiere decir que hay necesidad de la formulación o la preparación de un plan financiero del ejercicio que es el que el Congreso de la Unión considera, interviniendo las dos Cámaras en los ingresos, y la Cámara de Diputados solamente en los gastos. La intervención de las dos Cámaras en los ingresos sucede porque los impuestos tienen que establecerse por medio de leyes, pero está señalado, para no destruir la unidad del programa financiero, por la misma Constitución que las leyes sobre impuestos deben iniciarse siempre en la Cámara de Diputados.

Si el presupuesto ha sido siempre una previsión anticipada de los gastos del Estado y, como se dice, una expresión en cifras de un programa de acción del Estado, es fácil entender primero que ese presupuesto tiene que irse ampliando continuamente conforme los servicios crezcan, y al mismo tiempo tiene que ir creciendo o limitando su crecimiento a las posibilidades del poder público, según imponga a las economías privadas un sacrificio, unas aportaciones mayores.

El problema nunca había sido discutido por gentes conscientes de los problemas de los ciudadanos. Colocado el asunto desde este punto de vista, es muy fácil entender que una transformación esencial en las bases de organización de la sociedad es indispensable en el momento en que se aprecia que la organización anterior no había podido o no había permitido —y eso está a la vista— el aprovechamiento óptimo de los recursos naturales por la situación misma que el país guarda comparativamente con otros. Por principio de cuentas, si el cambio ha de ser no con el aspecto de una evolución o una simple marcha natural hacia una meta, sino como una revolución prácticamente o un cambio radical más violento, tiene que reconocerse que las instituciones anteriores deben ser modificadas para que todo ello sea posible. Es decir, el solo hecho de hablar de una planeación del desarrollo en un país que no ha planeado antes el desarrollo porque no lo ha reconocido como una necesidad de su política general, tiene que revisar sus instituciones, sus leyes y los órganos que deben aplicarse para adaptarlos.

Al llegar a este punto nosotros debemos confesarnos algo que cuesta trabajo decirlo, en algunos círculos, pero que nosotros debemos hacerlo con toda franqueza porque estamos reunidos en el aspecto de técnicos y no de políticos. Debemos reconocer que desde el ángulo económico, en lo que se refiere a la estructura económica del Estado, nuestra Constitución no está de acuerdo con nuestro tiempo. Por una razón sencilla: nuestra Constitución, en el aspecto económico fundamental, es todavía de tipo liberal. Nuestra Constitución de 1917 repite fundamentalmente disposiciones de la Constitución de 1857, y muchos principios de la Constitución de 1824. Para no citar otras bases, podríamos, por ejemplo, mencionar las disposiciones en materia de comercio de la Constitución. Al lado de las normas constitucionales relativas, por ejemplo, a la libertad de las transacciones comerciales en el interior del país, que se originaron en el hecho notorio y quizá muy particular de los estorbos que las alcabalas constituían para el comercio entre los Estados, y que pueden tener un carácter regional perfectamente explicable y una vigilancia continuada, hay otras disposiciones que son reproducción o traducción a la ley de principios, aceptadas. Como por ejemplo, todo lo que se refiere a la garantía constitucional de la libre competencia. Tan es así que debemos reconocer expresamente que hay principios constitucionales de este orden que, para que no constituyesen un estorbo a la vida económica del país, han tenido que ser ignorados o manifiestamente violados. Suena un poco duro, pero es la verdad, sobre todo en materia de impuestos.

Conforme a la Constitución pueden sacarse dos conclusiones: Primero, los impuestos en México tienen que ser siempre generales y equitativos. Segundo, los impuestos deben establecerse solamente para aportar al Estado los recursos necesarios para cubrir el presupuesto.

En lo que se refiere a la generalidad de los impuestos, si se entienden como un principio técnico que significa que un gravamen debe ser pagado por todas las personas que estén colocadas, estas personas no deben ser dejadas de lado desde el momento en que el Estado está organizado sobre bases democráticas, porque establecer impuestos particulares o impuestos diferenciales puede conducir en un momento dado a acentuar diferencias en el tratamiento de los particulares que se traduzcan al final de cuentas en privilegios.

Pero si la generalidad de los impuestos se traslada a un concepto económico, y entonces se dice que la generalidad debe consistir en tratarlos igual, la situación es difícil, sobre todo si se considera que en el curso de la evolución de la ciencia financiera se ha ido observando que el impuesto tiene repercusiones o influencias inevitables que pueden ser aprovechadas por el Estado para realizar determinados actos, y se tiene que llegar a la conclusión de que resultaría ilógico el que, si se produce una fuerza o una capacidad de acción como consecuencia de una acción legítima del Estado, se le vedara al Estado para realizar fines legítimos. En otras palabras, si se sabe que el impuesto tiene inevitablemente repercusiones sociales y económicas, sería absurdo prohibirle al Estado que no use esa fuerza económica para desempeñar determinadas funciones.

El Estado mexicano lo ha reconocido porque se ha visto frente a situaciones en que eso es evidente.

Me parece que sí es necesaria una reforma constitucional; es necesario ir al fondo de la cuestión y examinar que, cuando por razones de conveniencia general el Estado debe iniciar una actividad, hay que imponerles a los particulares la limitación necesaria. Entonces, en cierta forma, habría la necesidad de reformar el artículo 4 y el 27, para imponer a las actividades económicas de los particulares las limitaciones resultantes de la planeación económica; es decir, que habría la necesidad, primero, de reconocer y de concretar cuáles son los principios básicos de la planeación económica, con el objeto de que el artículo 27 y el 4 impongan a los particulares ciertas limitaciones y el artículo 73 le reconozca al Congreso de la Unión la facultad de dictar las leyes que sean necesarias para poner en marcha los planes generales de desarrollo.

La situación, hay que reconocerlo, es tal que, no en el orden social o político, sino en el propio orden general es comparable a otros problemas que la Constitución aborda.

Sería deseable que el precepto constitucional adecuado contuviera por lo menos la enunciación de las bases o los propósitos fundamentales de desarrollo que son esencialmente políticos y que permitieran después al Congreso de la Unión ir estableciendo leyes.

Cualquier situación que se creara, en el sentido de asentar la planeación con base siempre en, que el Ejecutivo ayude de hecho a determinadas funciones y tenga la posibilidad de regularlas, estará siempre en posibilidad de que se modifiquen las bases esenciales de la planeación económica o se estará expuesto a que un poder judicial de la federación constituido y operante estorbe o frene la acción.

Quiere decir, en resumen, que yendo de más a menos, la Constitución debía establecer o reconocer el principio de que el desarrollo económico del país es una base de su organización y que, por lo mismo, a la realización del desarrollo y a sus objetivos deben subordinarse los derechos de los particulares cuando se opongan al interés general. Que la Constitución, por lo mismo, debe dividir esos principios; que las leyes deben contener la estructura general, para la formación del plan y que debe corresponder al ejecutivo la elaboración del plan y su vigilancia, y al Congreso una función de censura de la fidelidad de la ejecución, de la labor del ejecutivo desde el punto de vista de la legislación.

En el punto y medida en que la planeación del desarrollo sea posible se establece ya dentro de nuestro marco constitucional una multitud de tareas del ejecutivo, y entonces hay que ver hasta dónde las disposiciones constitucionales limitan la posibilidad de creación de órganos determinados.

Se necesita que la planeación se atribuya como función administrativa a una Secretaría de Estado. Al llegar a este otro punto, sí es conveniente precisar que el sostener eso no elimina la posibilidad de la intervención de los particulares, es decir, que pueden crearse dentro de una Secretaría de Estado consejos a través de los cuales haya posibilidad de escuchar a los particulares: puede crearse un órgano de consulta de planeación. De lo que habría necesidad es de concebir una disposición constitucional que autorice la planeación; una disposición legislativa que contenga las bases concretas para llevarla a cabo; una atribución concreta de las funciones administrativas relacionadas con ella a una Secretaría de Estado; el ejercicio de las facultades subordinado al refrendo del secretario del ramo, que sería constitucionalmente el responsable de la misma; un órgano consultivo con toda la amplitud de funciones que se quiera.

En cuarto lugar, una previsión concreta en la ley —y aquí damos un paso atrás— que cree los órganos consultivos o de cooperación que sean indispensables para que las tareas de la elaboración del plan se desempeñen eficientemente.

Quiero hacer una pequeña digresión a este respecto que implica no el envanecimiento sino la confesión posible de un pecado. Yo me reconozco en cierto sentido responsable por haber hecho algunas sugestiones al ex presidente López Mateos sobre modificaciones a la ley de secretarías de Estado que significaron la creación de la Secretaría de la Presidencia. Mi responsabilidad o mi pecado consiste en haber sugerido la creación de una entidad que se encargara básicamente de las funciones de planeación y del presupuesto, pero adicionalmente a esa sugestión hacía yo la de que dentro de la ley de secretarías de Estado se estableciera el funcionamiento obligatorio de consejos intersecretariales encargados de la discusión y sometimiento al Presidente de las decisiones que debieran tomarse en asuntos que por su naturaleza pudieran tocar a varias secretarías de Estado.

Dentro de esa sugestión se incluiría la creación de un consejo de política económica al que la Secretaría de la Presidencia debiera someter los lineamientos generales del plan económico, y que entonces asegurara en esta forma, no la efectividad legal de la planeación o la validez de las decisiones del Presidente de la República, sino que esas decisiones se tomaban después de haberse escuchado los diversos puntos que merecieran ser escuchados en un intento de coordinación de las funciones de diversas dependencias del ejecutivo.

Es necesario que haya disposiciones legales. Dentro de esta estructura se concebía que la Secretaría de la Presidencia tuviera, al mismo tiempo que las funciones generales de planeación, una función de coordinación de las actividades de las secretarías de Estado a través no de atribuirles esa función que sí es esencial del Presidente, sino de encomendarle la Secretaría de los consejos intersecretariales, es decir, el manejo administrativo de los asuntos, la convocatoria de los consejos, etc., para que su funcionamiento pudiera ser vigilado por el Presidente de la República.

Esta idea sufrió en la práctica dos modificaciones fundamentales: una, la de que al crearse la Secretaría concebíase como secretaría de planeación y del presupuesto. Con el deseo de darle una mayor autoridad se le cambió el nombre por Secretaría de la Presidencia, pero en un último momento, minutos antes de ser enviada la iniciativa al Congreso de la Unión, se le quitó el primer título y la función correspondiente, es decir, se privó a la Secretaría de la Presidencia de toda intervención en la preparación del presupuesto, y se le dejaron las facultades en materia de planeación. Y segunda, se suprimieron todas las disposiciones que hacían obligatoria la constitución de los consejos intersecretariales.

Aquí aporto yo mi experiencia personal a este punto, en el sentido de decir que el fracaso de los intentos que la administración anterior hizo para institucionalizar los órganos de planeación, fue el resultado de la supervivencia de intereses anteriores; intereses creados o de criterios especiales que no hubo oportunidad de frenar o de conducir.

Ya entrando un poco a la cuestión concreta de la creación de un órgano, de la atribución a una Secretaría de Estado de las funciones de planeación, sigo pensando que la idea que se adoptó en principio en la Ley de Secretarías de Estado actual, de atribuirle a una secretaría que fue la que se llamó Secretaría de la Presidencia, sigue siendo vigente; que la falta de funcionamiento o de éxito en eso es atribuible para mí, en parte, a esa limitación que se hizo de no atribuirle las funciones relativas a la preparación del presupuesto, por la circunstancia que es fácilmente perceptible al estudiar todos los puntos de vista que se han presentado a este respecto. En sí, en la práctica tradicional, no cabe duda que se ha visto como eficaz que una dependencia del ejecutivo intervenga en la preparación del presupuesto y que eso sea efectivo, porque evidentemente el gasto público directo se hace siempre dentro del presupuesto por todas las secretarías, menos la de Hacienda. Eso hace creer que seguiría siendo eficaz el control del gasto público en su conjunto atribuido a otra Secretaría, pero que esa Secretaría tuviera facultad de imponerle el respeto al presupuesto a la Secretaría de Hacienda.

Si la experiencia en otros países —como en Estados Unidos,

que es el país que tiene una capacidad económica mayor— puede desempeñarse por una oficina adscrita directamente al Presidente de la República, pero separada del Departamento del Tesoro, ¿por qué en México no va a poder desempeñarse por una oficina dependiente también del Presidente de la República, pero dirigida por un Secretario de Estado responsable?

Sí creo que en la estructura de una Secretaría de Planeación y Presupuesto habría que cuidar mucho de que esa Secretaría no tenga funciones ejecutivas fuera de la aprobación o elaboración del plan, y posteriormente la vigilancia de su ejercicio. Sí creo que es correcta la opinión que se sostiene en algunas de las ponencias relativa a la necesidad ineludible de que se creen instrumentos de vigilancia del plan. En este punto es preciso confesar que nuestra administración está gravemente coja en el sentido de que en realidad no hay un control eficaz del gasto público. No es bueno dejar en manos de un solo órgano un cúmulo de facultades, que para ser sometidas tienen que ser revisadas. Para mí no es ni siquiera discutible que haya necesidad de un órgano de vigilancia. Que este órgano —actualmente la Secretaría de Hacienda, a través de la Contaduría de la Federación— debe ser convertido en un órgano autónomo, y es más claro esto desde el momento en que se reconozca la necesidad de que dentro del presupuesto general se incorpore el del sector público. Porque la Secretaría de Hacienda no puede, sin riesgo de entorpecer fundamentalmente o gravemente el funcionamiento de los organismos públicos, someter los ingresos y los gastos de los organismos descentralizados a un procedimiento análogo al que se someten el control de los ingresos y los gastos del Estado.

En resumen, en este punto mi opinión es que, además de las necesidades que ya había señalado, debe ser creado un nuevo órgano de control del gasto público directo, y estudiar la conveniencia de que este órgano concentre las cuentas del sector público con la intervención que sea propia de la que en general se reconoce a la Secretaría del Patrimonio Nacional para el control de los organismos descentralizados.

Para terminar, quiero hacer notar que la creación de la Secretaría del Patrimonio Nacional y la atribución a la misma de funciones de control de los organismos descentralizados, fue el resultado de dos ideas: primera, la de que el capital de esos organismos es parte del capital de la nación, del patrimonio del Estado, que debe ser sometido en principio a un régimen de vigilancia análogo al que se someten los otros bienes que forman parte del mismo patrimonio. Y, segunda, que la intervención de la Secretaría del Patrimonio Nacional pueda conducirse sobre bases que descansen únicamente en el reconocimiento del derecho del Estado o de la nación sobre los fondos o recursos invertidos en esos organismos.

4

El control del presupuesto y el control del·plan

ROBERTO ANGUIANO EQUIHUA

I. CLASIFICACIÓN INSTITUCIONAL DEL SECTOR PÚBLICO EN MÉXICO

De acuerdo con el origen de los recursos de que dispone el sector público en México, puede hablarse de una subdivisión de dicho sector en dos subsectores, a saber: subsector gobierno y subsector de organismos descentralizados y empresas estatales. En el primero predominan los ingresos propiamente fiscales, en tanto que el segundo se sostiene con recursos de otra índole, como las utilidades de operación de las empresas, las aportaciones y subsidios otorgados a los organismos por el subsector gobierno y los créditos internos y externos.

Sin embargo, para fines de consolidación de las operaciones del sector público, resulta más conveniente un esquema de clasificación institucional del mismo como el presentado recientemente por la Comisión Económica para América Latina y el Instituto Latinoamericano de Planificación Económica y Social. En este esquema de clasificación institucional se separa el gobierno central de los gobiernos estatales y municipales, ambos con sus respectivos organismos y empresas. Esta división, desde luego, es aplicable a un gobierno de tipo federalista como es el de México y no a un gobierno de tipo centralista.

A. *Esquema teórico de clasificación institucional del sector público*

La clasificación que presentan los organismos aludidos, figura a continuación y sobre ella se harán algunas consideraciones:

ESQUEMA TEÓRICO DE CLASIFICACIÓN INSTITUCIONAL DEL SECTOR PÚBLICO

Sector	Sub-sector	Clase orga-nismo	Entidades	Denominación
I				*Sector público*
	01			*Gobierno central*
		1		*Gobierno general*
			1	Organismos del Estado
			2	Ministerios
			3	Órganos directamente vinculados
		2		*Organismos descentralizados*
			1	Institutos de fomento
			2	Institutos provisionales
			3	Institutos educacionales
			4	Otros
		3		*Organismos auxiliares*
			1	Empresas productoras de bienes
			2	Empresas productoras de servicios
		4		*Empresas gubernamentales*
			1	Agrícolas
			2	Industriales
			3	Comerciales
			4	Financieras
	02			*Gobiernos estatales y locales*
		1		*Gobierno general*
			1	Órganos del Estado
			2	Secretarías
			3	Órganos directamente vinculados
		2		*Organismos descentralizados*
			1	Institutos de fomento
			2	Institutos provisionales
			3	Institutos educacionales
			4	Otros
		3		*Organismos auxiliares*
			1	Empresas productoras de bienes
			2	Empresas productoras de servicios
		4		*Empresas gubernamentales*
			1	Agrícolas
			2	Industriales
			3	Comerciales
			4	Financieras

Las definiciones de cada uno de los renglones se comprenden por su sola denominación y únicamente cabe observar que el renglón *organismos auxiliares* (clase organismo 3 en el esquema), no se puede diferenciar claramente, en el caso de México, del renglón *empresas gubernamentales* (clase organismo 4 en el esquema), por lo que se considera que los dos renglones pueden agruparse en uno solo y precisamente en el de *empresas gubernamentales*.

Por lo que se refiere a los rubros integrantes del renglón *gobierno central, gobierno general* (subsector 01 y clase organismo 1 respectivamente en el esquema), en México se puede identificar el renglón organismos del Estado (entidades 1 en el esquema) con los tres poderes del gobierno federal mexicano; el rubro 2, ministerios, se identifica claramente con las secretarías y departamentos de Estado que integran el poder ejecutivo; y finalmente el renglón 3, organismos directamente vinculados, no se identifica en la actualidad con algún organismo del sector público, aun cuando hay el antecedente de una entidad de esta naturaleza en la desaparecida Comisión de Inversiones que dependía directamente del Presidente de la República.

B. *Esquema institucional del sector público en México*

Hechas las salvedades anteriores y con base en el esquema comentado, se presenta a continuación otro, relativo a la estructura actual del sector público en México.

Se consideran en este segundo esquema dos subsectores; uno correspondiente al gobierno federal y otro a los gobiernos estatales y municipales, incluyendo ambos gobiernos no solamente las dependencias propias, sino también los organismos descentralizados y las empresas estatales y de participación estatal.

Se han destacado las secretarías de Hacienda y Presidencia así como la del Patrimonio Nacional, en atención a las funciones que desempeñan actualmente en lo referente a la planeación y a la supervisión y vigilancia de las operaciones del sector público. La Secretaría de Hacienda elabora y ejerce los presupuestos de las dependencias del poder ejecutivo y de los poderes legislativo y judicial, y para el presente año, como se verá más adelante, también los de algunos organismos y empresas estatales; la Secretaría de la Presidencia autoriza los gastos de inversión de todas las dependencias del sector público federal; y la Secretaría del Patrimonio Nacional, por su parte, tiene encomendadas las funciones de vigilancia y supervisión de los bienes patrimoniales del Estado, incluyendo las inversiones de los organismos y empresas estatales. Por otra parte se tiene a la Contaduría Mayor de Hacienda, dependiente de la Cámara de Diputados, y que funge por ley como contraloría del sector público.

Se puede afirmar, sin embargo, que la existencia y funciones de las dependencias anteriores no cumplen satisfactoriamente las

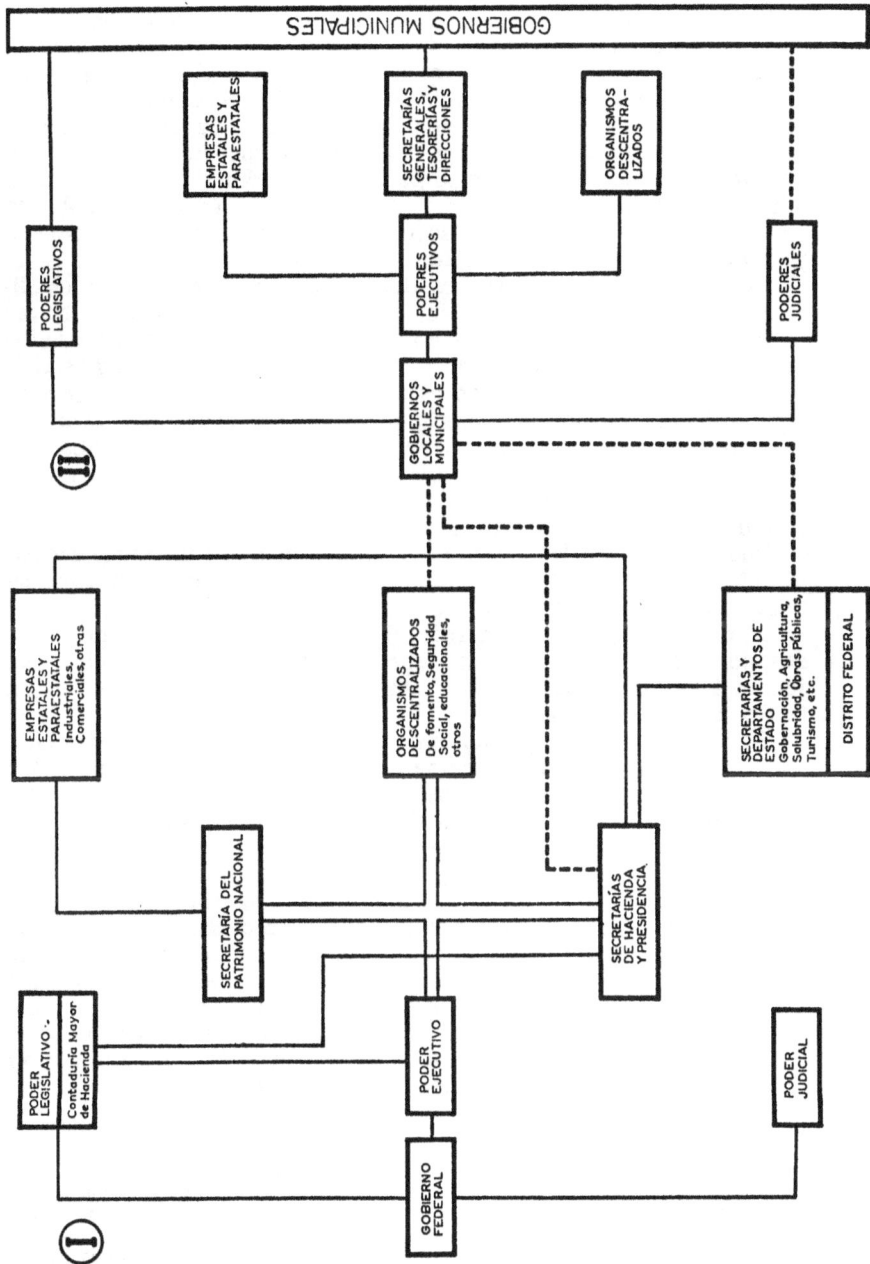

GOBIERNO FEDERAL

PODER LEGISLATIVO - Contaduría Mayor de Hacienda

PODER EJECUTIVO

PODER JUDICIAL

SECRETARÍA DEL PATRIMONIO NACIONAL

SECRETARÍAS DE HACIENDA Y PRESIDENCIA

EMPRESAS ESTATALES Y PARAESTATALES Industriales, Comerciales, otras

ORGANISMOS DESCENTRALIZADOS De fomento, Seguridad Social, educacionales, otros

SECRETARÍAS Y DEPARTAMENTOS DE ESTADO Gobernación, Agricultura, Salubridad, Obras Públicas, Turismo, etc.

DISTRITO FEDERAL

(I)

(II)

GOBIERNOS LOCALES Y MUNICIPALES

PODERES LEGISLATIVOS

PODERES EJECUTIVOS

PODERES JUDICIALES

EMPRESAS ESTATALES Y PARAESTATALES

SECRETARÍAS GENERALES, TESORERÍAS Y DIRECCIONES

ORGANISMOS DESCENTRA- LIZADOS

GOBIERNOS MUNICIPALES

GRÁFICA 1

atribuciones que deben tener los organismos de planeación y de control y supervisión, dentro de un verdadero plan de desarrollo. En efecto, por lo que se refiere a la planeación del gasto público únicamente existe en los gastos de inversión, pero no en los gastos corrientes. Y por lo que hace al control y vigilancia externos, tanto la Contaduría Mayor de Hacienda como la Secretaría del Patrimonio Nacional no han logrado, por diversas causas, cumplir adecuada y eficazmente dichas funciones.[1] El único control que hay en las dependencias del sector público es contable e interno, y de él se hablará más adelante.

Las secretarías y departamentos de Estado tienen vínculos directos con las secretarías de Hacienda y de la Presidencia, a través de los presupuestos de gastos corrientes y de inversión elaborados por éstas y ejecutados por aquéllas; también los organismos descentralizados y las empresas estatales están en estrecha relación con la Secretaría de Hacienda, por los presupuestos que ésta elabora, en algunos casos, y por las aportaciones de capital y subsidios que se conceden a otros organismos y empresas; sin embargo, en la actualidad todavía no se encarga la Secretaría de Hacienda de la elaboración de todos los presupuestos.

Los vínculos de la Secretaría de Hacienda son un tanto menos directos con el poder judicial y el legislativo y se reducen a la elaboración de los presupuestos de ambos poderes.

El envío del presupuesto federal de egresos y de la ley de ingresos de la federación, para su aprobación, se hace a nombre del jefe del ejecutivo, aun cuando ambos documentos se elaboran en la Secretaría de Hacienda.

El subsector 02, gobiernos estatales y municipales, se presenta en la parte inferior del esquema con las relaciones que hay entre sus diversos integrantes. Cabe hacer la aclaración que en este subsector los organismos descentralizados y empresas estatales tienen una importancia muy pequeña, pues solamente algunos Estados los han creado, pero no la totalidad de ellos.

Los vínculos con el gobierno federal se muestran en líneas punteadas y son principalmente con la Secretaría de Hacienda a través de subsidios y entrega de participaciones en impuestos federales, de algunas secretarías de Estado con las cuales hay servicios coordinados u obras públicas en cooperación y con algunos organismos descentralizados, como son los bancos nacionales que conceden créditos a los estados, ya sea para impulsar la producción agrícola, para obras municipales o de otra índole.

---

[1] En fecha reciente se dio la noticia de que la Secretaría del Patrimonio Nacional ejercería realmente, a partir de 1965, las funciones de control y vigilancia de los organismos e instituciones descentralizados, coordinando sus actividades con las secretarías de Hacienda y de la Presidencia, "funciones que se habían realizado muy relativamente o no se habían efectuado hasta la fecha".

II. EL CONTROL CONTABLE INTERNO ACTUAL

A. *El control contable de las operaciones del gobierno federal y del Departamento del Distrito Federal. La Dirección de Egresos y la Contaduría de la Federación*

En la actualidad existe un control interno exclusivamente contable de las operaciones del gobierno federal y del Departamento del Distrito Federal. Por lo que respecta al primero, una vez aprobado su presupuesto por la Cámara de Diputados y publicado en el *Diario Oficial de la Federación*, se controla su ejercicio por medio de una tarjeta cuenta, por duplicado, de cada partida y un calendario de pagos. Cada poder y cada secretaría y departamento de Estado, dispone de sus asignaciones mediante la expedición de documentos legales como son las constancias de nombramiento, las órdenes de pago, los avisos de pago, etcétera. Las constancias de nombramiento justifican la designación del personal y las órdenes de pago el ejercicio del presupuesto. Hay dos clases de órdenes de pago.

Las órdenes "A" se usan cuando hay que pagar a un acreedor, sumas cuyo pago está determinado y devengado de antemano. Las órdenes "B" se usan para efectuar pagos por gastos periódicos, cuando no se conoce el nombre del acreedor o la cantidad exacta por devengar, o cuando se trata de anticipos para adquisiciones o construcciones o de gastos sujetos a rendición de cuentas a la Contaduría de la Federación. Los avisos de pago se usan para justificar las erogaciones con cargo al presupuesto, sin que exista orden de pago previa y siempre y cuando se refieran a conceptos previamente determinados.

De todo el movimiento anterior, que se registra en las tarjetas cuenta, se envía en duplicado a los ramos para su confronta u observaciones. Todos los documentos que se reciben para ejercer el presupuesto se revisan previamente para comprobar que se apegan a las prescripciones legales y posteriormente, cuando se ha efectuado el desembolso, quedan sujetos a la glosa que efectúa la Contaduría de la Federación.

Cada partida está sujeta a un calendario de pagos; sumados éstos se forma el calendario de pagos de cada ramo, que junto con los de los otros ramos forman el calendario de pagos total del presupuesto de egresos de la federación.

Todo el movimiento presupuestal es manejado en cuentas por la Contaduría de la Federación. Primero registrando propiamente en "Cuentas presupuestales" el ejercicio del presupuesto y después transformando todas las erogaciones hechas con cargo al presupuesto, en cuentas de activo, pasivo y de resultados de la hacienda pública.

Como consecuencia de este movimiento, la Contaduría formula la cuenta pública que se somete a la consideración de la Cámara de Diputados para su revisión a cargo de la Contaduría Mayor de

Hacienda. En la práctica esta dependencia no hace sino revisar las mismas cuentas que ya han sido anteriormente glosadas por la Contaduría de la Federación. En tal virtud, el control de las operaciones del gobierno federal se reduce a ser un control interno y estrictamente contable.

Las operaciones del Departamento del Distrito Federal experimentan un control semejante a las del gobierno federal, primero por un registro exacto y detallado de las operaciones de ingresos y egresos a cargo de la Tesorería del Distrito y, posteriormente, por una glosa y la elaboración de la cuenta pública a cargo de la Contaduría de la Federación.

En resumen, tanto las operaciones del gobierno federal como las del Departamento del Distrito Federal, están sujetas únicamente a un control contable interno.

B. *Los controles internos de los organismos y empresas estatales*

Por lo que se refiere a los organismos descentralizados y empresas estatales y de participación estatal, se puede afirmar que también sus operaciones están sujetas en forma aislada e individual a un control contable interno, con variaciones en los procedimientos, grado de exactitud y accesibilidad por parte del público y aun de los poderes legislativo y ejecutivo. Algunos organismos y empresas publican sus balances y otros estados financieros, en tanto que otros no lo hacen. Y aún más, hay organismos y empresas que proporcionan toda clase de información financiera a las dependencias del ejecutivo, o retrasan su entrega por tiempo indefinido.

C. *El presupuesto global consolidado del sector público y la presentación del presupuesto federal en 1965*

Un paso previo al control del sector público es necesariamente la consolidación de su presupuesto global; es decir, consolidar con los presupuestos gubernamentales, los presupuestos de los organismos descentralizados y de las empresas estatales. Sin embargo, y de acuerdo con la separación en subsectores, que se hizo en el esquema de clasificación institucional, uno correspondiente al gobierno federal con sus organismos y empresas y otro a los gobiernos locales y municipales también con los organismos y empresas que dependen de ellos, la consolidación debe hacerse en forma separada para los dos subsectores.

En efecto, por respeto a la autonomía de las entidades federativas no se les puede obligar a consolidar sus presupuestos con los del sector público federal. Por tal motivo, un primer paso para obtener el presupuesto global consolidado del sector público en México debe consistir en la consolidación del sector público federal. Para lograrlo se deben presentar en el presupuesto cifras de la previsión de egresos de las dependencias del ejecutivo y de los poderes judicial y legislativo y las proyecciones anuales de gasto para los organismos descentralizados y empresas estatales. Ahora bien, hay opiniones en el sentido de que el tratamiento presupuestal puede ser diferente para las empresas estatales y de participación estatal; al respecto se dice que o bien deben considerarse únicamente sus resultados probables de operación o, en su defecto, únicamente consolidar los presupuestos para gastos de inversión con los presupuestos de gastos totales de las dependencias directas del gobierno federal y de los organismos descentralizados.

En el presupuesto de egresos de la federación para 1965 se ha agregado por primera vez el ramo XXV, que corresponde a erogaciones adicionales de organismos descentralizados y empresas propiedad del gobierno federal. Dicho ramo contiene los presupuestos de veinte empresas y organismos claramente identificados y los de otros organismos y empresas de menor importancia que se han agrupado sin determinarse su número ni denominación.

El presupuesto de estos organismos y empresas comprende gastos corrientes y de inversión, si bien estos últimos estimados en forma muy conservadora; no obstante, el monto de este ramo es superior al de las dependencias directas del gobierno federal.

Es obvio que la inclusión del ramo XXV en el presupuesto es un adelanto en la presentación del presupuesto global consolidado del sector público federal, pero aún puede mejorarse al incluirse otros organismos y empresas y al establecerse criterios para la consolidación de sus presupuestos.

III. EL CONTROL DE EFICIENCIA DE LAS OPERACIONES DEL SECTOR PÚBLICO FEDERAL

A. Significado, objetivos y etapas del control

Si al lograrse la consolidación del presupuesto del sector público federal continúa la aplicación de un control interno y puramente contable en todos los organismos y empresas, ello significaría que no habrá un control de eficiencia o sea una evaluación de los resultados de las operaciones del sector público federal.

Este tipo de control tiene una gran significación dado que sus objetivos pueden ser muy amplios y muy importantes dentro de un plan de desarrollo.

El control de eficiencia puede y debe ser externo y *a posteriori*. Es decir, realizado por un organismo independiente y una vez que se ha dado libertad y autonomía a las empresas en el manejo y en la administración.

Las labores de control y vigilancia, en estas condiciones, deben perseguir fundamentalmente el triple objetivo que ya ha sido señalado en alguna ocasión: en primer lugar que cumplan debidamente las tareas que se les hayan asignado dentro del plan nacional de desarrollo; en segundo término, que operen eficientemente; es decir, con el máximo aprovechamiento de los recursos; y, en tercero, que actúen coordinadamente con el resto de las entidades del sector público.

Para lograr lo anterior es indispensable contar con instrumentos adecuados de control y de evaluación de los resultados, ya que deben existir vínculos entre planes, presupuestos, contabilidad y control de las operaciones del sector público.

B. *Instrumentos de control y de evaluación de resultados: los presupuestos por programas y la contabilidad de costos*

La adopción de presupuestos por programas, subprogramas, proyectos y actividades, así como la implantación de la contabilidad de costos en los estados financieros y contables del sector público, se considera un requisito indispensable para lograr la coordinación, control y evaluación de los planes de desarrollo económico. En efecto, para poder evaluar la acción gubernativa, así como para poder informar a las autoridades ejecutivas y legislativas y ejercer un control sobre las actividades de las diversas dependencias que integran el sector público, es indispensable no solamente llevar el registro de los gastos globales, sino también conocer el costo de los programas generales y en algunos casos de los subprogramas, actividades y proyectos que les han sido asignados a los organismos públicos.

En tal virtud, para conocer el resultado de los planes de desarrollo, es necesario que los presupuestos de los organismos públicos adopten la forma de presupuestos programados. Esta clasificación tiene por finalidad permitir la identificación del conjunto de resultados a obtener dentro de cada sector de actividad del gobierno, clasificados por separado. Para conocer los resultados a producir en la gestión gubernativa, es necesario agruparlos según programas, subprogramas, actividades y proyectos.[2] Estos programas son definidos en función de la estructura administrativa de los órganos gubernamentales, y de sus atribuciones o fines.

La clasificación por programas permite crear orgánicamente las "unidades presupuestarias" a las cuales se asignarán los recursos correspondientes, en función de las cosas que el gobierno hará. Los programas, subprogramas, actividades y proyectos pasan así a ser una unidad de control y contabilidad del gasto público. Es decir, que además de traducir los objetivos que el gobierno persigue, esta clasificación permite la cuantificación de las metas programadas y de los costos correspondientes. Para obtener éstos, es indispensable una predeterminación de los costos de los dife-

---

[2] Se les llama actividades a las etapas más concretas de un programa de operación, y proyectos a las etapas más concretas de un programa de inversión.

rentes programas y, en su caso, de los subprogramas, proyectos y actividades.

Es útil destacar, asimismo, la importancia de la clasificación por programas como pauta para fijar la estructura de los planes de corto y mediano plazo del·sector público. En consecuencia, esta clasificación sirve no sólo para fijar el plan de trabajo anual sino también para identificar las metas a mediano plazo, establecidas en planes del sector público. En seguida, permiten identificar dentro de cada programa las operaciones concretas a realizar, las que se especifican como un conjunto de actividades y proyectos a efectuar. De este modo, se puede producir una sincronización entre las metas de mediano plazo y las metas anuales, y entre éstas y las operaciones concretas a realizar para cumplir lo programado.

El segundo paso debe ser la consolidación de todos los presupuestos de los organismos y dependencias del sector público, a fin de tener un cuadro general de los programas y actividades de dicho sector.

Una vez que se adopta la clasificación presupuestaria por programas, proyectos y actividades, y que se predeterminan los costos de ellos, al ejercerse el presupuesto por las distintas dependencias del sector público se comparan los costos predeterminados con los costos reales o históricos; si se encuentran diferencias entre ambos costos, se analizan las causas de esas diferencias, pudiéndose dar casos en que se justifiquen debido a aumentos en los precios, ampliación de los proyectos y actividades, etc.; pero pueden darse casos en que no haya causas que justifiquen dichas diferencias, atribuibles entonces a falta de eficiencia administrativa, desperdicio de recursos u otras razones que ameriten cambios y reformas administrativas o de otra índole.

También se puede lograr una integración de los sistemas de contabilidad presupuestaria anual con los sistemas de contabilidad patrimonial, a fin de controlar mejor los activos y pasivos del Estado y determinar el valor y la composición de las adiciones anuales a ellos, especialmente en el campo de las inversiones reales. En una reunión de técnicos en presupuesto y contabilidad celebrada recientemente en Santiago de Chile, la delegación colombiana presentó una ponencia relacionada con este punto.

En esta reunión se presentaron esquemas de diferentes clasificaciones presupuestarias, haciéndose hincapié en que dos por lo menos deben ser incorporadas en todos los niveles del proceso contable: la clasificación institucional y por objeto del gasto y la clasificación por programas y actividades. Al respecto, en México se tienen incorporadas fundamentalmente dos clasificaciones en los presupuestos del gobierno federal y del Distrito Federal: la administrativa y por objeto del gasto y la economía. En consecuencia, se considera necesaria la sustitución de la clasificación económica por la clasificación por programas y actividades, ya que estando bien estructuradas la clasificación administrativa y por objeto del gasto y la por programas y actividades, se llega fácilmente a la obtención de la funcional y de la económica, lográndose ello mediante una codificación marginal, que permita la agrupación de grupos económicos y funcionales por medios mecánicos. El siguiente paso, como ya se dijo, sería la aplicación de los presupuestos por programas a los organismos descentralizados y a las empresas estatales, adaptándolos a su naturaleza y funciones.

C. El control del financiamiento interno y externo

Dentro de un plan de desarrollo económico con objetivos precisos es indispensable controlar también el financiamiento del gasto público. A este respecto existe en México actualmente el conocimiento y la autorización, por parte de la Secretaría de la Presidencia, del financiamiento de los gastos de inversión del sector público federal. Se conocen y en cierta medida se controlan también, por parte de la Secretaría de Hacienda, los recursos propiamente fiscales o sean los que obtiene la federación por concepto de impuestos, derechos, productos y aprovechamientos, recursos que se utilizan para financiar no solamente los gastos corrientes y las inversiones directas del gobierno federal, sino también las inversiones indirectas, o sean las que se realizan por organismos descentralizados y empresas estatales, y también inversiones financieras.

Asimismo, se puede afirmar que en los empréstitos y financiamientos hay también un conocimiento y control por parte del ejecutivo, toda vez que en la ley de ingresos de la federación se establece que los organismos descentralizados y las empresas que sean propiedad del gobierno federal no podrán obtener créditos, cualquiera que sea la forma de su documentación, sin autorización de la Secretaría de Hacienda y Crédito Público, y este requisito será necesario para la validez de dichas obligaciones.

Los renglones anteriores constituyen una alta proporción del financiamiento total del gasto público federal. Quedan, sin embargo, fuera del conocimiento y control los recursos que obtienen los organismos y empresas del Estado por otros conceptos, como son los ingresos propios que por ley tienen algunos organismos descentralizados, como el Instituto Mexicano del Seguro Social, y los que obtienen las empresas que prestan y venden bienes y servicios.

En la ley de ingresos de 1965 se incluye una estimación de los ingresos de 20 empresas y organismos del Estado. Indudablemente que éste es un paso importante para lograr el control de los ingresos totales del sector público federal. Pero, como en el caso del presupuesto consolidado del sector público, puede hacerse la observación de que faltan por incluir algunos organismos y empresas importantes y de que quedan fuera del conocimiento y control los recursos financieros del sector de entidades federativas y municipales.

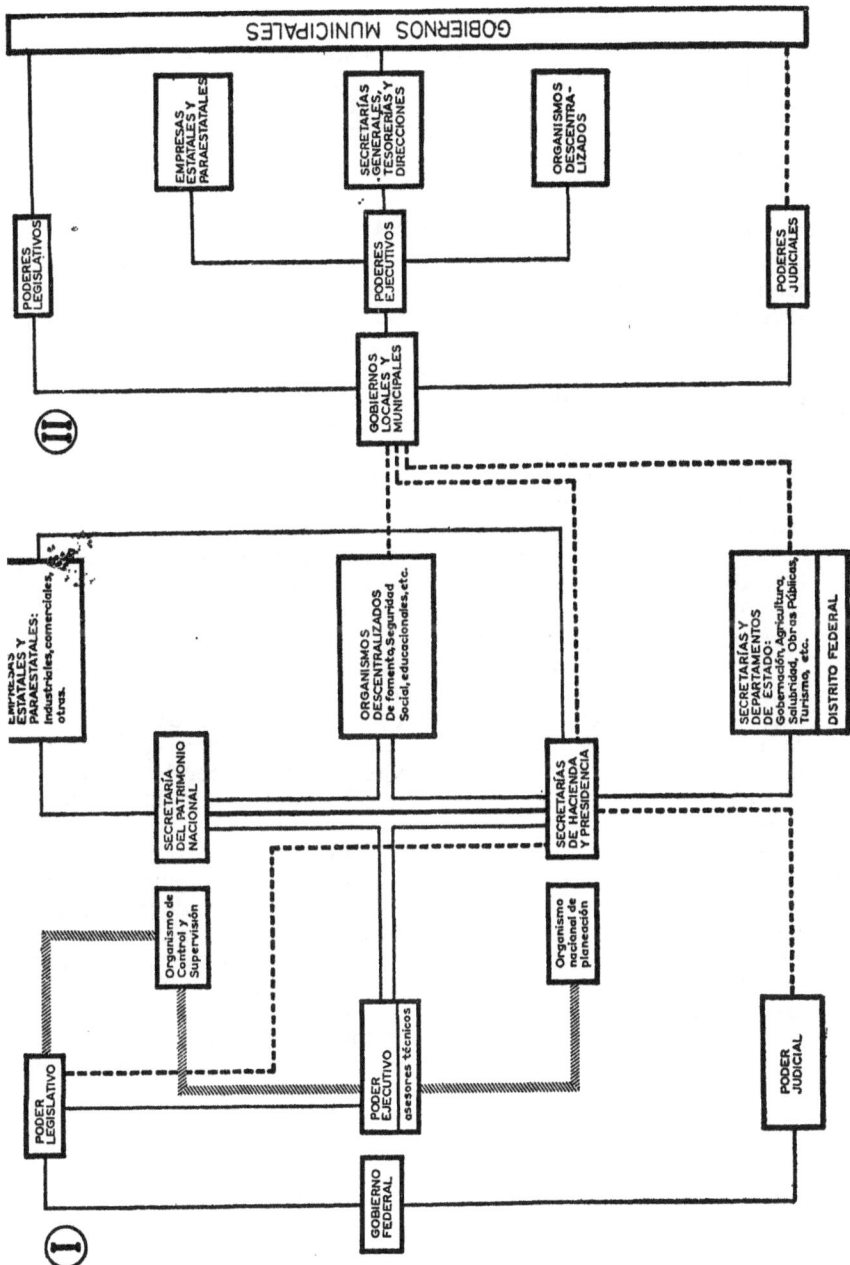

GRÁFICA 2

Es obvio que, por las mismas razones que se adujeron al hablar sobre la consolidación del presupuesto del sector público total, por ley no se puede obligar a las entidades y municipios a someter a un control central sus recursos financieros. En consecuencia, la primera etapa del control del financiamiento debe referirse al sector público federal.

IV. ORGANISMOS ENCARGADOS DE LA REALIZACIÓN DE LOS CONTROLES

De acuerdo con lo que se ha dicho anteriormente, para la consecución y buen funcionamiento de un plan de desarrollo deben existir tres tipos de control en el sector público: el interno y de tipo contable en cada uno de los organismos; el de eficiencia de las operaciones de cada organismo en particular y del conjunto de ellos; y el del financiamiento interno y externo.

Para la realización de estos controles se considera que, por lo que respecta al primero, puede seguirse operando en la forma actual, con las salvedades que implicaría la adopción del control de eficiencia de las operaciones que es desde luego el más importante dentro del plan de desarrollo.

Para lograr este segundo control se cree conveniente la creación de tres organismos que no existen en la actualidad en el sector público federal. En el proyecto de esquema se incluyen estos organismos (véase la página anterior).

Los organismos que se proponen son: un cuerpo de asesores técnicos que dependa directamente del Presidente de la República, un organismo nacional de planeación dependiente también del jefe del poder ejecutivo y un organismo de control y supervisión que podría llenar dos funciones: controlar y supervisar por parte del ejecutivo la realización del plan e informar y dar cuenta al poder legislativo de la acción gubernativa.

Estos organismos encajan perfectamente en el esquema institucional que se presenta al principio, dentro de los organismos directamente vinculados (subsector 01, clase organismo de entidades 3) y en este segundo figuran señalados con líneas dobles, dependiendo directamente del poder ejecutivo el grupo de asesores técnicos y el organismo nacional de planeación y con relaciones también con el poder legislativo el organismo de control y supervisión.

Las funciones del organismo nacional de planeación son objeto de un tema ajeno al presente; aquí, por lo tanto, se trata de apuntar las funciones que tendría a su cargo el organismo de control y supervisión, sin dejar de considerar las ligas y relaciones con el organismo nacional de planeación y el grupo de asesores técnicos.

Con el cuadro institucional de que se dispone y con el control interno de tipo contable existente, así como con el control de eficiencia de las operaciones que se propone, con base de la adopción de presupuestos por programas y de la adaptación de la contabilidad de costos en todas las entidades del sector público, se considera que el organismo de control y supervisión puede realmente desempeñar con eficiencia sus atribuciones.

En el esquema se continúa destacando a las secretarías de Hacienda, de la Presidencia y del Patrimonio Nacional, por considerar que sus funciones actuales constituirían un auxiliar fundamental para la labor de supervisión y control a cargo del organismo dependiente en forma directa del jefe del ejecutivo. No se establecen relaciones directas entre dichas secretarías y los organismos de planeación y de control y supervisión, pero sí con el poder ejecutivo y el grupo de asesores técnicos, los cuales recibirían la información y demás elementos para proporcionarlos a los organismos mencionados. Al respecto se opina que éstos deben ser completamente independientes de todas las secretarías y organismos estatales y el único contacto debe ser con el jefe del ejecutivo y su grupo de asesores.

Al organismo de control se le relaciona con el poder legislativo debido a que por ley es éste el que debe realizar una contraloría de las operaciones del gobierno. En tal virtud el organismo de control y supervisión contribuiría a lograr dos objetivos: el de vigilancia y supervisión del plan de desarrollo por cuenta del ejecutivo y el de contralor legal por parte del poder legislativo.

Para fortalecer los vínculos entre planes, presupuestos, contabilidad y control se puede acudir a la creación de comités consultivos, integrados por representantes de las oficinas de presupuestos y de contabilidad de los organismos, a fin de permitir una comunicación estrecha y la integración de metodologías, clasificaciones y sistemas comunes de trabajo.

En el esquema se presenta también el subsector de gobiernos locales y municipales, del cual se dijo que legalmente no es posible incorporarlo al plan ni someter a un control y supervisión sus operaciones. Sin embargo, se cree que por otros medios podría incorporársele también al plan y por lo tanto controlar en alguna forma sus operaciones, de tal manera que se coordinaran con las del subsector público federal, e integrar así un plan nacional de desarrollo económico.

Una vez logrado lo anterior se tendría la consolidación del presupuesto total del sector público y del financiamiento interno y externo por parte del organismo de planeación, y el control total de sus operaciones por parte del organismo de control y supervisión.

TERCERA PARTE

La planeación global, sectorial y regional

1

El proceso de planeación y el equilibrio económico

VÍCTOR MANUEL NAVARRETE ROMERO

I. EL DESEQUILIBRIO EN EL DESARROLLO ECONÓMICO DE MÉXICO

Mucho se ha hablado de que el país ha podido crecer a una tasa de 3 % anual en su ingreso *per capita*, por cerca de un cuarto de siglo, sin sistema de planeación. Hace una semana se anunció que la producción creció 10 % en 1964, lo que implica un aumento de 7 % en el ingreso *per capita*. Si existe además relativa estabilidad interna y externa ¿por qué preocuparnos por planear?

En primer lugar, en una economía joven, en desarrollo, donde se han realizado cambios estructurales, sociales y económicos, se crean estímulos al crecimiento en forma casi automática y natural. En segundo lugar, en México ha habido algunos elementos de planeación informal o real, en contraposición de lo que podría llamarse planeación "formal".

En efecto, la Revolución mexicana realizó transformaciones importantes y rompió las estructuras feudales que ataban al país.

1. Se atacó el problema agrario en su aspecto de distribución, creándose un mercado interno que alentó la industria.

2. Se creó un sistema bancario nacional que permitió la movilización de recursos para financiar los programas de inversión.

3. Se inició un programa de obras públicas tendientes a comunicar al país, a dotar de agua al agro mexicano y a proporcionar energía al equipo productivo.

4. Se dio un vigoroso impulso a la educación.

Todos estos elementos fueron producto de una acción consciente para lograr un crecimiento acelerado. Cabe decir, además, que en México se realiza cierta planeación sectorial. Las industrias eléctrica, automotriz y siderúrgica, así como la irrigación, han estado sujetas a planes sectoriales. Las finanzas también se han sujetado en los últimos años a cierta programación y han tenido metas específicas que se han alcanzado satisfactoriamente. Además —y esto es muy importante— el país ha contado con funcionarios públicos y privados con amplia visión y un gran sentido común. En resumen, el desarrollo inicial de México se ha caracterizado por un pragmatismo exitoso. Pero detrás de este panorama positivo existe toda una serie de deformaciones que han creado serios problemas y obstáculos al futuro desarrollo del país. Muchos de estos problemas pudieron ser evitados si se hubiera contado con un programa de desarrollo que hubiese permitido, por lo menos, preverlos. Algunos ejemplos:

1. Desde hace algunas décadas se habla de que el problema número uno de México es el del campo; sin embargo, la inversión en la actividad agropecuaria, que a principios de la década de los cincuentas representó el 20 % de la inversión total, para los primeros años de la década de los sesentas bajó a representar sólo el 10 %. ¿No indica esto, obviamente, que una cosa son las declaraciones y la intención de resolver el problema del campo y otra distinta convertir esos deseos en acción concreta y específica? La productividad agrícola, que en el período 1940-50 creció a un ritmo de 4.1 % anual, disminuyó en 1950-60 a sólo 2.4 % como consecuencia de la falta de capitalización en el campo. Para redondear el círculo diremos que la pobreza en el campo es resultado de una baja productividad y que ésta es consecuencia de una inversión insuficiente. Seguramente la insuficiencia no es producto de una intención deliberada de mantener estancada la economía rural, sino más bien es resultado de la falta de planes concretos que señalen en qué y cómo invertir en el campo.

Indudablemente en los últimos años ha aumentado la inversión pública en riego, pero falta un programa de igual importancia para los servicios de extensión agrícola, crédito y organización.

2. Una segunda e importante deformación muy ligada a la anterior es la defectuosa distribución del ingreso. En relación con ella me voy a permitir reproducir las conclusiones del libro *La distribución del ingreso y el desarrollo económico de México* de Ifigenia M. de Navarrete:

La evidencia estadística disponible indica que de 1950 a 1957 mejoró ligeramente la estructura económica de la población constituida por una abundante clase pobre, una reducida clase media y una creciente y pujante clase acomodada; esta última disfrutaba del 57 % del ingreso personal.

Los cambios observados en estos tres grupos, fueron:

Disminución del 70 al 65 % en la proporción de familias que perciben un ingreso por debajo del medio (que fue de 536 pesos en 1950 y de 1 024 pesos en 1957); pero hubo un deterioro absoluto en el 20 % de las familias que componen la escala más baja de ingresos y un deterioro relativo en el siguiente 30 % de las familias.

Si bien el ingreso por trabajador en términos reales aumentó 47 % de 1940 a 1950, este incremento se repartió en forma muy desigual. El grupo más favorecido fue el de los "empresarios" —incluyendo trabajadores independientes— que aumentaron su número en un 44 % y su ingreso medio en un 70 %, mientras el total de asalariados aumentó su número en un 25 % y su ingreso medio en sólo 13 %. Los asalariados agrícolas disminuyeron su número en 25 % y su ingreso *per capita* descendió 10 %; los asalariados no agrícolas aumentaron su número en 108 %, pero su ingreso medio disminuyó en 6 %. Por tanto, es de suponer que hubo una reducción en el nivel de vida de aquellos que permanecieron en la misma categoría ocupacional y que no pudieron contrarrestar la disminución en su salario real con un aumento en sus horas trabajadas.

Como consecuencia de lo anterior, de 1940 a 1950, aumentó la disparidad entre el ingreso medio del empresario y el del asalariado, de 1.5 a 4.3 en el sector agrícola, y de 2.6 a 3.5 en el no agrícola.

Es decir, en conclusión, ha habido un empeoramiento de los pobres y un mejoramiento de los ricos. Lo grave es que esta situación puede implicar en un futuro cercano un serio obstáculo a la expansión del desarrollo económico. No cabe duda que cuanto más altos índices tenemos de crecimiento del ingreso total, más resulta injusta la pobreza de nuestros grupos mayoritarios.

3. Por otra parte, la desigualdad geográfica en el desarrollo ha sido impresionante, más del 55 % de la producción industrial se concentra en el Distrito Federal y sus alrededores, mientras el sureste del país tiene una de las economías más atrasadas del mundo.

La distribución del ingreso por zonas geográficas es muy desigual. El Distrito Federal y la zona Pacífico Norte, con el 20 % de la población, tienen un ingreso medio familiar 1.8 veces mayor que el promedio en la república; las zonas Norte y Golfo de México que agrupan al 31 % de la población, poseen un ingreso igual al medio; mientras que las zonas Centro y Pacífico Sur, que contienen al 48 % de la población, registran un ingreso equivalente a $2/_3$ del promedio. El escaso desarrollo de estas dos últimas regiones deprime el nivel total de ingresos y retarda la integración económica del país y su desarrollo.

4. Finalmente, la protección arancelaria a industrias ineficientes ha encarecido los productos y ha afectado la economía del consumidor. La inadecuada localización de muchas industrias es fuente también de altos costos, e impide que México tenga una posición competitiva en los mercados mundiales. La concentración excesiva del comercio exterior en determinadas áreas y en determinados productos ha hecho muy vulnerable nuestra economía externa y, aunque la situación ha mejorado recientemente, a pesar de que hay elementos fuera del control nacional en este problema, una política consciente basada en planes concretos lo hubiera aliviado aún más.

No quisiera seguir apuntando más deformaciones a riesgo de iniciar el trabajo en tono demasiado pesimista. Algún economista ducho podría alegar que tales deformaciones eran inevitables con o sin planeación.

Sin embargo, lo importante es que ha llegado el momento de corregirlas, so pena de frustrar las aspiraciones de nuestro movimiento revolucionario que tantos sacrificios implicó.

Aún más, en el futuro el país requerirá redoblar sus esfuerzos para poder continuar el desarrollo a un ritmo satisfactorio. A este efecto me permito dar las siguientes ideas.

Para poder crecer a una tasa media anual de 6.5 % —o sea 3.5 % de mejoramiento *per capita* en forma sostenida— se requerirá realizar entre 1965 y 1970 serios esfuerzos financieros y de inversión. Esta tasa de incremento nos permitirá absorber en forma más o menos adecuada el aumento de la fuerza de trabajo.

O sea que en 1970 se tendrán que emplear en la agricultura un millón de habitantes adicionales a los 6.7 millones ya empleados en 1960. En las industrias y los servicios tendrá que ofrecerse ocupación a 2.5 millones de trabajadores adicionales a los 5.9 millones empleados en 1963. Pero no sólo se trata de dar ocupación a la población creciente sino de mejorar sustancialmente su forma de vida. Con este fin se requiere que tanto la productividad agrícola como la del resto de la economía aumente a un ritmo sostenido.

Si logramos un 3.2 % de crecimiento de la productividad agrícola y un 1.4 % en los otros sectores, nuestra producción total de bienes y servicios crecerá al 6.4 % anual (en 1963 se logró crecer al 6.3 % con respecto a 1962 y en 1964 al 10 % sobre el año anterior).

De realizarse este esfuerzo, se pasaría de un producto anual por habitante de 4 935 pesos a uno de 6 135 pesos en 1970, es decir, se lograría un aumento total de 24 % a precios constantes.

La inversión anual necesaria para realizar esta meta tendría que pasar de 26 238 millones de pesos en 1963 a 50 614 en 1970. Es decir, tendría que crecer a una tasa anual de 10 %, lo que parece factible, ya que en 1963 y 1964 la inversión total creció más de 14 %. Sin embargo, se trata de un esfuerzo sostenido y creciente. Esto significa que si en 1963 el 13.7 % del producto social se dedicó a la inversión, para 1970 se tendrá que destinar el 17.1 %. La inversión pública deberá continuar jugando un papel estratégico como impulsor de un desarrollo para disfrute de la mayoría de la población.

Para manejar este fuerte volumen de recursos se requerirá un cuidadoso estudio de las prioridades de inversión, por tipo y por región, además de su calendario y control.

Los esfuerzos futuros implicarán el manejo cada vez más cuidadoso de los recursos naturales, humanos y de capital. Es decir, pienso que México requiere de inmediato una planeación global, sectorial y regional, consistente, realista y efectiva *para la justa distribución de los frutos de un progreso cada vez más acelerado.*

II. EL PROCESO DE PLANEACIÓN

El sistema económico puede presentarse como un todo armónico, interrelacionado, que genera un flujo de bienes y servicios y tiene como contrapartida una corriente de ingresos monetarios; ambos flujos deben equilibrarse.

Con John Maynard Keynes se pone en evidencia que el libre juego de las fuerzas del mercado no opera y que en cambio produce desequilibrios en la economía.

"La planeación pretende encontrar una respuesta que corrija lo que las fuerzas del mercado no pueden proporcionar por sí solas." Su función es, por lo tanto, la de ofrecer criterios que conduzcan a la óptima asignación de recursos, sugiriendo políticas económicas que eviten los desequilibrios económicos.

La técnica de planeación es neutral, no lleva implícito ningún elemento de tipo político, aunque la formulación de un plan, sobre todo en lo que a metas se refiere, exige la incorporación simultánea de decisiones políticas y de criterios técnicos.

La planeación no es un esfuerzo aislado, constituye un proceso continuo que va ajustando el plan a la realidad existente; de aquí que toda técnica de planeación deba cumplir con un requisito básico: la flexibilidad.

En forma esquemática puede decirse que el proceso de planeación comprende las siguientes etapas:

1. Organización administrativa para la planeación.

2. El diseño del plan nacional.

3. Elaboración de planes regionales congruentes.

4. Elaboración de políticas.

5. Ejecución del plan por los sectores público y privado.

6. Control, supervisión y ajuste del plan.

La esquematización anterior no es rigurosa y sus etapas no son necesariamente independientes, sino que se interinfluyen.

En el presente trabajo nos limitamos a tratar algunos aspectos del diseño del plan nacional y de los planes regionales en sus relaciones con el equilibrio económico.

1. *El diseño del plan*

Un plan económico puede ser de corto, mediano o largo plazo; puede referirse a toda la economía, a sectores específicos o a una región en particular.

La planeación global es compatible con la formulación de planes sectoriales o parciales; éstos, de hecho, la complementan, dándole una orientación hacia la acción práctica.

a) *Diagnóstico de la economía*

Al formular un plan de desarrollo es necesario que las metas que se planteen en el futuro estén basadas en el conocimiento de la situación existente y de sus tendencias, con el objeto de no tropezar con obstáculos que se han presentado en períodos anteriores; desde este punto de vista la primera etapa en la formulación o diseño de un plan es la elaboración de un diagnóstico. Sus aspectos principales pueden agruparse en el examen de la situación presente, el estudio de todos los elementos que han condicionado el crecimiento anterior y, por último, la elaboración de prognosis.

El análisis de las características del desarrollo pasado debe comprender: los cambios ocurridos en la distribución del ingreso, la influencia ejercida por el sector externo, la participación del sector público, problemas de balanza de pagos, ritmo de crecimiento del ingreso, diferencias regionales, desequilibrios observados por presiones inflacionarias y la evaluación sobre la política económica practicada.

A través de la prognosis se pretenden establecer los valores de ciertas variables cuyo comportamiento está determinado por sucesos pasados. El diagnóstico pretende, por tanto, dar una visión de la situación actual y de sus tendencias, tratando al mismo tiempo de precisar los obstáculos para un crecimiento más acelerado. Generalmente conviene complementar el diagnóstico global con diagnósticos regionales y sectoriales.

b) *Formulación de objetivos*

Una segunda etapa en la elaboración del plan consiste en definir, en forma preliminar, los objetivos y metas que, por su alcance, son las decisiones más importantes.

En la formulación del plan es necesario distinguir los objetivos que son la expresión cualitativa de ciertos propósitos y las metas, que son su expresión cuantitativa. Los objetivos más usuales son: reducción del desempleo, desarrollo regional, redistribución del ingreso, mejores niveles de vida, disminución de la vulnerabilidad o dependencia económica del exterior e integración económica interregional. Las metas más usuales son: lograr un ritmo de crecimiento del ingreso *per capita*; alcanzar un saldo de la balanza de pagos de cierto monto; elevar el consumo *per capita* en cierta proporción, etcétera.

En México, el diseño de los planes futuros debería considerar explícitamente como meta no sólo el crecimiento acelerado del ingreso *per capita* sino también su redistribución.

El problema básico de una economía, que ha logrado un cierto grado de desarrollo autosostenido como México, es distribuir su producto social entre las grandes capas de la población, en tal forma que éstas alcancen un nivel de vida mejor, aprovechen las oportunidades abiertas por las transformaciones sociales y políticas del país y se integren al proceso productivo con estímulos reales y tangibles que aumenten su productividad, permitiendo al mismo tiempo la expansión y fortalecimiento del mercado, para mantener crecientes niveles de inversión, empleo y producción.

Al incluir en forma explícita el objetivo sobre distribución del ingreso se afectará fundamentalmente la estructura de la inversión entre los sectores agrícola, industrial y de servicios. El mayor crecimiento de la productividad agrícola implícita es una redistribución del ingreso que afectará fundamentalmente el patrón de inversión pública y privada, así como las políticas relativas. Obviamente, cualquier política que signifique aumentar el empleo entre la población en edad de trabajar significaría una redistribución favorable del ingreso, por lo que será necesario revisar con cuidado las inversiones por sectores, a fin de determinar con mayor precisión las oportunidades de empleo que ofrece el plan, equilibrando los campos de actividad que se caracterizan por un uso intensivo del capital con aquellos que significan un uso mayor de mano de obra. Las políticas de precios y salarios serán afectadas también por nuestra meta concreta, así como la estructura impositiva y de gastos públicos.

Por otra parte la necesidad de ahorro tanto interno como externo, en particular la expansión del mercado de valores, requerirá una relativa estabilidad de precios. La preservación del capital interno y la entrada de capital del exterior se verán beneficiados por una estabilidad externa, para evitar la fuga de los primeros y estimular la entrada de los segundos, siempre y cuando no se llegue al extremo de querer conservar un tipo de cambio que frene el crecimiento del país.

En este punto cabe aclarar que el tipo de cambio es un instrumento y no debe ser finalidad última de un programa de desarrollo. Cabe recordar asimismo la existencia de otros instrumentos de control en relación con nuestras cuentas exteriores, como lo es el control de cambios, el control relativo de importaciones, etc. Por otra parte, los efectos negativos en la distribución del ingreso que pudiera tener una devaluación pueden ser compensados con adecuadas medidas fiscales. En el caso particular del país, es conveniente desarrollar el plan conforme a metas de crecimiento, ajustando los instrumentos económicos a fin de lograr un crecimiento rápido y mejor distribuido dentro de esfuerzos serios por lograr la estabilidad externa, pero sin que éste llegue a constituir un freno al desarrollo, o nos lleve a un endeudamiento peligroso con el exterior.

c) *Proyectos globales y sectoriales*

La tercera etapa del proceso de planeación consiste en la determinación de las necesidades de expansión global y sectorial; ésta permite anticipar la dirección y el grado de los cambios que van implícitos en el desarrollo; precisamente la posibilidad de anticipar estos cambios permite evaluar el realismo de los objetivos y metas propuestos.

Los cambios se refieren no solamente a la estructura de la producción, tanto del punto de vista sectorial como regional, sino también a la importancia relativa y composición de las importaciones.

Las proyecciones globales se formularán con la ayuda de un modelo global muy simple que incluya las principales variables macroeconómicas, como son producto bruto y sus componentes: consumo público y privado, inversión bruta, exportaciones e importaciones. Este modelo contribuye a la definición de las metas generales del plan al ofrecer criterios para evaluar las consecuencias que pueden asociársele; así sucede, por ejemplo, con la expansión del consumo o las necesidades de aumento del ahorro interno.

Por otro lado, los resultados de un modelo global, al determinar la magnitud de las principales variables económicas, y otros detallados, traducen esas orientaciones generales en metas concretas por sectores o actividades económicas.

De esta manera es posible determinar los niveles de producción sectorial en la economía y la inversión necesaria, así como los requerimientos para lograr un balance en la oferta y demanda de recursos reales.

2. Determinación de la demanda global y establecimiento de metas de producción

Se mencionó que los objetivos del plan se expresan cualitativamente y que su materialización en forma cuantitativa se señala estableciendo metas generales cuya proyección se realiza con un modelo global simple. Dada la interrelación que existe en la economía una vez establecidas las metas principales las otras serán derivadas de ellas.

a) La demanda global

A fin de determinar las características del crecimiento del producto nacional, será necesario una proyección de la población económicamente activa. Tal tarea implica hacer supuestos acerca de las tendencias en la fecundidad, la mortalidad, la esperanza de vida, a fin de determinar el movimiento natural global de la población. En México, con el fin de obtener la composición por edades de la población, se han usado procedimientos como el de traslación de grupos de edades partiendo de determinado año base, durante el lapso que abarque el período de planeación, calculando coeficientes de supervivencia de cada grupo de edades.

Una vez obtenida la composición por edades de la población, de preferencia dividida entre hombres y mujeres, se calculan los coeficientes de participación, o sea el porcentaje de participación que cada grupo de edades tiene en la población económicamente activa. Aquí son importantes los supuestos de la participación de menores en la fuerza de trabajo, la incorporación de la mujer a ésta, etcétera.

A defecto de coeficientes de participación por grupos de edades y sexos se pueden usar relaciones históricas entre la población económica potencial (grupo de edades entre 15 y 64 años) y la población realmente ocupada. Con base en esta relación histórica, se puede extrapolar ésta al futuro.

De la misma forma, con base en relaciones históricas, se puede dividir la población económicamente activa en agrícola y no agrícola.

A este grupo de datos lo podemos llamar la oferta de fuerza de trabajo.

El otro componente para calcular el producto nacional futuro es la producción por hombre ocupado. Aquí la congruencia de las metas con el resto del esquema de planeación es importante. Las desigualdades en productividad entre los grandes sectores productivos deben ser consideradas, y entre las metas específicas deberá observarse la disminución de estas disparidades. Estudios concienzudos sobre el crecimiento de la productividad de los sectores en el pasado podrían dar idea de las potencialidades de su posible crecimiento y la capacidad física y real de lograrlos. Coeficientes internacionales al efecto, manejados con cuidado, pueden ser también de utilidad.

Obtenidos los números absolutos y relativos de la fuerza de trabajo y la productividad, permitirán el cálculo del producto nacional, su velocidad y estructura sectorial (a este nivel, 2 o 3 sectores pueden ser convenientes, o sean el agropecuario, el industrial y el de servicios).

La lógica de la secuencia nos encamina a calcular la contrapartida de la producción, o sea, proyectar los componentes de la demanda final, formada por el consumo público y privado, la inversión y las exportaciones.

i) Consumo privado y público. A fin de obtener el nivel, velocidad y estructura del consumo para un año de meta de proyecciones pueden realizarse los siguientes cálculos:

Una vez determinada la distribución de las familias por grupos de ingreso en un año base de planeación, es conveniente estudiar la composición proporcional del consumo para cada grupo; para ello deberá utilizarse cualquier tipo de fuente estadística que permita conocer la estructura del consumo en cada nivel de ingresos. Una vez que se cuente con proyecciones del producto nacional es posible derivar una estimación del ingreso personal para el año meta; se puede introducir un supuesto sobre el cambio y la distribución del ingreso de acuerdo con la meta establecida en el plan. Y aplicar la composición proporcional del consumo para cada grupo a los niveles y distribución del ingreso establecidos en un año meta del plan, con lo cual se determinaría la composición del consumo en el año meta y en los años intermedios de acuerdo con los sectores productivos que habrán de producir los bienes y servicios.

Otro método más sencillo para el cálculo del consumo privado es el de aplicar elasticidades de ingreso en los diferentes grupos de bienes y servicios en su relación con el crecimiento del ingreso.

El consumo gubernamental constituido básicamente por gastos corrientes y de administración se puede proyectar provisionalmente extrapolando relaciones históricas entre el consumo gubernamental y el nivel del producto nacional.

ii) Proyección de la inversión. El modelo global de desarrollo proporciona una idea aproximada de las necesidades de inversión, pero su verdadero monto quedará definido en una etapa más avanzada del proceso de planeación mostrando los requerimientos de capital en cada uno de los sectores que integran el complejo económico de acuerdo con las tasas y módulos de crecimiento de cada uno de ellos.

A pesar de los defectos que tiene el uso de coeficientes de capital en el cálculo de las inversiones necesarias para lograr los incrementos en el ingreso, su cálculo histórico nos da ya una idea aproximada de la magnitud necesaria de inversión. El coeficiente de capital es indicador de las unidades de inversión necesarias para producir una unidad de producto social. Se puede usar un solo coeficiente global para toda la economía o coeficientes sectoriales.

En algunos casos pueden utilizarse relaciones de crecimiento en la productividad o inversión por hombre ocupado.

Es fácil formarse una idea de hasta qué punto el ahorro interno llega a cubrir las necesidades de inversión y, por tanto, si los niveles de consumo proyectados son factibles o no una vez que se han obtenido los datos de ingreso, consumo o inversión para el año meta.

En esta etapa es interesante considerar el ahorro exterior necesario, aunque no puede precisársele, pero si por ejemplo se observa que el ahorro interno sólo cubre el 50 % de la inversión necesaria esto será indicativo de que las metas de crecimiento del consumo han sido desproporcionadas.

iii) Proyección de exportación. El último componente de la demanda final queda constituido por la exportación del período, que por lo general es una de las variables en que se utiliza uno de los grados de libertad del modelo global. La demanda externa, representada por las exportaciones, depende de condiciones económicas ajenas a la economía nacional, aunque puede estar influida por las posibilidades de producción interna y la calidad de los productos que se elaboren. Debido a esto, se tienen pocas posibilidades de realizar proyecciones correctas a largo plazo, ya que el volumen futuro de ellas dependerá de la elasticidad de ingreso, de los precios internacionales, del avance y de la técnica y del ingreso futuro de los posibles países demandantes.

El modelo global, al igual que el modelo de insumo producto que trataremos más adelante, requiere para su elaboración de aproximaciones sucesivas. Los valores asignados provisionalmente a las distintas variables, se pueden modificar posteriormente al ser valuadas las necesidades sectoriales de crecimiento; por ello es necesario que el modelo global esté ligado con el estudio detallado al nivel sectorial.

Las metas de producción no son variables independientes dentro del modelo que se formule en nuestro proceso de planeación. Son el resultado de: relaciones técnicas, interrelaciones económicas de los sectores y el nivel de demanda final previamente calculado, lográndose un balance de bienes y servicios que no permite crear embotellamientos dentro del proceso productivo.

En el punto relativo a la planeación sectorial se verá con más detalle cómo funciona el esquema.

III. EL EQUILIBRIO ECONÓMICO

Todo plan de desarrollo económico debe ser eficiente, coherente y factible; la coherencia de las metas debe conducirnos a establecer en el plan:

1. El balance de mano de obra.
2. El equilibrio externo.
3. El balance fisicosectorial de mercancías y servicios.
4. El equilibrio financiero inversión-ahorro.
5. El balance regional.

1. *Balance de mano de obra*

Para cumplir con las metas proyectadas dentro de un sistema coherente es particularmente importante cotejar dichas proyecciones con la disponibilidad y exigencia de ocupación de la fuerza de trabajo, o sea, es indispensable confrontar en la elaboración de proyecciones sus resultados con exigencias de provisión de un número suficiente de oportunidades y de empleo productivo.

Algunos índices básicos que permiten realizar una especie de balance de mano de obra se basan en el conocimiento de la estructura actual de la población por grupos de edades y su composición por sexos, los niveles presentes y las tendencias futuras probables de las tasas de natalidad y mortalidad, los cambios factibles en la relación entre la población activa y la población total.

Es importante tener en cuenta no solamente el crecimiento posterior de la fuerza de trabajo, sino también la necesidad de absorción progresiva de la desocupación existente, ya sea de desocupación abierta o desempleo disfrazado.

De todas maneras las proyecciones del crecimiento de la población activa y los objetivos que se formulen sobre absorción de niveles presentes de desempleo abierto y disfrazado nos permiten llegar a una cifra total de disponibilidad de mano de obra que debe confrontarse con las posibilidades y necesidades de empleo, resultado como ya se dijo de las proyecciones de expansión de los sectores económicos.

Es obvio que la compatibilidad se refiere a necesidades cuantitativas y también cualitativas de mano de obra.

Se considera que no existe un verdadero problema en el caso de la mano de obra no calificada ya que la única preocupación sería la de compatibilizar las proyecciones de crecimiento con las oportunidades de empleo.

En el caso de la mano de obra calificada es factible que se presenten serios problemas que conduzcan a estrangulamientos por no contar con mano de obra calificada suficiente a diferentes niveles.

Un balance respecto a la localización de las actividades económicas y la distribución regional de la mano de obra será útil en el terreno de la formulación o revisión de políticas de migraciones o de capacitación.

2. El equilibrio externo

Se mencionó anteriormente cómo podrían proyectarse las exportaciones, mas no se llegaron a precisar los elementos que deben tomarse en cuenta, los cuales serían:

i) El ingreso futuro de los principales compradores de nuestros productos.

ii) La elasticidad de ingreso y precio que tengan los productos que exportamos.

iii) Supuestos sobre la participación de nuestro país en esos mercados.

iv) Supuestos de un cambio en la estructura de nuestras exportaciones, principalmente la posibilidad de exportar productos industriales.

v) Efectos que sobre las exportaciones tengan esquemas de liberalización del comercio: caso de la ALALC.

Conocido el ritmo de nuestras exportaciones de mercancías por rubros principales convendría clasificarlas de acuerdo con el sector de origen que los producirá.

Las importaciones pueden calcularse a un nivel global y cotejarlas posteriormente sector por sector. Se pueden clasificar en importaciones de bienes de consumo, de productos intermedios y de bienes de capital.

Con el primer grupo se puede elaborar una función de importación, relacionándola con el ingreso disponible, el segundo con el producto industrial y el tercero con la inversión bruta. Es importante también la determinación del servicio del capital exterior así como el resto de las importaciones de servicios con el fin de completar las perspectivas del volumen futuro de la importación de bienes y servicios.

La suma total de importaciones calculadas de esa manera por

sectores no tiene por qué coincidir necesariamente con la partida global de importaciones previstas en el modelo global simple, sobre todo si se ha incorporado una sustitución de importaciones de bienes de consumo y bienes de capital. Con el propósito de guardar un equilibrio externo es posible que se realicen sustituciones de importaciones de bienes intermedios, para lo cual se tendría que examinar la posibilidad que tiene cada insumo importado en particular para ser reemplazado por otro nacional con el propósito de equilibrar la demanda de importaciones con la capacidad para importar dada por el modelo global.

Como no es posible encontrar exclusivamente en el campo de bienes intermedios todas las posibilidades de sustitución de importaciones, será necesario revisar las proyecciones de sustitución de bienes de consumo o aun la producción interna de bienes de capital y aun las exportaciones a fin de determinar si puede cumplirse la condición de equilibrio externo.

Con el propósito de lograr un equilibrio entre las necesidades de exportación y la capacidad para importar es necesario decidir una política de endeudamiento externo a seguir durante el período del plan.

No basta tener en cuenta el excedente de importaciones, sino que también es necesario anticipar la magnitud de compromisos de servicios y remesas que envuelve el financiamiento externo, para no provocar desequilibrios en las perspectivas del sector privado.

3. El balance fisicosectorial de mercancías y servicios

Se puede iniciar la planeación de un sector productivo calculando sus necesidades de producción e importación. Para la determinación de los valores brutos de producción por sectores podemos valernos de un cuadro insumo-producto —esquema que presenta la interrelación entre diversos sectores de la economía—, haciendo supuestos sobre las condiciones tecnológicas en que operan tales sectores.

Si disponemos de dicho cuadro, para un año base, podemos derivar de ahí una matriz de coeficientes técnicos indicadora de los requerimientos de insumos por unidad de producción en cada sector; proyectada la demanda final y sus componentes (para un año meta), como se mencionó anteriormente, es perfectamente factible obtener los niveles de producción de ese año posmultiplicando el vector de demanda final por la matriz de requisitos directos e indirectos (producción de cada sector para satisfacer una unidad de demanda final nacional).

Contando con los niveles de producción y utilizando la matriz de coeficientes técnicos será fácil determinar también el volumen de transacciones intersectoriales que representa el flujo de bienes y servicios que se requieren dentro del sector productor, y que establecerán las condiciones para el balance de mercancías y servicios.

Como este método supone la permanencia de las condiciones técnicas del año base en el de proyecciones, es posible anticipar nuevas tecnologías, e iniciar un laborioso trabajo que consiste en estimar el ritmo de sustitución de importaciones; se requerirá que distintos especialistas en los diferentes sectores o ramas de actividad estimen para el futuro qué parte de las ofertas de cada sector provendrán de la producción nacional y cuál de las importaciones. Se pueden utilizar series históricas de consumo aparente por ramas de actividad a fin de determinar el ritmo pasado de sustitución de importación por producción interna. Será el estudio detallado del sector lo que determinará si se pueden extrapolar las tendencias, o si existen factores que tienden a acelerar el ritmo, a mantenerlo o a eliminar la posibilidad futura de sustitución. Como en general el nivel de agregación de ese trabajo es todavía amplio —por ejemplo, industria química en general—, sería quizá necesario para estas elaboraciones desglosar el sector para analizarlo mejor.

Realizado este trabajo es posible, dados los nuevos coeficientes tecnológicos, volver a calcular, usando la matriz invertida, tanto los niveles de producción por sectores como el volumen de transacciones intermedias.

Mediante este procedimiento lo que estamos estableciendo de hecho es un balance físico sectorial de mercancías y servicios; en efecto, logramos que los niveles de producción e importación de cada rama satisfagan no sólo la demanda final proyectada, sino los requerimientos de otros sectores; tendremos, así, un conjunto de flujos de mercancías y servicios relacionados entre sí y que nos permiten eliminar cuellos de botella que pueden preverse, con lo cual estaremos seguros de que el equilibrio físico dentro de la economía se cumplirá.

En México se construyó un cuadro insumo-producto de 1950 para el Banco de México, con 32 sectores productivos.

Además de los sectores productivos se encuentra un sector de demanda final constituida por el consumo (privado y gubernamental), inversión (pública y privada), inventarios y la exportación. Por otra parte existe un sector que es el del valor agregado y de las importaciones. Este último se puede dividir por tipo de ingresos (sueldos, utilidades, impuestos) agregando la depreciación.

Los 32 sectores se colocan tanto horizontal como verticalmente, agregando al final de cada línea la demanda final, y al final de cada columna el valor agregado y las importaciones. La lectura horizontal del cuadro nos va diciendo para cada sector cuál es la estructura de ventas, es decir de su mercado. Por ejemplo, cuánto de la producción agrícola se vende a las diferentes industrias como materia prima, cuánto se consume directamente y cuánto se exporta. Todas las cifras se expresan en valores monetarios.

Verticalmente visto, el cuadro nos muestra la estructura de

costos de un sector. Para producir X cantidad de producto, cuánto necesita consumir de cada uno de los 31 sectores restantes, cuánto deberá pagar de salarios, impuestos, y cuánto deberá importar.

Lo más importante es que tendremos un conjunto de flujos de mercancías y servicios relacionados entre sí, y que nos permiten eliminar cuellos de botella previsibles. Sabremos que el balance o equilibrio físico de los flujos de bienes y servicios se cumplirá y no habrá cuellos de botella si cada rama de producción produce e importa las cantidades necesarias señaladas.

Sin embargo, el nivel de agregación todavía es muy amplio para que un plan pueda tener sentido práctico. El paso siguiente es la preparación de planes sectoriales por separado. Convendría destacar entre los principales sectores a estudiar en detalle los siguientes:

Agropecuario
Industrial
Infraestructura (electricidad, transportes en general, riego, etc.)
Vivienda
Salubridad
Educación, etc.

En cada sector de éstos ya se cuenta, a este nivel, con directrices generales que deben seguir para la consecución del plan general. Ahora, lo que se requiere es que en cada sector se detalle, cuando menos, los productos específicos más importantes en cada rama, o cuando menos los grupos de productos importantes. En el agrícola, por ejemplo, se verán el tipo de producción específica que habrá que impulsar, las nuevas tierras necesarias para ello, el uso de fertilizantes, la localización más adecuada, etcétera.

Llegamos al momento en que la planeación va tomando características de verdadera guía para tomar decisiones.

4. El equilibrio financiero inversión-ahorro

Es necesario lograr un equilibrio financiero entre el volumen de ahorro necesario y la inversión por sectores, para lo cual pueden elaborarse instrumentos de política fiscal, política de crédito, de precios y tarifas de organismos públicos y privados, o una política de valores, capaces de lograr un financiamiento del plan de acuerdo con condiciones de estabilidad interna y externa.

Para hacer una consideración profunda sobre la formación de capital y su financiamiento es indispensable hacer una proyección afinada de la balanza de pagos; para ello —se cuenta ya con información suficiente sobre exportaciones e importaciones de mercancías y servicios— será necesario elaborar proyecciones cuidadosas de la entrada de inversiones extranjeras directas con base en tendencias históricas recientes y suponiendo un nivel de reserva internacional que se considere prudente.

Por diferencia entre el déficit o superávit de la cuenta corriente, por un lado, y la inversión extranjera directa y de reserva, por el otro, se obtendrá la necesidad de créditos del exterior y se podrá, asimismo, estimar el servicio de todo el capital del exterior que es necesario transferir.

Se debe tener en cuenta si el endeudamiento nuevo adicional junto con el existente al iniciar el plan no rebasan la capacidad de pagos del país.

Del propio cuadro insumo-producto puede derivarse una cuenta del producto y gasto nacional y la cuenta de los consumidores donde se verá el volumen de ahorro de las unidades familiares.

Con un supuesto sobre ganancias no distribuidas y de depreciación se podrá conocer el monto del ahorro bruto de las empresas.

Con la cuenta del gobierno (suponiendo una política y estructura impositiva constantes) y sus gastos corrientes, debidamente corregidos por el efecto que puedan tener en ellos las inversiones gubernamentales proyectadas, por diferencia, obtendremos el ahorro probable del gobierno. Es necesario ver si el volumen de ahorro interno junto con el externo es suficiente para financiar la inversión; en caso de que no sea así se recurrirá a políticas económicas específicas.

Para determinar ese equilibrio financiero podemos formular cuadros complementarios que constituyan balances financieros y reales de capital, que pueden asumir la forma de esquemas de fuentes y usos de fondos para el período de proyecciones. Estos cuadros tienen la forma de una matriz de doble entrada en la que se registrarán tanto en las columnas como en los renglones cinco sectores: personas, gobiernos, empresas, exterior y finanzas y en las cuales se leen, en las líneas, los usos que pudieran hacerse de los ingresos financieros (ahorros, superávit de las empresas, beneficios requeridos y reservas, ahorro del exterior) y en las columnas las fuentes de estos ingresos. El resultado de los flujos entre los cinco sectores debiera arrojar una igualdad entre la inversión y el ahorro.

5. *Balance regional*

La planeación integral se plantea teniendo como antecedente la interdependencia de los sectores que integran el complejo económico. Con respecto a la consideración de regiones, puede decirse que el plan general ha de concluir con la proposición concreta de proyectos específicos que han de ejecutarse en las diferentes regiones que componen el país. De este modo se establece una interdependencia de la programación general y la regional, prevaleciendo los intereses nacionales sobre los regionales.

El criterio de equilibrio o balance regional es evidente; se impulsarán aquellas regiones cuyos rendimientos económicos sean más efectivos, o se dará preferencia a zonas más atrasadas en las cuales el rendimiento por unidad inversión es bajo y a largo plazo. La evaluación de los resultados, en uno y otro caso en función de costos sociales y de acuerdo con las metas objetivas propuestas, decidirá el impulso.

Cada obra pública a nivel de proyecto o conjunto de proyectos habrá de ser sometida a diferentes pruebas para localizar su prioridad. Se utilizan para ciertos sectores las pruebas de costo-benéfico o de la contribución al producto nacional. Se usarán también criterios combinados en materia de empleo de efectos indirectos, etcétera.

Será necesario dividir la inversión pública en grandes categorías a fin de aplicar a cada una un tipo de criterio adecuado; las obras se jerarquizarán y calendarizarán.

Concluyendo podemos decir que la planeación cumplirá su objetivo en cuanto se convierta en un instrumento coherente de orientación para las acciones prácticas concretas y que no podrá considerarse completa si no es acompañada de planes sectoriales y regionales, de los cuales puedan derivarse proyectos específicos.

El plan sectorial repetirá en cierto modo a un nivel más pormenorizado etapas similares a las descritas en el plan general, a saber:

Diagnóstico del sector que identifique los obstáculos para el desarrollo del mismo; desglose de metas y programa de inversiones que no se limitará a estimaciones globales sino que tendrá que presentarse en términos de anteproyectos concretos y el planteamiento de medidas de política económica.

En la formulación de un plan será necesario contar con un grado de apoyo técnico y un conocimiento concreto de la realidad, sin los cuales las decisiones e hipótesis transformarían el proceso en un ejercicio puramente académico.

2

Algunas ideas sobre la planeación agropecuaria

FERNANDO ROSENZWEIG

La planeación del sector agropecuario puede estar basada, en esencia, en una previsión del crecimiento y cambios en la estructura de la demanda que permitieran orientar el empleo de los recursos productivos del modo más ventajoso, tanto socialmente como desde el punto de vista de los productores individuales.

Si bien la demanda y la producción constituyen fenómenos interdependientes, una y otra se encuentran sujetas a la acción de factores específicos, capaces de generar desajustes sólo corregibles mediante acciones de política económica.

Fundamentalmente, la magnitud y la composición de la demanda cambian en función del número de habitantes, sus niveles de ingreso y la proporción en que se encuentran incorporados a comunidades urbanas. El cambio se orienta hacia niveles de consumo más altos, en que se diversifican los satisfactores y mejora la calidad de los mismos. En la alimentación, aumenta la importancia, entre otros, de las frutas, las verduras y los productos de origen animal, y pierden terreno principalmente los cereales y otros granos. Crece el consumo de ropa y mejoran sus materiales y diseños, lo cual afecta al aprovechamiento de las fibras textiles naturales.

La producción agropecuaria se apoya en una cierta dotación de recursos naturales y está sujeta a formas de actividad que reflejan una diversidad de factores sociales y económicos, entre ellos el régimen de tenencia de la tierra, el grado de adelanto de la técnica y la intensidad y naturaleza de los vínculos del productor con los mercados. Los recursos naturales fijan limitaciones a la producción, algunas de las cuales no son subsanables por la técnica, y otras lo son sólo a largo plazo, tras procesos de investigación y experimentación y de acumulación de inversiones en obras de acondicionamiento. Tales limitaciones generan necesidades de importar productos demandados no sustituibles, por lo menos a corto plazo. Los factores sociales y económicos que condicionan la actividad productiva son susceptibles de imprimir a ésta sesgos que la apartan en mayor o en menor medida de un desarrollo suficientemente paralelo al de la demanda, y hacen surgir excedentes o déficit en distintas líneas de producción, los cuales implican un costo social indeseable.

En términos muy generales, pueden señalarse los siguientes desfasamientos o desajustes entre la demanda y la producción en el panorama actual del sector agropecuario en México:

Producción de cereales y frijoles en exceso de la demanda interna, sin posibilidades claras y ciertas de colocación costeable en los mercados del exterior.

Rezago de la producción respecto a la demanda interna en verduras, frutas, oleaginosas y sobre todo alimentos de origen animal.

Ambas situaciones resultan socialmente onerosas, pues reflejan defectos en la asignación de los recursos productivos; además, la primera ocasiona erogaciones improductivas del Estado para manejar los excedentes y subsidiar, eventualmente, su exportación; la segunda motiva restricciones del consumo, o sea, pérdidas en el bienestar de la población, y en ocasiones determina importaciones que sustraen divisas a otros usos más productivos.

En el presente material se examinan algunas de las posibles causas del desajuste producción-demanda en el desarrollo del sector agropecuario en nuestro país y se sugieren ciertos lineamientos a seguir en la búsqueda de soluciones que lo subsanen, en espera, así, de poder contribuir al logro de los propósitos animadores del seminario sobre planeación.

EN BUSCA DE LAS CAUSAS DEL DESEQUILIBRIO

Parece útil, para comenzar, la distinción, que en modo alguno puede ser tajante entre dos partes del sector agropecuario, una orientada francamente hacia la economía de mercado, y la otra con una fuerte tendencia al abastecimiento de los propios productores, y débil participación en el intercambio. Aquella primera parte eleva su nivel técnico, mientras que en esta segunda el mismo se mantiene estancado. Una es sensible a las modificaciones de los precios y a las tendencias de la demanda; posee elasticidad para adaptarse o responder a ellas, a menos de que se interpongan circunstancias en el funcionamiento de los mercados que favorezcan o introduzcan situaciones de rigidez. La otra parte del sector agropecuario tiene, por definición, poca flexibilidad, en razón, sobre todo, del carácter de las necesidades a que esencialmente responde, que son las de los productores mismos, y a las cuales se asocian en forma íntima patrones y técnicas de aprovechamiento de la tierra que cambian muy poco a través del tiempo.

La operación conjunta de estas dos partes del sector agropecuario origina varios fenómenos, particularmente en las líneas de producción que les son comunes, como el maíz y el frijol. El hecho de que la parte 1 del sector obtenga estos cultivos en condiciones de productividad más alta que la parte 2 no determina que ésta sea expulsada de la producción y mejore a su vez la productividad o bien cambie su orientación hacia otros cultivos en que pudiera lograr mayor eficiencia. Antes bien, la parte 2 mantiene los mismos cultivos, lo cual acarrea principalmente dos consecuencias:

En primer lugar, la parte 2 ocurre marginalmente a los mercados a colocar los excedentes no consumidos de su propia producción, sumándolos a la oferta proveniente de la parte 1. O sea que al efecto sobre el mercado que se deriva del hecho de que los productores pertenecientes a la parte 2, no demanden la producción obtenida por la parte 1, se añade una oferta adicional de aquéllos, no regida por las necesidades del mercado, sobre el cual se origina una presión.

En segundo lugar, al mantenerse dentro de líneas de producción en que la parte 1 la aventaja ampliamente en eficiencia, la parte 2 del sector agropecuario incurre en uso poco adecuado de los recursos productivos a su disposición, sustrayéndolos a aplicaciones en las que rendirían mejores resultados, como por ejemplo el pastoreo, la formación de plantaciones de árboles frutales, o el desarrollo de cultivos intensivos de verduras, forrajes y otros, en lugar de las cosechas tradicionales.

Ante el telón de fondo definido por la existencia de las partes 1 y 2 del sector agropecuario destacan otros hechos relevantes. Uno de ellos es la diferencia en el grado de avance de la técnica de producción al comparar diversos grupos de cultivos. En esencia, ese avance ha sido amplio en aquellos grupos en que el sector agropecuario tiende ahora a generar excedentes y casi no ha ocurrido en aquellos otros en que la producción está quedándose corta frente a la demanda. La explicación parece sencilla: los cultivos que se encuentran en la primera situación son básicos dentro de la dieta de la población, principalmente los cereales, y los esfuerzos encaminados a elevar los rendimientos se dirigieron en primer lugar hacia ellos: desarrollo y propagación de semillas mejoradas, uso de fertilizantes e insecticidas, insumos que una vez especificados desde el punto de vista técnico, son relativamente fáciles de producir y de propagar entre los agricultores. Como es obvio, los productores más vinculados a los mercados encontraron mayores medios y estímulos para absorber tales insumos. En las restantes líneas de producción, como las verduras, las frutas o las oleaginosas, formadas por conjuntos relativamente amplios de productos, el desarrollo de insumos de esa naturaleza presenta mayores dificultades técnicas y, dada la limitación de los recursos disponibles para la investigación, la experimentación y la extensión agrícola, ha comenzado a atenderse sólo con posterioridad, y pasará todavía tiempo antes de que alcance un impacto sensible sobre los rendimientos.

Es ineludible abordar finalmente, en esta breve referencia, la manera en que las estructuras de mercado tamizan o condicionan el ajuste de la producción a la demanda, haciendo nacer estímulos

artificiales para algunos cultivos, o bien neutralizando en otros el
aliento trasmitido por el crecimiento de la demanda, o por existir
un margen de demanda insatisfecha. Cabe una distinción importante a este respecto entre los cultivos protegidos por precios de
sustentación y los restantes. En aquéllos, el precio garantizado por
el Estado le crea al agricultor la certidumbre de un ingreso que
tenderá a aumentar en la medida en que eleve su productividad, o
que le permitirá seguir concurriendo al mercado, si es productor
marginal poco eficiente. Dentro de este cuadro, la producción propende a elevarse por encima de la demanda. En el caso opuesto,
en ausencia de precios garantizados por el Estado, una parte del
ingreso de los productores, oferentes múltiples en mercados por
lo común monopsónicos, se sacrifica para nutrir márgenes de comercio que son grandes. A este efecto que frena o deprime la
producción se suma otro paralelo, en detrimento del consumo, hasta
el cual llegan los bienes demandados con un recargo de precios
canalizados hacia el aparato de distribución: caso de la carne, las
verduras, las frutas y otros. Estos productos, a su vez, no son objeto de subsidios al consumo, como los que se conceden en el caso
de los cereales. Tales condiciones, determinan rigidez en los patrones de consumo, aunque aumente el ingreso de la población. El
efecto favorable de la elasticidad-ingreso queda contrarrestado
por la elasticidad-precio: para mantener un mismo nivel de consumo, en un medio en que el movimiento de los precios relativos
actúa en contra de los satisfactores de tipo superior, la población
necesita gastar una mayor proporción de su ingreso.

LAS POSIBILIDADES DE SOLUCIÓN

Al parecer, el orden de consideración de estos problemas, con la
mira de darles una salida, principia precisamente por el último:
precios y mercados. Nunca se insistirá lo bastante en la idea de
que el instrumento más poderoso para promover la transformación
del sector agropecuario radica precisamente, en el juego de los
precios y el mercado. El ajuste de los precios de sustitución, siguiendo pautas paralelas a la elevación de la productividad, tende-
ría, a corregir ofertas redundantes, ejemplo: la depuración en las
estructuras viciosas de mercado, unida al manejo de políticas de precios favorables a los cultivos que es crítico promover, mejoraría el
ingreso de los productores e induciría la entrada en el mercado de
muchos de los que actualmente figuran en la parte 2 del sector
agropecuario; tal entrada vendría por el camino de una reorienta-
ción de su actividad hacia líneas de producción más adecuadas que
ofrecerían al agricultor individual una alternativa más atrayente
que las líneas tradicionales. El efecto positivo quedaría reforzado
si el ajuste de los márgenes de comercio también se lograra en beneficio de los consumidores: al aliento de la producción lo acompa-

ñaría el del consumo y uno y otro se apoyarían mutuamente en su crecimiento.

El cambio de orientación que así se lograra arrastraría gradualmente en su apoyo a otros factores en juego: los medios técnicos para mejorar la productividad de los cultivos hoy retrasados, las transferencias de recursos de unas líneas de producción a otras en que quedarían asignados más eficientemente, y la movilización de medios de capital y crédito hacia líneas en que en la situación presente actúan fenómenos inhibitorios.

Es obvio que todo este proceso no se echaría a andar por la sola virtud de una buena política de mercados y precios. Empezando por esta última, los distintos elementos del cuadro reclaman estudio profundo y la implementación de medidas adecuadas que los integren dentro de un todo que pueda ser operativo. La diversidad, realmente desafiante, de líneas de producción, patrones o módulos de actividad agrícola y ganadera, niveles técnicos y condiciones regionales en que se desenvuelve el sector agropecuario en México, vuelve extraordinariamente compleja la tarea de programar inversiones públicas, trabajos de investigación, planes de crédito e intervenciones en los mercados a fin de poder orientar la producción, bajo bases de buen empleo de los recursos, de acuerdo con los requerimientos de la demanda. Tal diversidad, sin embargo, vuelve aún más necesario y urgente encontrar un punto de partida que lleve directamente al meollo de la cuestión y ordene y facilite el manejo de sus múltiples partes. Y para mí, ese meollo radica no en otra parte que en la zona de contacto entre la producción y la demanda, en que operan mecanismos de mercado por cuya intermediación cada una distorsiona y debilita a la otra, en vez de contribuir a conformarla adecuadamente y vigorizarla.

3

La planeación de la actividad privada

PEDRO URIBE CASTAÑEDA

1. INTRODUCCIÓN

El propósito de este trabajo es explorar el camino hacia respuestas con sentido, para preguntas del tipo de las siguientes:

1) Dada la estructura institucional de México, ¿son eficientes los medios de que dispone el Estado para influir en la inversión privada, canalizándola hacia las metas del desarrollo?

2) ¿Qué medios existen para establecer las características deseables en la inversión privada y para predecir la efectividad de los instrumentos estatales para lograrlas?

3) ¿Cómo es posible evaluar *a posteriori* la influencia del plan en las decisiones privadas?

4) ¿Qué ayuda pueden proporcionar los empresarios privados en la elaboración del plan?

Evidentemente, supongo que si la respuesta a *1)* es negativa, habrá que llegar a cambios institucionales más o menos profundos y más o menos graduales, que no es mi propósito tratar aquí. Más bien pretenderé demostrar que la respuesta a *1)* tiene que basarse en consideraciones de tipo cuantitativo y *a posteriori.*[1]

Todo plan de desarrollo parte de una concepción estructural de la economía. Es mi propósito demostrar que las respuestas a las "preguntas cruciales" del plan tienen mayores visos de respuesta racional en tanto esa concepción estructural esté organizada por la teoría y verificada mediante la observación estadística. Como ejemplo casi trivial de la trascendencia de este aserto, sería conveniente considerar que más de un gobernante y más de un economista basan decisiones importantes de política en el *principio de aceleración,* careciendo de evidencia estadística. Esto no sería grave si no hubiera contraevidencias y explicaciones alternativas, pero

---

[1] Además de la inversión en infraestructura, la política fiscal, la política monetaria, la de precios y la de comercio exterior, el Estado mexicano cuenta con el instrumento de control económico que le brinda la propiedad en la industria de la energía y en muchas otras actividades.

las hay, además de consideraciones de teoría.[2] Hay otras observaciones de importancia semejante, que se harán en párrafos posteriores. Por ser materia de otros capítulos, no consideraré la actuación del aparato financiero en el plan, ni la inversión privada en la agricultura.

2. ¿QUÉ TIPO DE PLAN?

Existe una especial preocupación de los planeadores occidentales por lograr, a través de términos como *planeación indicativa*, que sus planes sean vistos como congruentes con la específica "variedad de democracia" que se cree o se practica en su país. Desgraciadamente, éstos son solamente términos acuñados para el consumo de los sectores menos conscientes de la necesidad de planeación, o para los miembros de los partidos de oposición, y tarde o temprano tienen que abandonarse, para ser sustituidos por otros, quizá más acordes con las corrientes de la opinión pública interna o externa.[3]

No quisiera, pues, volver sobre los pasos de la "planeación indicativa" o la "planeación activa" (nuevo término para el cuarto plan de Francia) o las planeaciones "más o menos democráticas", sino proponer, a la manera de postulados, ciertas condiciones *mínimas* que implica el más "inocuo"[4] de los planes *útiles*, respecto a la intervención del Estado en su definición y desarrollc

Propongo, pues, los siguientes postulados para el plan nacional, que parecen ser más congruentes con la estructura institucional de México y la práctica administrativa imperante:[5]

1. *El plan tiene carácter nacional; los planes regionales le están subordinados y son sus consecuencias particulares.*
2. *El plan es obligatorio para los organismos del gobierno federal, los organismos descentralizados y las empresas de participación estatal de control central.*
3. *El gobierno federal no puede obligar a los gobiernos locales a seguir el plan, pero puede dar prioridad en la inversión y ayuda federales a las entidades que se le adhieran.*

[2] Por ejemplo, la condición de ocupación plena y la de equilibrio (ahorro = inversión) son *necesarias* para la validez del principio; cf. Tinbergen, J. "Statistical Evidence on the Acceleration Principle". *Economica*, 5 (1938), páginas 164-76. Véase también la idea de los "sectores propulsores" en el "Plan Vanoni", por ejemplo, en: "Economic Planning in the Netherlands, France and Italy", *Journal of Political Economy*, 68 (1960), pp. 252-83, en especial p. 258. Me refiero, claro está, a una apreciación cuantitativa; "cualitativamente" no pasa de ser una aserción de "sentido común".
[3] Cf. Massé, P., Prólogo a *Le quatrième plan français*, de F. Perroux, Presses Universitaires de France, 1962.
[4] Respecto a la "libre empresa"; término nunca definido con exactitud, y de connotación más bien cuantitativa que cualitativa.
[5] Algunos existen y otros no.

4. *El Estado[6] no puede obligar a las empresas privadas existentes a regular su producción, inversión, ocupación, financiamiento y métodos de distribución conforme al plan.[7]*

5. *El Estado puede sujetar a permiso el establecimiento de empresas en sectores de la actividad económica que se consideren estratégicos para el desarrollo, pudiendo el permiso quedar condicionado a capacidad de producción, tipo de tecnología utilizada, calidad del producto y política de precios.*

6. *El Estado puede otorgar tratamiento preferencial fiscal, crediticio, en lo tocante al corte de los servicios públicos, en cuanto a permisos de importación o exportación, abastecimiento de materias primas producidas por empresas estatales, etc., a cualquier empresa que cumpla con los requisitos del plan.*

7. *Las empresas que no se sujeten al plan quedan amparadas en las garantías constitucionales; el Estado puede aplicarles sanciones si su establecimiento ha provenido de un permiso o concesión, cuando se violan las condiciones en que se ha concedido.*

8. *El Estado puede revocar franquicias concedidas a empresas, cuando no se cumplan los requisitos establecidos para concederlas.*

9. *El Estado no puede revocar franquicias, permisos o concesiones si la empresa no ha violado los requisitos de su otorgamiento.*

10. *El Estado puede destinar recursos a cualquier actividad económica estratégica para el desarrollo.*

11. *El Estado puede reservarse campos de la actividad económica, prohibiéndolos a los particulares.*

12. *El Estado puede establecer empresas en forma conjunta con los particulares, en cualquier campo de actividad económica que de acuerdo con el plan lo requiera.*

13. *El Estado puede controlar variables macroeconómicas, tales como los salarios mínimos, la tasa legal de interés, los precios de productos agrícolas y otros, por medio de disposiciones obligatorias.*

Sin pretender ser exhaustiva, la lista de "postulados" del plan trata de caracterizar, en términos generales, un tipo de plan que se ajusta a la realidad y a la práctica del país. Un plan más "liberal" sería quizá un retroceso serio; uno más "socialista" implicaría cambios institucionales un tanto radicales.

En cualquier caso, los postulados se podrán ir variando conforme las necesidades del país lo requieran, y ya se buscará un término adecuado para las nuevas modalidades que se vayan adoptando.

---

6 Gobierno federal y gobiernos locales, en su radio de acción.

7 Cf. sin embargo, la ley de atribuciones del ejecutivo federal en materia económica, de 30 de diciembre de 1950. Su constitucionalidad ha sido, cuando menos, materia de discusión, y su contenido es el blanco de constantes críticas por parte del sector privado.

3. PLANEACIÓN SECTORIAL

a. *Demanda total y demandas sectoriales*

Para poder emprender una planeación sectorial de la inversión privada es necesario tener definidas, aun cuando sea en forma tentativa, las metas fundamentales del desarrollo al nivel nacional. Entre éstos se incluyen tanto la tasa de crecimiento del producto nacional bruto, el crecimiento tolerable en los índices de precios de consumo, el desnivel tolerable en la balanza comercial, la redistribución del ingreso (definida en forma empíricamente observable), etc. Por lo tanto, habría ya una idea general del coeficiente de inversión y de la carga fiscal al nivel nacional.

Por otra parte, la planeación sectorial de la inversión privada implica la fijación de demandas futuras, sea estimadas o sea planeadas, y éstas dependen del posible valor de la demanda agregada total.

Parece necesario intentar una visión aproximada de la demanda agregada nacional, no en términos del ingreso nacional, sino en términos de su distribución, los impuestos a la importación, los niveles de precios, etcétera.

Hay varios métodos de aproximar este problema: uno es el análisis de funciones-consumo al nivel agregativo; otro es el estudio de funciones-demanda, también al nivel agregativo, en el contexto de un modelo econométrico. Tinbergen,[8] por ejemplo, propone una función del tipo:

$$\Delta x = (1 - \sigma) \Delta Z + \Delta L$$

en que:

x = gasto real
Z = ingreso de no asalariados
L = ingreso de asalariados

Es obvio que esta relación se puede plantear en términos más generales, por ejemplo:

$$\frac{\Delta x}{x} = a_1 \frac{\Delta Z}{Z} + a_2 \frac{\Delta L}{L} + a_3 \frac{\Delta \tau}{\tau} + u \qquad [1]$$

en que τ es la carga fiscal y u es una perturbación aleatoria. Claramente, la elasticidad-ingreso de una función-demanda ordinaria, se parte en (1) en a_1 y a_2, elasticidades respecto al ingreso de no asalariados y asalariados. Es conveniente hacer resaltar la influencia sobre la demanda total de la distribución (funcional) del ingreso.[9]

[8] "The Use of Econometric Research for the Purpose of Economic Policy", en *Econometrics*, Allen and Unwin Ltd., 1961, pp. 161-90.
[9] Ver también el modelo de la Oficina Central de Planeación de Holanda.

La mayor parte de los planes de desarrollo, al llegar al nivel sectorial, hacen uso del análisis de insumo-producto, aun sin entrar todavía a la separación de planes privado y público para la inversión sectorial. En modelos típicos de esta clase, como el de Chenery-Kretchmer-Uzawa,[10] se implica la optimización de alguna función criterio (por ejemplo: minimización de la inversión total requerida) bajo restricciones del tipo de un desnivel tolerable en la balanza comercial (que podría ser función criterio en lugar de restricción) y la satisfacción de *demandas sectoriales*, fijadas como meta o predichas. Es conveniente detenernos un poco en la predicción de las demandas sectoriales.

b. *La predicción de las demandas sectoriales*

Los mecanismos más o menos complicados que siguen algunos de los principales grupos de planeación en el mundo para la proyección de demandas futuras son todos variaciones sobre el tema de la elasticidad-ingreso. Para hacer un trabajo estadístico válido en este terreno es indispensable contar con *agregados completos* en cuanto a consumo sectorial e ingreso personal, los cuales en el caso mexicano no existen en la actualidad. Quizá haya posibilidades más efectivas en una combinación de técnicas de muestreo y de agregación para obtener funciones-demanda, aun de carácter regional-sectorial, con un número relativamente suficiente de variables.

En concreto, supóngase una hipotética función-demanda *individual para un producto dado*:

$$y_i(t) = a_{0i} + \sum_{\lambda=1}^{\Lambda} a_{i\lambda} x_{i\lambda}(t) + \mu_i(t) \qquad [2]$$

en que $y_i(t)$ es el consumo del producto en cuestión por el individuo i durante el período t, $x_{i\lambda}(t)$ es el valor de una de Λ variables "independientes" durante t y $\mu_i(t)$ es una perturbación aleatoria con media cero y varianza finita y constante. Los números a_{0i}, $a_{i\lambda}$, son microparámetros. Nos interesan los *macroparámetros* a_0, a_λ, que relacionan a los agregados $y(t) = \sum_i y_i(t)$; $x_\lambda(t) = \sum_i x_i(t)$ ($\lambda = 1, 2, \ldots, \Lambda$) en la forma:

$$y(t) = a_0 + \sum_{\lambda=1}^{\Lambda} a_\lambda x_\lambda(t) + u(t) \qquad [3]$$

en que $u(t)$ es, de nuevo, una perturbación aleatoria con media cero y varianza finita y constante. En el lenguaje de la teoría de

[10] Chenery, H. B. y Kretchmer, K. S., "Resource Allocation for Economic Development", *Econometrica*, 24 (1956), pp. 365-99; Chenery, H. B. y Uzawa, H., "Nonlinear Programming in Economic Development", cap. 15 de: Arrow, K. J., Hurwicz, L. y Uzawa, H., *Studies in linear and nonlinear programming*, Stanford University Press, 1959.

la agregación, llamemos a (2) *micro-ecuación*, a (3) *macro-ecua-ción*, a las variables $y_i(t)$, $x_{i\lambda}(t)$ *micro-variables* y a las variables $y(t)$, $x_\lambda(t)$ *macro-variables*. Sin entrar aquí en detalles de la técnica de agregación, permítaseme hacer notar que:

a) la ecuación (3) se supone estocásticamente válida (i. e., *se trata de una relación estadística, no de una relación exacta*);

b) las ecuaciones (2) y (3) pueden ser no lineales en las "variables originales" siempre que sean lineales en variables adecuadamente escogidas (p. ej., (2) y (3) podrían ser ecuaciones en los logaritmos de la demanda y de las variables independientes "originales", en cuyo caso los parámetros serían micro y macroelasticidades);

c) entre las $x_{i\lambda}(t)$, y por consiguiente entre las $x_\lambda(t)$, es posible incluir tanto valores retrasados de las x como valores retrasados de y;

d) los macroparámetros no son promedios o sumas de los microparámetros, sino funciones más complicadas.

A menos que utilizáramos una técnica adecuada de muestreo, tendríamos que obtener, además de los agregados, cada una de las microecuaciones, lo que volvería el problema considerablemente más complejo de lo que era originalmente. Sin haber demostrado rigurosamente su validez, me atrevería a proponer un mecanismo del tipo del siguiente: necesitamos conocer, para usarlo, el número de individuos o de "agentes económicos" sobre el que vamos a agregar, y la distribución de frecuencias de cada una de las microvariables (que, obviamente, se puede aproximar por medio de técnicas de muestreo).

Dividiendo el intervalo de variación [11] de cada microvariable en un número adecuado de subintervalos, obtendríamos una "muestra de subintervalos", que sería igual al producto del número de subintervalos de todas las microvariables y obtendríamos una microecuación para cada elemento de esta muestra. Conociendo las distribuciones de las variables [12] sería posible "reproducir" un número proporcional de microecuaciones idénticas y proceder a agregar por los procedimientos usuales.[13]

El procedimiento propuesto no sería otra cosa que el intento de obtener relaciones funcionales a partir de observaciones que los investigadores de mercado y algunas dependencias gubernamentales obtienen y sólo presentan en cuadros que se pueden leer en todas direcciones, pero que no son más que tabulaciones.

---

[11] O un intervalo que comprendiera, por ejemplo, el 99 % de los valores teóricos.

[12] *Stricto sensu*, su distribución conjunta.

[13] Cf. Theil, H., *Linear Aggregation of Economic Relations*, North Holland, 1954; "Alternative Approaches to the Aggregation Problem" en: Nagel, Suppes y Tarski (eds.): *Logic, Methodology and Philosophy of Science* (Memorias del Congreso Internacional de 1960), Stanford University Press, 1962, pp. 507-27.

c. *De nuevo con la demanda total: sumas sectoriales; fijación de metas*

Las demandas sectoriales previstas con base en la predicción de las variables independientes de una función-demanda (de lo que la predicción *via* elasticidad-ingreso es sólo un caso especial) *no* son necesariamente la base del plan. Parece que, en el caso de México, ciertos cambios en la demanda y en su composición deberían ser metas importantes para el plan, por lo que es necesario "manipular" otras variables; los parámetros que las relacionan con la estructura de la demanda bien pueden ser independientes de la elasticidad-ingreso. El objeto de usar funciones-demanda para predicción no es, pues, sólo disminuir la probabilidad de error, sino encontrar también qué variables deben modificarse para cambiar la estructura de la demanda; nos interesan pues la elasticidad-ingreso, la elasticidad-precio, las elasticidades cruzadas (ignoradas en casi todos los planes de desarrollo), etc.; la descomposición de las funciones-demanda por tipos de receptores de ingreso es, además, crucial para el planeador. El nivel de demanda total podrá ser predicho aproximadamente como la suma de demandas sectoriales predichas, y tanto este nivel como su composición podrán dar al planeador las bases para fijar metas en cuanto a las demandas sectoriales, así como para establecer cambios deseables en la política de precios, de redistribución del ingreso y de impuestos, definidos en forma provisional *antes* de la sectorización del plan.

En lo que sigue supondré que las metas de demanda sectoriales están fijadas, y que sólo quedan por determinar la producción bruta y la inversión por sectores.

d. *La producción bruta sectorial*

En esta etapa podemos ya volver a los modelos del tipo Chenery-Kretchner-Uzawa, que pueden ser descritos como modelos de programación matemática, cuyo vector de restricciones está dado por demandas finales fijadas de antemano y cuya matriz de condiciones es la matriz de insumo-producto; el vector de soluciones es el de producciones brutas sectoriales. Pueden incluirse, como ya se ha mencionado, condiciones sobre la balanza comercial, sector exterior, producción para el mercado interno y para exportación, etcétera. En su forma más simple, si $(I - A)$ es la matriz de insumo-producto (A es la matriz de "coeficientes técnicos"), Y es el vector de demandas finales, X el de producción bruta, y f es la función de X a optimizar (supongamos que se trata de minimizar f), el problema sería el siguiente:

$$\text{Minimizar} \quad f(X) \hspace{4cm} [4]$$
$$\text{bajo:} \quad (I - A)X = Y \hspace{3cm} [5]$$

Nótese que podemos hacer X un vector de producciones regionales sectoriales, A, una matriz regional-sectorial, Y, un vector de demandas regionales-sectoriales, etc. Existen suficientes generalizaciones del modelo, ampliamente tratadas, por lo que no entraré en detalles.[14] El problema fundamental para un país subdesarrollado o en desarrollo está en la obtención de la matriz de coeficientes, en lo que entraré en detalles al final de este trabajo.

e. La inversión por sectores

Un modelo de planeación basado en la matriz de insumo-producto requiere muchas revisiones; la solución del modelo (4)-(5) es sólo una aproximación inicial: los coeficientes de la matriz, en un país en desarrollo, no solamente pueden cambiar —por "elevación de la productividad" o por cambios tecnológicos— a relativamente corto plazo, sino que pueden y, en algunos casos deben estar sujetos a cambios planeados, o sea, a la elección de "la tecnología" más apropiada para el desarrollo.

Es falso que la tecnología apropiada sea la más eficiente o la más intensiva de capital, existen otros problemas por resolver, de los cuales la ocupación es el más importante. Aquí el planeador tiene frente a sí el dilema de la redituabilidad de inversiones en sectores que son tecnológicamente "atrasados", intencionalmente. Creo difícil que un país con una tasa elevada de crecimiento demográfico, con una alta proporción de población rural y con bajos niveles de ingreso personal pueda evitar una situación como ésta.[15]

La definición de un plan de inversión por sectores tiene que partir, entonces, de la elección *consciente* de una combinación adecuada de funciones-producción, más o menos intensivas de trabajo o de capital.[16]

En cierto sentido, el Estado y la pequeña empresa tendrían que "aliarse" en la creación de empresas que, más que proyectos muy eficientes y avanzados, sean fuentes de trabajo, y no nada más financiar los sectores o los proyectos intensivos de capital a los grupos y consorcios privados que buscan inversiones de alta productividad. Esto no significa que la intensidad de trabajo de la función-producción sea un criterio definitivo para la inversión pública; más adelante me referiré a otros.

Es obvio que no es posible hacer estas elecciones conscientes de funciones-producción si no se conocen las *actuales*. La matriz de

---

[14] Cf.: Tinbergen, J. y Bos, H. *Mathematical Models of Economic Growth,* McGraw-Hill, 1962. ONU, *Programming Techniques for Economic Development,* Bangkok, 1960.

[15] Tómese en cuenta el ejemplo de Japón. No creo que la solución esté en la proliferación del trabajo artesanal, sino más bien en los sectores industriales intensivos de trabajo. En esto estriba la diferencia con la "solución Ghandi".

[16] Cf. Tinbergen-Bos, *op. cit.,* cap. 2.

insumo-producto es una función-producción, pero para los propósitos anotados en el párrafo anterior sería quizá preferible usar otras.

Mediante éste y otros mecanismos (que pueden incluir el uso de la matriz de "inventarios" del modelo dinámico de insumo-producto) es posible la determinación de coeficientes marginales de inversión-producto por sectores, que ya han sido sujetos a una dirección intencional por parte del planeador. La obtención del plan sectorial de inversiones es inmediata.

Es importante notar que la elección de tecnologías por parte del planeador puede requerir de métodos más "refinados" de inducción de la inversión privada, o de mayores volúmenes de inversión pública.

4. EL PAPEL DE LAS EMPRESAS Y DE LOS EMPRESARIOS PRIVADOS

a. *Eficiencia de los mecanismos de inducción*

Se ha discutido si conviene más inducir la inversión privada *via* infraestructura o *via* incentivos que incrementen la eficiencia marginal del capital. Obviamente, los empresarios privados han defendido la política de incentivos, sobre todo los de carácter fiscal: exenciones selectivas de impuestos, franquicias arancelarias y franquicias para la reinversión (libre de impuestos) de las utilidades y la depreciación acelerada, entre otros.

Hasta ahora, sólo los métodos de depreciación acelerada han sido objeto de análisis teórico riguroso; [17] los métodos de exención selectiva han sido estudiados a base de "casos" de países en desarrollo.[18] En el caso concreto de México se ha demostrado que, al menos la ley de industrias nuevas y necesarias, no ha sido del todo efectiva: en el período 1949-1957, la inversión total *directamente* amparada (i. e., sin tomar en cuenta inversión en empresas "satélites") igualó al sacrificio fiscal. Es probable que, en manos del Estado, esa inversión hubiera tenido un mayor efecto económico o un mayor provecho social.[19]

* Desconocidos ciertos parámetros fundamentales de la economía mexicana (por ejemplo: elasticidad de la inversión privada a los impuestos), es difícil —si no imposible— predecir el efecto de los distintos tipos de métodos de inducción. Es obvio que, si la inversión privada se manifiesta inelástica, la participación del sector público tendrá que ser mayor. De aquí la urgencia de medir los parámetros críticos.

[17] Cf. Domar, E. D., "Depreciation, Replacement, and Growth". *The Economic Journal*, 63 (1953), pp. 1-32; "The Case for Accelerated Depreciation", *Quarterly Journal of Economics*, 67 (1963), pp. 493-519.
[18] Por ejemplo: Heller, I. y Kauffman, K., *Tax Incentives for Industry in Less Developed Countries*, Harvard, 1963.
[19] Cf. Ross, S. y Christensen, J. B., *Tax Incentives for Industry in Mexico*, Harvard, 1959.

b. *Participación de los empresarios privados en el plan*

Además de los mecanismos económicos de inducción, quedan los psicológicos y su influencia en las expectativas, pero cabe preguntarse: ¿en qué etapa del plan es efectivamente útil la ayuda de los empresarios? Su cooperación en el plan se aseguraría si se les hace participar desde la formulación de metas sectoriales, pero es claro que su ayuda en esa etapa puede no ser grande; quizá al principio sólo defenderían sus intereses. A medida que este sector vaya adquiriendo mayor familiaridad con los problemas de la planeación y con las necesidades nacionales, se le podrá dar mayor participación en la definición de los lineamientos del plan, asegurándose así de que los acepta conscientemente.

Sin embargo, hay otros terrenos en los que su ayuda puede ser valiosa: desde luego, sus datos de investigación de mercados, adecuadamente tratados por técnicos del organismo gubernamental de planeación, pueden ser útiles en la medición de elasticidades de la demanda sectorial; por otra parte, es probable que puedan aportar predicciones más o menos aceptables, no cuantitativas, sino de la dirección de cambio de algunas variables sectoriales, en el nivel microeconómico y a corto plazo: precios, producción, inventarios.[20]

Para recabar datos de direcciones de cambio, habría que diseñar un cuestionario del tipo del *Konjunkturtest* de Munich y probar su efectividad por medio de un análisis estadístico bastante calificado.[21]

Otro aspecto en el que la ayuda de los empresarios puede ser útil es el de la definición de coeficientes y características tecnológicas, no al nivel macroeconómico, sino al nivel de proyectos concretos. Aquí es donde podrían intervenir los técnicos del sector privado, junto con equipos de especialistas en valuación de proyectos del organismo gubernamental de planeación.

5. EL MODELO DE INSUMO-PRODUCTO Y SU PROYECCIÓN AL FUTURO

a. *Proyección de los coeficientes de insumo-producto*

La mayoría de los países en desarrollo —y México no es una excepción— tienen dificultades serias para la organización y mantenimiento de un sistema de cuentas nacionales. En la mayoría de los casos se obtienen (*via* Censos Industriales o por muestreo) coeficientes de insumo-producto, cuya validez para extrapolación de producción sectorial (y por ende para planeación) es muy rela-

---

20 Cf. el *Konjunkturtest* del IFO-Institut für Wirtschafts forschung de Munich. Una descripción detallada puede hallarse en: Langelklüte, H. y Marquardt, W., "Das Konjunkturtest Verfahren", *Allgemeines Statistisches Archiv*, 35 (1951), pp. 189-308.

21 Véase, por ejemplo, Theil, H., *Economic Forecasts and Policy*, 2ª ed. North Holland, 1961, en especial 96-153, 193-204 y 240-322.

tiva, dado el cambio tecnológico rápido implicado por el desarrollo.

Recientemente, Matuszewski, Pitts y Sawyer [22] propusieron un método de actualización (o predicción) de matrices de insumo-producto, dada información exógena sobre totales de renglón y de columna, que en este caso se reducen a proporciones de insumos interindustriales sobre insumos totales y a unidades, respectivamente. El método de Matuszewski, Pitts y Sawyer, basado en la programación lineal, supone una *mínima variación* en los coeficientes, bajo el requisito de congruencia con la distribución sectorial de la producción. En fechas posteriores, Stone y Brown [23] y el presente autor, De Leeuw y Theil [24] han propuesto métodos de extrapolación de matrices de transacciones también ante información exógena sobre totales.

El método de Stone y Brown, conocido como "RAS", parte de los dos supuestos siguientes:

1) del período base al período corriente, el flujo del sector i al sector j está sujeto a un "efecto de sustitución", consistente en la sustitución *tecnológica* del insumo i por otros insumos; este efecto se supone uniforme sobre todos los sectores de destino.

La consecuencia de este efecto sobre el flujo X_{ij} es la siguiente:

$$X_{ij}^1 = r_i X_{ij}^0 (j = 1, \ldots, n) \qquad [6]$$

en que X_{ij}^1 es el flujo de i a j en el período corriente, y X_{ij}^0 es el flujo en el período base. Evidentemente, si i sustituye a k, r_i es mayor que la unidad y r_k es menor.

2) del período base al período corriente, el flujo del sector i al sector j está sujeto a un "efecto de fabricación", proveniente de la mayor (o menor) absorción de insumos por unidad de producción del sector j. Este efecto es uniforme para todos los insumos y su consecuencia es:

$$X_{ij}^1 = X_{ij}^0 s_j (i = 1, \ldots, n) \qquad [7]$$

[22] Matuszewski, T. I., P. R. Pitts y J. A. Sawyer, "Linear Programming Estimates of Changes in Input Coefficients", *Canadian Journal of Economics and Political Science*, 30 (1964), pp. 203-10.

[23] Stone, R. y A. Brown, *A Computable Model of Economic Growth*, Londres, Chapman and Hall, Ltd., 1962.

[24] Uribe, P., C. G. de Leeuw y H. Theil, "The Information Approach to the Prediction of Interregional Trade Flows", por aparecer en *Review of Economic Studies*.

El resultado conjunto de los dos efectos es, entonces:

$$X_{ij}^1 = r_i X_{ij}^0 s_j \qquad [8]$$

o, en notación matricial:

$$X^1 = \hat{r} X^0 \hat{s} \qquad [9]$$

en que $\hat{r}$ y $\hat{s}$ son matrices diagonales de elementos $r_1, \ldots, r_n$ y $s_1, \ldots, s_n$ respectivamente. El fraseo original de Stone y Brown, con A en lugar de X, lleva a la forma $A^1 = \hat{r} A^0 \hat{s}$ (de ahí el nombre de "RAS"). La estimación de r y s se realiza por medio de un mecanismo iterativo, cuya descripción puede encontrarse en otro de los trabajos de Stone y sus colaboradores.[25]

El método ideado por el autor, De Leeuw y Theil implica una posibilidad de generalización del RAS, además de cierto interés analítico; uno de sus casos especiales es equivalente al RAS. Su fraseamiento lleva implícitos ciertos conceptos de la teoría de la información, por lo que resulta difícil tratarlo en poco tiempo y será omitido aquí.

b. *Proyecciones condicionales de producción, dada la demanda final*

La relación fundamental del modelo de insumo-producto es la ecuación (5) (p. 169). Podemos suponer que, dada la predicción exógena Y_{t+h} de la demanda final en el período $t + h$, hecha en t, la siguiente relación es válida:

$$(I - A_t) X_{t+h} = Y_{t+h} + u_{th} \qquad [10]$$

en que A_t es la matriz de coeficientes técnicos para el período t, X_{t+h} es la producción implicada por Y_{t+h} con la matriz A_t y u_{th} es un error que depende de la diferencia de coeficientes técnicos en $t + h$ y los coeficientes en t.

Evidentemente, en el momento de realizar una predicción u_{th} se desconoce, así que el *predictor condicional de* X, *dado* Y, se definiría como:

$$Pred\,[X_{t+h} \mid Y_{t+h}] = (I - A_t)^{-1} Y_{t+h} \qquad [11]$$

Interesa en especial la predicción de la demanda interindustrial, $Z = X - Y$, dado Y, con el predictor, naturalmente derivado de (11):

$$Pred\,[Z_{t+h} \mid Y_{t+h}] = [(I - A_t)^{-1} - I]\, Y_{t+h} \qquad [12]$$

[25] Stone, R., A. Bates y M. Bacharach, *Input-Output Relationships, 1954-1966.* Londres, Chapman and Hall Ltd., 1963.

Tilanus [26] y Theil [27] han estudiado la estructura estadística de los errores logarítmicos:

$$e_{ith} = \log \frac{Pred\ [z_{i,\ t+h}\ |\ Y_{t+h}]}{z_{i,\ t+h}} \qquad [13]$$

en que z_i es la i-ésima coordenada de Z, encontrando, entre otras cosas, la útil *"regla de acumulación"* siguiente: supóngase que Y_{t+1} se desvía de la estricta proporcionalidad de Y_t por un vector η_t. Sea:

$$m_t = (\underset{i}{\Sigma}\ Y_{it}\ /\ \underset{i}{\Sigma}\ Y_{i,\ t+1})\ \eta t \qquad [14]$$

Entonces:

$$e_{ith} = \overset{t+h-1}{\underset{n=t}{\Sigma}}\ e_{is1} + \delta_{ith} \qquad [15]$$

en que δ_{ith} es una cantidad de segundo orden en los elementos de m_t y los elementos de los renglones de $[(I - A_{t+h})^{-1} - (I - A_t)^{-1}]$. Para datos holandeses, Tilanus [28] encontró que la regla de acumulación (ignorando los elementos δ_{ith}) explica el 90 % de los errores de predicción, a 8 años de distancia (o sea, $h = 8$).

Tilanus y Rey [29] han explorado a fondo los predictores del tipo (12), contrastándolos con las "extrapolaciones proporcionales".

$$Pred^*\ [z_{i,\ t+h}\ |\ Y_{i,\ t+h}] = z_{it}\ \left(\frac{Y_{it+h}}{Y_{it}}\right) \qquad [16]$$

tanto en el supuesto de coeficientes técnicos constantes a precios corrientes como en el de constancia de los coeficientes a precios constantes (por ejemplo, constancia de los coeficientes en términos de valor y en términos de volumen, respectivamente).

Por otra parte, Tilanus y Theil [30] han llegado a un método de corrección de las predicciones *sin corregir los coeficientes*, dadas observaciones intermedias. La corrección sugerida es la siguiente: el producto corregido se define, para $q < h$, como:

$$\text{PRED}\ [z_{i,\ t+h}\ |\ Y_{i,\ t+h}] =$$

$$= \frac{z_{i,\ t+q}}{Pred\ [z_{i,\ t+q}\ |\ Y_{t+q}]}\ Pred\ [z_{i,\ t+h}\ |\ Y_{t+h}] \qquad [17]$$

[26] Tilanus, C. B., *Input Output Experiments*, Rotterdam, Universitaire Pers, 1965.
[27] Theil, H., *Applied Economic Forecasting*, Amsterdam, North Holland (en prensa).
[28] *Op. cit.*, p. 101.
[29] Tilanus, C. B. y G. Rey, "Input-Output Volume and Value Predictions for the Netherlands, 1948-1958", *International Economic Review*, 5 (1964), pp. 34-45. Rey, G. y C. B. Tilanus, "Input-Output Forecasts for the Netherlands, 1949-1958", *Econometrica*, 31 (1963), pp. 454-63.
[30] Cf. notas 26 y 27.

o sea, la predicción se corrige proporcionalmente a errores anteriores.

Ante ciertos supuestos bastante generales, los momentos de los errores del predictor (17) son menores (en proporción $\dfrac{h-q}{h}$) a los momentos de los errores de (12).

Haciendo:

$$c_i = \frac{z_{i,\ t+h}}{Pred\ [z_{i,\ t+q} \mid Y_{t+q}]}$$

y $\hat{c}$ la matriz diagonal de elementos $c_1, \ldots, c_n$ se puede reescribir (17) como:

$$\text{PRED}\ [Z_{t+h} \mid Y_{t+h}] = \hat{c}\ [(I - A_t)^{-1} - I]\ Y_{t+h} \qquad [18]$$

y expandiendo la matriz $(I - A_t)^{-1}$ en series de potencias y descartando términos de orden 2 en adelante, se tiene:

$$\text{PRED}\ [Z_{t+h} \mid Y_{t+h}]\ \hat{c}\ A_t\ Y_{t+h} \qquad [19]$$

que no es sino un caso especial de un predictor *aproximado hasta términos de primer orden*, del tipo RAS de Stone y Brown, en que $\hat{r} = \hat{c}, \hat{s} = I$.

CONCLUSIONES

a) Es posible hacer la planeación de la actividad privada en nuestra situación presente, aun cuando falte mucha información. Necesitamos, para ello, refinar considerablemente la técnica estadística utilizada.

b) Los cambios estructurales que implicaría cualquier plan para México obligan a obtener funciones sectoriales de demanda que las que se obtendrían simplemente de la elasticidad-ingreso. Esto es realizable en el contexto de modelos econométricos.

c) Las consideraciones generales de desarrollo y bienestar obligan a la elección *consciente* de tecnologías (funciones-producción) óptimas en el contexto de la economía *en su conjunto*, y no sólo desde el punto de vista del equilibrio parcial.

d) Es posible y necesario determinar, antes de la sectorización del plan, cargas fiscales, coeficientes de inversión, niveles de gasto público, etc., que se ajustarán posteriormente, pero que deben partir de modelos econométricos simples y realistas.

e) Los empresarios privados pueden y deben intervenir *paulatinamente* en la formulación del plan; en un principio, su participación tendrá más bien un efecto "educativo"; posteriormente su ayuda se volverá más valiosa.

4

Programación social

HORACIO LABASTIDA

La idea del desarrollo económico y su planeación, como medios para incrementar la riqueza material de un país, se encuentra íntimamente unida a la política económica, y en realidad, independientemente de su efectividad, ningún político prescinde, en sus actividades, de la idea de la planeación del desarrollo, transformada, en algunas ocasiones, en metáforas que sirven a la justificación de intereses ajenos al bien común.

El hecho indudable, lo que no puede ser tema de discusiones o dudas, es que la planeación económica es un instrumento para racionalizar las responsabilidades de las decisiones económicas, sociales y políticas. Como efecto de la introducción de la programación económica en la acción política, las autoridades han puesto en marcha numerosos programas apoyados en un previo análisis del comportamiento global de los procesos de producción y distribución de la riqueza, teniendo en cuenta sus numerosas interrelaciones y, a la vez, las probables contradicciones de los factores decisivos en las situaciones concretas. La visión general de los problemas del desarrollo se expresa, siempre con más frecuencia, en los modelos económicos, que pueden alcanzar diversos grados de exactitud: desde la relativa precisión de un conjunto de declaraciones de propósitos y metas, hasta la rigurosa presentación de un modelo traducido a los términos de la matriz algebraica.

El tiempo ha descubierto la urgencia de ligar las actividades del desarrollo económico a una finalidad social. El desarrollo económico carece de sentido si se le considera como una tarea en sí misma; equivaldría a las antiguas proposiciones del arte por el arte y la ciencia por la ciencia. Semejantes actitudes son indudablemente obsoletas, y la técnica de la planeación lo sería si no se le atribuyera, como a la ciencia y al arte, un significado profundamente humano. Los hombres desean planear el desarrollo material de su comunidad para alcanzar, en los plazos más breves, el bien colectivo, la abundancia y la tranquilidad. Pero esta meta general del desarrollo, que nadie objeta, requiere a su vez, en el desenvolvimiento concreto de la historia, de una planeación social orientada por dos motivaciones esenciales. La primera consistiría en **ligar** las posibilidades del bienestar con las características y perspectivas del desarrollo económico, y la segunda buscaría alcanzar, con base en los recursos materiales y humanos disponibles, el máximo de productividad social. La programación social aparece, en estos asuntos, como un segundo instrumento para la ejecución de una política acertada, provechosa y justa.

En la actualidad, se ha comprendido que los factores de la producción y distribución de la riqueza se hallan encuadrados dentro de procesos sociales muy complejos y variados que, en determinadas circunstancias, no sólo podrían estimular la expansión de la riqueza material, sino que, en el juego histórico, también deprimen y debilitan el poder creador y progresista de la comunidad. Un ejemplo de semejantes correlaciones se halla en la incidencia del desarrollo demográfico dentro de la planeación económica. Según las experiencias registradas, las expectativas de vida, los índices de mortalidad y de natalidad influyen en la estructura de la población en forma tal que determinan, con el paso del tiempo, la magnitud y el volumen del sector económicamente activo, y el tamaño del económicamente dependiente. Una población con alto índice de natalidad, como la de América Latina por ejemplo, da lugar a un rápido incremento de los menores de 15 años, y por tanto a una disminución relativa de los económicamente activos, ubicados entre los 16 y los 64 años; la población de edad avanzada —65 años y más—, también reducirá su correspondiente proporción. En los países industrializados la situación es diferente: la mengua en la natalidad amplía el porciento de la población económicamente activa e igualmente los grupos de edad límite para el trabajo eficaz. Estos hechos, que derivan de los procesos demográficos, tienen repercusiones en la planeación del desenvolvimiento económico, y el cuerpo responsable de su elaboración debe tomarlos en cuenta, acudiendo al análisis demográfico, para evitar lamentables errores y satisfacer las exigencias de una política económica realista y de largo plazo.

En 1963 se reunió en Dubrovnik, Yugoslavia, un grupo de expertos europeos que discutieron, entre otros temas, las relaciones entre la planeación económica y la social; además se abordaron los siguientes puntos: a) campo y contenido de la planeación social; b) sus datos básicos; c) el establecimiento de prioridades en materia de planeación social; d) la estructura institucional y política para tomar las decisiones en la planeación social.

Entre todas las cuestiones tratadas en aquel seminario hay una que merece plantearse aquí: ¿Cuáles son las semejanzas y diferencias entre la programación social y la económica?

Las más importantes diferencias entre la planeación económica y la social surgen tanto de la concepción de las metas perseguidas como de los métodos empleados. La planeación económica, se ha afirmado, busca, en los niveles sectoriales o globales, un racional y eficiente aprovechamiento de los recursos naturales y humanos para obtener la mayor productividad; en cambio, la planeación social tendría como objetivo mejorar las condiciones sociales que estimulan el aprovechamiento de la estructura económico-social. La planeación económica está relacionada con el desarrollo de la producción de bienes y servicios, y la social con el desenvolvimiento del mismo productor, de los aspectos positivos del grupo —educación y adiestramiento, salud, desarrollo de la comunidad, reforma de la tierra, etc.—, y de la situación y circunstancias del trabajo —salarios, días de descanso, pensiones, seguros.

La programación económica desarrolla los recursos materiales utilizando los humanos, y la social estimula el factor humano usando los recursos materiales. "El planeador de la economía estima una escala de producción con base en los recursos humanos existentes y considerando su desarrollo dentro del período de preparación del plan. El planeador social toma en cuenta los requerimientos del desarrollo económico y de acuerdo con ellos programa, *inter alia*, para el desarrollo de los factores humanos: el primero formula planes para la inversión material y el segundo para la inversión humana. En consecuencia, el problema del desarrollo económico y social balanceado se transforma, hasta cierto grado, en un problema de desarrollo equilibrado entre los recursos humanos y materiales" [1].

La planeación económica y la social difieren, desde otro ángulo, por las distintas necesidades que tratan de satisfacer. La última finalidad de la planeación económica es la de cubrir, con un mínimo costo, las urgencias materiales, y, en cambio, la planeación social intenta satisfacer necesidades no materiales que, por su naturaleza, están íntimamente ligadas a la personalidad humana. Mientras que el desarrollo económico planeado contempla la producción de valores cuantitativos (producto nacional, ingreso *per capita*, por ejemplo), el desarrollo social implica la promoción de valores no mediables, como la protección a la vejez, la seguridad social, el derecho al empleo, la educación, etcétera.

Existen otras diferencias y obstáculos que deben considerarse en la planeación social y económica. Los planes económicos incluyen los cálculos de la inversión para la producción de bienes y servicios y es posible establecer una clara relación entre los costos y los beneficios porque se trata de elementos mediables en función de los precios de mercado que, en el caso, funcionan como un denominador común; en estas condiciones resulta posible determinar el grado de utilidad de la inversión como un factor para la evaluación de su necesidad y de las prioridades que deben corresponder a los programas. No sucede lo mismo al planeador social. La relación costo-beneficio encuentra especiales dificultades en el cálculo de los beneficios sociales, que en gran mayoría son inconmensurables. "Sus efectos productivos —asevera Khafisov al hablar de la inversión social en su estudio *Concepts of Social Planning: Social Planning and Economic Planning, Similarities and Differen-*

ces— no pueden ser expresados en términos de moneda por la razón de que las *utilidades* de las inversiones sociales no son objeto de las transacciones normales del mercado. Aun cuando los costos de un programa social concreto puedan expresarse en dinero, la inaplicabilidad de la misma tasa al beneficio social hace que sea inadecuado el criterio de la *renta* para resolver la conveniencia de la inversión o la necesidad de su distribución en determinadas regiones; pero hay algo más: algunos beneficios sociales, como la reducción de la mortalidad, la ampliación de la educación, el mejoramiento de la habitación y el aumento de la protección a la población de edad avanzada, tienen su propia importancia al margen de todo juicio monetario, ya que son deseables *per se* y no necesariamente por su trascendencia económica. La planeación social abarca inversiones que, con frecuencia, se realizan por razones humanitarias, políticas o culturales. En general, la oportunidad de las actividades sociales y su ubicación, se promueven más por su necesidad social que por su *rentabilidad*; la necesidad en su significado social no coincide con la llamada demanda en economía."

Otros problemas de la planeación social son los que presenta el carácter heterogéneo de las distintas metas del plan, en virtud del cual resulta imposible, para los efectos de la decisión política, comparar los distintos beneficios previstos en el plan, y por ello tampoco podría formularse, sólo con las normas habituales, un cuadro de prioridades. "¿Qué orden de prioridades deberían aplicarse, en una fase dada del desarrollo, a objetivos tales como el incremento del número de camas en los hospitales, el aumento de los ingenieros o la ampliación del espacio *per capita* de la vivienda?... Las más importantes dificultades técnicas en el proceso de la planeación social derivan de una singular situación: en la búsqueda de respuestas a preguntas similares, el planeador tropieza con el problema de calcular lo incalculable, de medir las cualidades o comparar lo que no tiene comparación, y por esto se ve obligado a imaginar maneras indirectas para resolver estos problemas" [1].

La producción de bienes y servicios económicos se financia con los recursos del mercado. La venta de esos productos a los precios establecidos asegura las ganancias y el ahorro que se derramará en la elaboración de nuevos bienes y servicios, no es igual para los beneficios sociales, y por ello el financiamiento de las inversiones para los programas de este tipo constituye uno de los más graves problemas que enfrenta el planeador. Además, la planeación económica, para el diseño de sus esquemas y la elaboración de sus cálculos, cuenta con numerosos indicadores, muchos de gran precisión, que utiliza para el diagnóstico de la economía y la definición de programas concretos destinados a una acción capaz de adaptarse a la realidad de la medida en que lo exijan las circunstancias y el proceso mismo del desarrollo. En la planeación social, como lo ha indicado Khafisov, no hay modo de disponer de "barómetros" sociales que auxilien al programador. No es posible obtener en este campo, una información que permita establecer las relaciones y proporciones en que deben atenderse los distintos sectores sociales para estimular su desenvolvimiento y evitar el desequilibrio. El economista, por el contrario, está en condiciones, al menos desde un punto de vista teórico, de decidir sobre la magnitud y razón de la producción, para mantener el equilibrio y, en su caso, promover el progreso de un sector sin perjuicio del conjunto. El propio Khafisov, al concluir su análisis sobre el tema que venimos desarrollando, dice que "los problemas técnicos de la planeación social, urgida de métodos diferentes a los que se aplican a la programación económica, constituyen un asunto de común interés".

A pesar de las dificultades técnicas que afectan a la planeación social, ahora se conviene en forma unánime en la necesidad de equilibrar, en la planeación, las actividades económicas y sociales. Las Naciones Unidas se han ocupado de esclarecer el concepto de desarrollo equilibrado [2, pp. 22 ss.]. El organismo mundial anota que "el concepto de desarrollo equilibrado significa claramente, para la mayoría de aquellos que se valen de la expresión, el establecimiento de una relación adecuada entre los factores económicos y los sociales en la que se dé la merecida atención a cada campo o sector de desarrollo dentro del todo".

Resulta evidente, entonces, que los proyectos económicos deban ligarse con programas sociales que cumplirán, además de los fines económicos que se buscan, con propósitos de bienestar y servicios.

El uso de las proyecciones, muy generalizado en la actualidad, permite conocer rangos de interrelaciones entre el factor proyectado y otros elementos económicos y sociales. En realidad, se trabaja con variables correlacionadas y, en consecuencia, de repercusiones mutuas. Si la proyección de una variable económica muestra efectos de orden social, el método mencionado se transforma en un idóneo instrumento para la planeación coordinada de los sectores económicos y sociales. Son bien conocidas las proyecciones demográficas y su significación en la planeación del desarrollo, e igualmente las relacionadas con la educación, el adiestramiento técnico y la vivienda.

El método de equilibrio ha sido aprovechado en países de economía centralizada para relacionar los programas económicos y sociales, en su esencia, "es análogo en algunos aspectos al método utilizado por los encargados de la planeación en los países de empresa libre y economía mixta respecto a ciertos materiales necesarios para los proyectos que realiza o fomenta el Estado, cuando estos materiales son escasos. En algunos países con economías mixtas y una planificación global, los métodos utilizados son también semejantes en varios aspectos al método de equilibrio que se usa en los países de planeación económica centralizada".[2]

En la tarea de precisar un método idóneo a la planeación social, las Naciones Unidas y otras organizaciones [3], han señalado una serie de instrumentos para la elaboración de informaciones

CUADRO 1

CUADRO DE INTERDEPENDENCIAS SOCIALES Y ECONOMICAS [1]

PRODUCTOS → / INSUMOS (EXISTENCIAS) ↓	SALUD			NUTRICION				EDUCACION			EMPLEO		HABITACION				FACTORES DEMOGRAFICOS					INGRESO NACIONAL	
	EXPECTATIVA DE VIDA	MORTALIDAD INFANTIL	MORTALIDAD BRUTA	CALORIAS PER CAPITA DIARIA	PROTEINAS PER CAPITA DIARIA	PROTEINA ANIMAL PER CAPITA DIARIA	% DE CALORIAS DE ALIMENTOS POBRES EN PROTEINAS	ANALFABETOS ADULTOS	MATRICULA ESCOLAR	MATRICULA EDUCACION SUPERIOR	% DESEMPLEO	SALARIO REAL, COMO HORAS DE TRABAJO PER kg. DE PAN.	% VIVIENDA EN CASAS	% CON 3 ó MAS POR CUARTO	% DE CASAS CON CAÑERIA DE AGUA	% DE CASAS CON RETRETE	MEDIDA CUARTIL DE DISTRIBUCION DE EDAD	NACIMIENTOS VIVOS POR 1000 MUJERES 15-45	TAMAÑO MEDIO DE POBLACIONES O VILLAS	% ANUAL DE MIGRACION	CABEZAS DE FAMILIA POR 1000 HABITANTES	PIB PER CAPITA	% DE AHORRO PARA PROPOSITOS INTERNOS
NUMERO DE COLUMNAS	1	2	3	4	5	6	7	8	9	10	11	12	13	14	15	16	17	18	19	20	21	22	23
MEDICOS POR 1000 h	(1)	-?	-?	+!	+!	+!	-?	+?	+!	0	+!	-?	+!	-!	+!	+!	-!	?!	-?	0	0	-?	?-
CAMAS DE MATERNIDAD POR 1000 NACIMIENTOS		(2)	+!	-!	-!	-!	+!	0	+!	+?	+!	0	-!	+!	+!	+!	+!	-!	-!	+?	-!	-?	0
CAMAS DE HOSPITAL POR 1000 HABITANTES			(3)	-!	-!	-!	+!	0	+?	0	+?	-?	-!	+!	-?	-!	+!	+!	-?	0	+?	+!	0
BIBLIOTECA POR CIUDAD								(8)	+!	+?	-?	-!	+?	0	0	0	-!	+!	+!	-?	+!	+!	-?
PLAZAS ESCOLARES POR NIÑO SEGUN EDAD									(9)	+!	0	-!	+?	0	0	0	0	+?	+!	-!	+?	+!	+?
PLAZAS UNIVERSITARIAS POR JOVEN										(10)	0	-!	+?	0	0	0	+?	-?	+!	+!	0	+!	+!
CASAS											(11)	0,2	(13)	+?	0	+?	0	-?	+?	+!	0	-!	+!
CUARTOS														(14)	0	0	0	+!	+!	-!	+!	-!	0
AGUA CORRIENTE															(15)	0	0	-!	+!	+!	-!	+!	0
RETRETE																(16)	0	+!	+!	0	0	0	+?
FACTORES DEMOGRAFICOS																	(17)	(18)	(19)	(20)	(21)		
STOCK DE CAPITAL PRODUCTIVO - DE TODO EL CAP. FIJO																						(22)	(23)

1) +! Indica que los cambios en los parámetros de las filas y las columnas probablemente tendrían la misma dirección.
   - Indica que ellos probablemente seguirían direcciones opuestas (por ejemplo, una declinación en el parámetro de la fila estaría asociada con un ascenso en el parámetro de la columna y viceversa).
   ? En lugar de ! indica que la relación entre los parámetros de la fila y lo columna de izquierda a débil, y la dirección de izquierda o débil, pues la dirección puede ser dudosa.
   Significa que incluso la dirección no es intuitivamente evidente.
   0 Indica que probablemente no hay correlación.

básicas a la programación. M. C. Kaser, de la Comisión Económica para Europa, en su trabajo "The Analysis of Costs and Benefits of Social Programmes" [1, pp. 47 *ss*.], hace una especial referencia a los esfuerzos por construir una matriz para la planeación social. "Técnicamente —escribe Kaser— se trataría de una matriz de insumo-producto en tres dimensiones; una mostraría las interrelaciones de los productos en términos de niveles de vida; la segunda en términos de acervo de capital intermedio para asegurar esos productos (se trata de inventarios de capital fijo, como las camas de hospital necesarias para reducir la morbilidad, que no constituyen en sí mismos bienes finales o componentes directos del nivel de vida); y una tercera en términos de costos de trabajo acumulado, o sea, la distribución de los recursos. En cada plano hay una posición correspondiente de un sector en las otras dos, de tal manera que se muestra la interrelación entre el 'costo', el 'beneficio' y el 'acervo de capital (*stock*)'. Para mejorar la relación del costo, el *stock* y las cuentas nacionales y públicas —la distribución del producto nacional por destino y el presupuesto gubernamental—, el costo se subdivide en costos corrientes y costos relativos a gastos de capital" [2, p. 58]. En el cuadro 1, que fue tomado del estudio de Kaser, se encuentra una excelente representación del juego de relaciones entre los distintos sectores que, en su caso y aplicándolo a casos concretos, podría apoyar una planeación global y sectorial en el campo social; el autor mencionado señala que se ha agregado el acervo de capital (*stock*) para ilustración.

La utilidad del método dependerá de una serie de requisitos previos —la información estadística disponible entre otros— y de las decisiones que tomarán los encargados de la planeación económica y social coordinada, de acuerdo con los propósitos y metas definidos tanto para el conjunto como dentro del nivel sectorial.

Existen aplicaciones de métodos para correlacionar los factores económicos y sociales. En rápida descripción, destacando el caso de México, anotaremos el trabajo que nos parece más atractivo. Dentro de las limitaciones impuestas por la relatividad de las informaciones estadísticas que se utilizaron y la selección de los indicadores, el Departamento de Asuntos Económicos y Sociales de las Naciones Unidas publicó un importante estudio sobre las características socioeconómicas de los países del mundo, incluyendo las de América Latina [2, pp. 45-68]. El ingreso nacional y el consumo de energía *per capita* fueron considerados "como los dos indicadores económicos en cuanto reflejan, con todas las salvedades que se harán más adelante, el valor total de los bienes y servicios disponibles y el nivel de industrialización de un determinado país. Aunque estos dos indicadores están muy estrechamente relacionados entre sí, no son en modo alguno idénticos y las variaciones parecen guardar una significativa relación con las variaciones que los niveles de educación y en otros indicadores sociales" [2, pp. 45 y 46]. Los indicadores sociales se eligieron de entre los recomendados en el informe sobre la definición y medición internacional del nivel de vida [3] y una información de la Secretaría General de Naciones Unidas sobre la marcha de los trabajos [4]. Estos indicadores sociales se refieren a la salud, la educación y la nutrición; se usaron también indicadores de la estructura económica y social estrechamente relacionados con los niveles de ingreso y bienestar; ellos son el porcentaje de la fuerza masculina de trabajo empleada en la agricultura, el porcentaje del ingreso nacional proveniente de la agricultura y el nivel de urbanización. La clasificación de los países se hizo con arreglo al ingreso nacional *per capita*, distinguiéndose seis grupos: ingresos de 1 000 dólares y más; de 575 a 1 000 dólares; de 350 a 575 dólares; de 200 a 350 dólares; de 100 a 200 dólares; y de menos de 100 dólares.

Hay que advertir que "la tasa de mortalidad, el número de habitantes por médico, el porcentaje de alimentos feculentos en el número total de calorías y la proporción de la fuerza de trabajo masculina ocupada en la agricultura constituyen elementos inversos de medición del desarrollo en los respectivos sectores y, por consiguiente, presentan correlaciones negativas, salvo cuando se comparan entre sí. Cuando en el presente texto se examina la tasa de mortalidad infantil u otra cualquiera de estas tasas en relación con otras de carácter positivo, debe entenderse, por tanto, que se trata de la inversa del índice en cuestión" [2, p. 47].

México quedaría clasificado, de acuerdo con los anteriores criterios, en el grupo cuyo ingreso *per capita* fluctúa entre 200 y 350 dólares, o sea el IV de la tabla elaborada por las Naciones Unidas. Los datos generales de este grupo son los siguientes: el promedio del ingreso *per capita* de 1956-58, en dólares de los Estados Unidos, fue de 269 dólares, y el promedio de consumo de energía *per capita* en los mismos años equivalía a 536 kilos de carbón. La esperanza promedio de vida (1955-58) ascendía a 57.4 años; la tasa de mortalidad infantil (promedio de 1955-58), a 97.2; el número de habitantes por médico, de acuerdo con las más recientes informaciones que se tuvieron a la vista, era de 3 132; el porcentaje de población alfabeta de 15 años y más, calculada alrededor de 1950, fue de 70; la proporción de matrícula escolar, también según el último año sobre el que se tuvo información llegaba a 60; el consumo de carbón *per capita* sumó 2 510; el porcentaje representado por las féculas en el total de calorías consumidas fue de 74; el porcentaje de la fuerza de trabajo masculina en la agricultura (mediados de 1956), ascendió a 53; el nivel de urbanización (1955) se calculó en 26; y, por último, la parte del ingreso nacional derivado de la agricultura estuvo representada por el 29.9 %. En el cuadro 1, tomado del trabajo del Departamento de Asuntos Económicos y Sociales de las Naciones Unidas, se podrán comparar y apreciar los datos del grupo IV con los de los grupos I y VI, que corresponden a ingreso *per capita* de más de 1 000 dólares y menos de 100

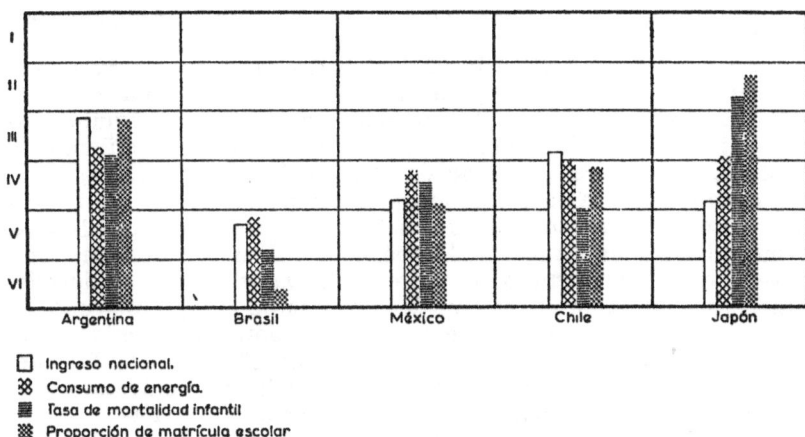

☐ Ingreso nacional.
☒ Consumo de energía.
▤ Tasa de mortalidad infantil
▨ Proporción de matrícula escolar

GRÁFICA 1

dólares, respectivamente. La comparación ilustra la posición de México como miembro del grupo intermedio.

Combinando los indicadores ingreso nacional *per capita*, consumo de energía *per capita*, tasa de mortalidad infantil (inversa) y proporción de matrícula escolar, en la inteligencia de que los dos últimos representaban la salud y la educación, la mencionada División de Asuntos Económicos y Sociales de las Naciones Unidas elaboró una gráfica que permite una fácil estimación, entre otros, de la situación prevaleciente en algunas naciones latinoamericanas. Para ilustración de este trabajo ofreceremos en seguida los casos de Argentina, Brasil, Chile y México, comparados con el de Japón (gráfica 1).

CUADRO 2

Límites de grupos [a]

Grupo	Ingreso nacional (dólares)	Consumo de energía	Tasa de mortalidad infantil	Proporción de matrícula escolar
I	Más de 1 000	Más de 3 150	Menos de 28	Más de 92
II	575–1 000	1 675–3 150	28–44	81–92
III	350–575	800–1 675	44–65	69–81
IV	200–350	350–800	65–100	54–69
V	100–200	120–350	100–160	38–54
VI	Menos de 100	Menos de 120	Más de 160	Menos de 38

[a] Los países que quedaban exactamente en la línea divisoria han sido incluidos en el grupo inmediato superior.
FUENTE: Naciones Unidas, División de Asuntos Sociales, *Informe sobre la Situación Social en el Mundo*, Nueva York, 1961, p. 48.

Las bases para la interpretación de la gráfica se encuentran en el cuadro 2.

Con variaciones apreciables, dentro del nivel que corresponde al grupo IV, México ha logrado mejorar tanto las condiciones de salud como la educación de un modo más o menos equilibrado con el incremento del ingreso *per capita* y el desenvolvimiento industrial. No ocurre lo mismo en el caso de Brasil y Chile, repúblicas en las que se advierten graves discrepancias entre los indicadores económicos y sociales, con saldos negativos para los últimos, principalmente en Brasil. "El Japón —escriben las Naciones Unidas— brinda un ejemplo de países relativamente muy industrializado (grupo III en el renglón de consumo de energía y grupo IV en el de ingreso nacional), pero con indicadores sociales considerablemente más avanzados que los económicos" [2, p. 57]. Es interesante advertir que el desarrollo de Japón ha coincidido con el demográfico: la población se duplicó entre 1870 y 1960.

El profesor John Kenneth Galbraith, ha señalado algunos factores negativos en el desarrollo, destacando sus relaciones con la administración pública, y dice: "Hemos dicho —se refiere al desarrollo económico— que el capital y el conocimiento técnico son los elementos que faltan. Pero en muchos de los más nuevos Estados africanos los gobiernos nacionales aún están en las primeras etapas, y en algunas partes de Latinoamérica nunca se ha alcanzado un nivel mínimo de eficiencia. Bajo estas circunstancias la inversión, sea pública o privada, está sujeta a los riesgos, las incertidumbres y las excentricidades de una pobre administración pública."

En el caso de la planeación social, debe establecerse una íntima unidad entre los planes económicos y sociales, a fin de determinar los lineamientos de su coordinación y equilibrio. Shimon Danieli en su trabajo *Public Administration and Planning Process* [5] señala que en México se han logrado importantes éxitos en la movilización de su energía y recursos sin el auxilio de un mecanismo formal y central de planeación, pero es de advertirse que el propio gobierno ha intervenido constantemente como una fuerza directiva [5, p. 14].

La organización administrativa de la planeación corresponde al tipo de plan asumido por la comunidad. En términos generales y con base en un ensayo de U. K. Hicks [8], Danieli anota tres niveles distintos en la planeación, desde el punto de vista de su amplitud: "En primer lugar, el programa de desarrollo puede comprender algo más que una mera selección de proyectos individuales dentro del sector público, como en el caso del Plan Monnet en Francia. Las razones que, en la época, se ofrecieron para justificar esta manera de planear fueron la confusión de la información estadística para apoyar un plan general y la urgencia de los programas de reconstrucción en la posguerra. Resulta obvio que en un plan concebido en semejantes términos, los efectos de corto plazo sobre el producto nacional no serán trascendentales, de modo que las estimaciones del ingreso nacional pueden prescindir de una excesiva precisión. Es más comprensivo el plan que abarca la totalidad del sector público y parte del sector privado a través de la provisión de elementos tales como la energía y los trabajos básicos en actividades agrícolas. Un buen ejemplo de esta clase de programa se encuentra en el primer plan quinquenal de la India. En esta clase de planes hay metas económicas, previsiones sobre la industria privada, etc. Un tercer tipo de plan más preciso y amplio es el representado por el cuarto plan francés de cuatro años (1962-65). En él se definen los objetivos que debería lograr la industria controlada por órganos oficiales o privados. Ha sido aceptado que el gobierno se encargue de impedir que los "cuellos de botella" en el lado de la oferta perturben "la marcha del plan" [5, p. 7]. En América Latina pueden hallarse formas de planeación que entrarían en todos los tipos descritos, aun cuando se advierte, principalmente como una tendencia, un esfuerzo por llevar la planeación social y económica al orden de las concepciones globales. Un buen ejemplo en la materia se encuentra en la ley que creó, en Perú, el Sistema Nacional de Planeación del Desarrollo Económico y Social. La legislación, señala Danieli, integra el mecanismo de planeación a través de tres funciones muy claramente definidas. La primera corresponde al alto nivel de las decisiones políticas; la segunda, a las actividades técnicas de la planeación, que cumple el Instituto Nacional de Planificación; y la tercera corresponde al Consejo Consultivo de Planificación que, como lo indica su nombre, realiza una función consultiva.

El primer nivel, el de las decisiones políticas, descansa en el gabinete ministerial con la eventual asistencia del presidente del Banco Central y su propósito consiste en formular las direcciones políticas en la preparación de los planes y recomendar y apoyar la programación que deberá sujetarse a la aprobación del Presidente de la República. El titular del poder ejecutivo preside el Consejo personalmente o a través de un delegado designado por él. El Consejo Consultivo, por otra parte, se ocupa de promover y activar el sector privado de la economía por medio de sus facultades asesoras y consultivas. El Instituto Nacional de Planificación como órgano técnico tiene el deber de preparar los planes y programas, elaborar la técnica de la planeación y recomendar acciones concretas a los órganos responsables de la decisión.

El modelo peruano cumple con las exigencias de la teoría administrativa. En Ecuador y Colombia participa la iniciativa privada en los órganos de la planeación, y en Paraguay dos representantes de la Cámara son miembros, como asesores, del Consejo Nacional de Coordinación Económica. En Chile, el Comité de Programación Económica y de Reconstrucción ha funcionado bajo la presidencia del Ministro de Economía, Desarrollo y Reconstrucción y está constituido por otros ministros y oficiales de alto rango. En México, la responsabilidad directa recae en la Presidencia de la República, auxiliada por distintas secretarías de Estado, entre las que cabe citar la de la Presidencia y la de Hacienda y Crédito Público.

La aplicación del método de equilibrio, que hemos descrito, exige que en el cuerpo más alto de la planeación se consideren los aspectos sociales, y del mismo modo que la eficacia del sistema para el campo económico supone la necesidad de su coordinación con las dependencias administrativas encargadas de la aplicación de los proyectos en cada uno de los sectores económicos, así también tendría que procederse para las actividades sociales. La armonía en el conjunto administrativo, postulada en la planeación, es uno de los requisitos básicos.

Es indispensable insistir en una idea aceptada en el campo de la administración. La planeación social y en general todo esfuerzo que tienda a racionalizar el desarrollo, encontrará dificutades prácticamente insuperables si no se halla, para su realización, una administración adecuada y eficiente. La tarea está llena de obstáculos técnicos y prácticos, pero las experiencias muestran caminos optimistas. Es evidente, además, que las reformas administrativas que impondría la planeación se ajustarían a las circunstancias, estado y tradiciones de cada país. No existe, en este capítulo, modelo universal y absoluto.

EL DESARROLLO DE LA COMUNIDAD

No es una tarea fácil lograr, con la debida comprensión, una definición cabal del desarrollo de la comunidad. Se han intentado, más que definiciones propiamente dichas, descripciones de los propósitos que impulsan al antropólogo o al sociólogo cuando diseña, al nivel de una comunidad o de una nación, un programa de desarrollo social. Estas descripciones son, en términos relativos, sencillas y prácticas. El desarrollo de la comunidad, dicen algunos, es la acción que tiene por objeto aprovechar los servicios que ofrece el Estado o las agrupaciones privadas que trabajan en este campo —sociedades de beneficencia, agrupaciones para el bienestar, etc.—, con el fin de promover, dentro de la comunidad, cambios sociales y actitudes más favorables al progreso individual y colectivo. Pero lo esencial de la tarea consiste en obtener que los miembros de la comunidad aporten, para desatar su propio desarrollo y, en consecuencia, el nacional, los valores que les son propios, sus posibilidades reales, concretas, y no limitarse a la asimilación pasiva de los bienes de cultura o materiales que proceden de la autoridad.

Cuando el problema del desarrollo de la comunidad se contempla desde el punto de vista dinámico, que supone la militancia de la misma comunidad en el esfuerzo por alcanzar mejores niveles de vida, se advierte, con cierta hondura, que la técnica debe abarcar, en el proceso del desarrollo, todas las variables que integran el complejo social denominado comunidad, y tales variables implican la necesidad de asumir, ante la comunidad, una actitud rigurosamente científica. En efecto, el desarrollo de la comunidad exige tareas de investigación, planeación, coordinación y evaluación. En un proyecto de desarrollo de la comunidad, la investigación cumple deberes esenciales: el conocimiento general y detallado de las características de la comunidad donde se pretende iniciar un programa de cambio. Tal conocimiento, en la medida en que refleje exactamente la realidad, será la base para fincar sólidamente la planeación y la coordinación del desarrollo. Por esto es indispensable insistir en la importancia fundamental de los trabajos de investigación.

Para diseñar la investigación no basta con acortar el campo del conocimiento dentro de las fronteras de la comunidad elegida; es indispensable entender que una comunidad no es un ente aislado y solitario, salvo muy escasas excepciones y, por tanto, la investigación, aparte de descubrir las correlaciones de cada uno de los factores de la comunidad, establece, al mismo tiempo, sus conexiones con los que operan en otras comunidades, en la región y en el ámbito nacional.

Si los resultados de la investigación son satisfactorios, deben principiar los trabajos de planeación y coordinación.

La evaluación es el medio a que acuden los antropólogos y sociólogos para estimar los resultados concretos del programa de desarrollo de la comunidad. Su utilidad es indiscutible, pues una correcta evaluación equivale a confrontar la teoría y la realidad para confirmar, entre otras finalidades, la validez de la primera a través de un procedimiento equivalente al que se lleva a cabo, con el auxilio del experimento, en las ciencias naturales.

La coordinación del desarrollo de la comunidad con el programa de desarrollo nacional es uno de los capítulos básicos que deberá resolverse durante las etapas de planeación y coordinación.

LA MAGNITUD DE LOS SECTORES SOCIALES

En el Estudio Internacional de los Programas de Desarrollo Social de Naciones Unidas [6], aparece una cuidadosa descripción de los programas sociales en los países del mundo. Aparte de señalarse, en dicho estudio, las bases sociales, legales, económicas, políticas y jurídicas en que se apoya el esfuerzo consciente, oficial y privado, para elevar los niveles de vida, se elaboran numerosas y justas consideraciones en torno a las modificaciones y cambios que exhibe, en su conjunto, la evolución de los principios en que se apoya la expansión de los programas de acción social. Entre los principales cuentan, a nuestro juicio, los siguientes:

a) La aceptación, casi general, del principio de los derechos sociales como base de la organización de la política social. "La evolución del principio de los derechos sociales, señalan las Naciones Unidas, es a la vez causa de la mayor responsabilidad que asume el Estado en el campo social y consecuencia de la creciente intervención del gobierno en el desempeño de las funciones del bienestar social, dado que estas funciones se instituyen por ley y, por consiguiente, deben ser desempeñadas en la forma impersonal que establece la legislación, en vez de ser inspiradas por móviles caritativos u otros motivos."

b) El derecho a la educación, a la salud y al mejoramiento de los grupos trabajadores de la ciudad y el campo, forman parte esencial de las aspiraciones de las comunidades civilizadas y de sus instituciones jurídicas, y son el resultado de una serie de acontecimientos históricos con características diversas pero semejantes en cuanto a los propósitos, que han ocurrido en la mayoía de las naciones. La educación, al menos en los ciclos primarios, es una obligación de la sociedad, y en cuanto a la sanidad se pretende universalizar el deber de otorgar a los ciudadanos la atención médica como servicio público análogo a la enseñanza. Por lo que hace a los grupos de trabajadores, los cambios se advierten en las facultades establecidas y reconocidas por la ley, como las que sancionan el derecho a organizar sindicatos y celebrar contratos colectivos, a recibir un salario mínimo, al descanso dominical y las vacaciones pagadas, a la protección contra los riesgos del trabajo, los accidentes y enfermedades, la disminución del ingreso y el desempleo.

c) La pobreza no es contemplada ahora como natural y perpetua situación de ciertos grupos sociales; las ideas modernas se orientan a reconocer que los pobres son víctimas de circunstancias que la sociedad puede y debe combatir con el auxilio de medidas preventivas, protectoras y correctivas, combinando los tradicionales conceptos de la caridad por sistemas que incluyen reformas institucionales y sistemas de seguridad social ampliadas al total de la población. "La política social, reconocen las Naciones Unidas, tiende cada vez más a prever y evitar la pobreza por medio de programas que abarcan a la población en general y no solamente a los menesterosos." Para ello, al margen del seguro social, se han dictado disposiciones preventivas de la indigencia, y en su caso, para rehabilitar a quienes no han podido evitarla, como ocurre con los servicios de orientación y adiestramiento, las bolsas de trabajo, los hogares sustitutos y los centros de adaptación de delincuentes y personas de conducta anormal.

d) Por último, la necesidad de incrementar el ingreso y redistribuirlo en forma equitativa, ha creado estrechas relaciones entre la política social y la económica. El nivel de vida, desde el ángulo de los recursos, puede elevarse redistribuyendo la riqueza y los ingresos entre las diferentes clases sociales —reforma agraria, cargas fiscales destinadas a programas sociales, legislación obrera y campesina, etc.—, y "aumentando la producción y creando nueva riqueza y nuevos ingresos, siempre que la nueva riqueza no se concentre en manos de las clases pudientes de la sociedad".

Los más importantes sectores sociales comprenden los siguientes programas: salud, nutrición, mejora de la vida y de los servicios de la comunidad, ayuda al consumidor, educación, condiciones del trabajo, seguridad social y medidas conexas para garantizar los medios de subsistencia, protección y readaptación social, y desarrollo social de las regiones rurales. Siguiendo la guía de las Naciones Unidas, el contenido de esos programas podría mostrarse en la siguiente forma:

Salud. El programa nacional de salud y su expresión a través de los servicios de sanidad local y rural: *los centros* de salud y las *unidades médicas* móviles. La preparación del personal de sanidad: médicos, enfermeras y auxiliares. Los requisitos y fiscalización de los preparados farmacéuticos. El saneamiento ambiental. Las medidas de higiene preventiva y social: educación sanitaria del público a través de las actividades profesionales, las escuelas, la acción social, la difusión de material docente y la participación de la comunidad. Higiene materno-infantil: niños en edad preescolar y escolar, la atención dental de los niños. Prevención y lucha contra las enfermedades trasmisibles: paludismo, treponematosis, tuberculosis, viruela, fiebre amarilla, tifo, difteria, tracoma, etc. Nutrición: política nacional de nutrición. Abastecimiento de alimentos y necesidades dietéticas. Mejora del valor nutritivo de los alimentos. Almacenamiento y conservación de los alimentos. Alimentación complementaria: niños en edad preescolar y escolar, los trabajadores, la alimentación del viejo. Educación en materia de nutrición. Formación del personal especializado en nutrición.

Vivienda y servicios de la comunidad. Política de construcción, mantenimiento y reconstrucción de la vivienda: cooperación y métodos de acción por el esfuerzo propio, reglamentación de los alquileres, administración de los programas de construcción de la vivienda. El financiamiento de los fondos destinados a la construcción, mantenimiento y reconstrucción de la vivienda: públicos, institucionales, particulares, aportación de los inquilinos. Construcción: métodos de construcción, materiales, códigos y reglamentos. Planificación regional y local.

Ayuda al consumidor. Medidas para proteger al consumidor: fiscalización de la propaganda, control de los alimentos, protección al consumidor por parte de las organizaciones privadas y semioficiales; cooperativas de consumo.

Educación. Educación preescolar. Enseñanza primaria: duración de la escolaridad, unificación de los tipos de enseñanza, ayudas suplementarias: subsidios, distribución de comida, ropa; medios de transportes, etc. Reformas de programas y métodos de enseñanza. Enseñanza secundaria: la selección de los estudiantes, reforma de los planes y métodos de enseñanza, el aprovechamiento y las aptitudes de los estudiantes. La formación de los maestros de primaria y secundaria: selección y formación de maestros urbanos y rurales, sueldos e incentivos. La orientación profesional y la enseñanza técnica. La enseñanza superior: igualdad de oportunidades, las reformas pedogógicas y los planes de estudio. La educación extraescolar: educación de adultos, la educación fundamental y el alfabetismo. *Las condiciones del trabajo.* El empleo y el desempleo: el problema del subempleo, la organización del empleo, la orientación profesional, la enseñanza profesional y el empleo, la migración y el empleo, productividad e incentivos. La política en materia de salarios. Seguridad e higiene del trabajo. Horas de trabajo, vacaciones y bienestar. Protección de los trabajadores jóvenes. La mano de obra femenina. El trabajo de los menores. La gente de mar. Los intelectuales asalariados. Relaciones industriales: sindicatos, negociaciones colectivas, solución de conflictos y relaciones humanas.

Seguridad social y medidas conexas. Extensión de la seguridad social. Sistematización de las medidas de seguridad social. Prestaciones adecuadas. Las medidas preventivas. Las prestaciones familiares. Las prestaciones del seguro social: asistencia médica: seguro de enfermedad, de maternidad, de desempleo, de vejez, de invalidez, de daños derivados del empleo. Pensiones a los sobrevivientes. El auxilio privado. Los servicios públicos y la asistencia social.

Protección y readaptación social. Medidas para fortalecer la vida familiar: privilegios económicos para la familia, capacitación y asesoramiento para la vida familiar, ayuda en el hogar. Medios de recreo y entretenimiento. Los niños que crecen de vida familiar normal. La protección a los ancianos. La rehabilitación de las personas impedidas. La formación profesional del personal de asistencia social. La prevención del delito y tratamiento de los delincuentes.

El desarrollo rural. Reforma agraria. La reducción del endeudamiento de la población rural y la estabilización de los ingresos rurales: el problema del crédito, las instituciones de crédito agrícola, las cooperativas de crédito, el crédito asesorado, los préstamos en especie, asociaciones para el mejoramiento de los hábitos de vida. El seguro agrícola: el seguro de las cosechas. El desarrollo de la comunidad rural: los servicios de divulgación agrícola, la economía doméstica; las cooperativas rurales, la ayuda técnica, económica y social.

La ciudad y el campo. El mecanismo de la urbanización y sus efectos en la vida rural, las migraciones a la urbe, etcétera.

La magnitud de los sectores sociales, cuya muestra hemos presentado, ofrece un claro ejemplo de la importancia actual del desarrollo social y de la necesidad de planearlo y orientarlo hacia una participación, cada vez más elevada, de los miembros de la comunidad en los productos y beneficios de las instituciones y el sistema social en general. Cualquier otro camino, como ya se indicó con anterioridad, abriría las puertas a las tensiones y conflictos. La planeación del desarrollo social, en este sentido, cumple con la

tarea de eliminar la posible explosión social, asegurando un desarrollo amónico de acuerdo con las necesidades dinámicas de los
procesos económicos y sociales. El desequilibrio entre el desarrollo
social y el económico es, en el fondo, una razón suficiente de la
violencia.

EL MODELO POLÍTICO-SOCIAL DE MÉXICO

El desarrollo de México se funda en las dos corrientes sociales y
políticas definidas por el movimiento revolucionario de 1910 y su
expresión jurídica, contenida en la Constitución de 1917. En conjunto, el desenvolvimiento social y económico ha respondido a un
modelo político que se expresa a través de estas ideas: a) entre
el desarrollo económico y social debe existir un equilibrio y una
influencia mutua, de tal manera que el uno promueve y apoye el
crecimiento del otro; b) el desarrollo económico es un instrumento
de la justicia social y esta última un medio de distribuir, entre la
población, los bienes y servicios materiales y culturales, a fin de
elevar en forma racional y consecuente los niveles de vida. Esto
significa que en el modelo político del desarrollo, el factor humano
obtiene una relevancia excepcional como fin último del crecimiento.
La concepción expuesta coincide en algunos aspectos con el pensamiento Colm, Geiger y Hirschmann, que aparece en el ya citado
estudio. La palabra "desarrollo", explican esos autores, no se utiliza
como sinónimo de "crecimiento". En los países subdesarrollados
de Asia, África y América Latina, el desarrollo exige cambios sociales y culturales a la vez que crecimiento económico; es decir,
tiene que darse una transformación cualitativa al mismo tiempo
que los incrementos cuantitativos. Existe, de hecho, una relación
recíproca entre ambos, y ni uno ni otro continuará durante mucho
tiempo o irá muy lejos si no se da el otro. De ahí que el desarrollo
suponga: "cambio más crecimiento" [7, p. 57]. Y en otra parte
del mismo trabajo se afirma que "el análisis económico en los
países subdesarrollados no puede proceder así (igual que en los ade-
lantados), porque los factores no económicos no se expresan a sí
mismos en el tipo de comportamiento económico que se ajusta
a las hipótesis convencionales de la teoría económica occidental.
La distinción de Hirschmann entre economía del crecimiento y
economía del desarrollo resulta muy útil. Nuestra propia definición
del desarrollo como "cambio más crecimiento" no es más que otra
manera de subrayar el hecho de que en los países subdesarrollados
los factores no económicos que afectan el desarrollo no pueden
considerarse como datos y, por consiguiente, no se puede prescindir de ellos. Antes, por el contrario, hay que tomarlos explícitamente en cuenta en el análisis económico del desarrollo... Un
plan de desarrollo que no se relaciona conscientemente con los
principales factores no económicos que actúan en el país en cues-

tión —incluso aunque no estén formalmente incorporados al propio plan— sería solamente un ejercicio teórico [7, p. 60].

La preocupación por estimular el desarrollo social encuentra su reflejo, aunque parcial, en las proporciones de la inversión pública federal destinada al beneficio social. Durante los años 1925-1929 se registró, en el total, una tendencia al ascenso de la inversión social: en 1925 fue un 5.95 % de la inversión, y en 1929 la cantidad llegó hasta un 16.2 %. En los años que siguen hay variaciones y una gran irregularidad. En 1930, la proporción fue del 12.4 % de la inversión pública federal; en 1934 la cantidad llegó a 13.2 %; en 1935 descendió al 10.2 %, y en 1940, al 10 %. En el año de 1941 la parte social de la inversión alcanzó casi el nivel de 1929 y en 1946 sólo un 10.6 %. Durante los años 1947 y 1951 la inversión en servicios públicos fluctuó entre el 9.6 % de 1950 y el 15.5 % de 1948. En 1952 hay un incremento que se advierte en el 18.3 %, proporción que, con ligeros cambios, se repite en 1956 y 1957 [8, pp. 53 y 58]. Los cambios de los números relativos y su significación deben apreciarse en función de la magnitud de las inversiones expresadas en números absolutos (cuadro 3).

En los años anotados se registra, con base en los números absolutos, un apreciable aumento que va desde los 20 millones de 1925 hasta los 622 millones del año 1957. En la fuente consultada se incluyen, en el capítulo de beneficio social, los siguientes renglones: servicios públicos, urbanos y rurales, hospitales y centros asisten-

CUADRO 3

México: destino de la inversión pública federal en algunos años

(Millones de pesos de 1950)

| Años | Total | | Beneficio social | |
	Absoluto	%	Absoluto	%
1925	336	100	20	6.0
1929	390	100	63	16.2
1930	402	100	50	12.4
1934	417	100	55	13.2
1935	588	100	60	10.2
1940	887	100	89	10.0
1941	966	100	155	16.0
1946	1 334	100	142	11.0
1948	1 817	100	227	13.0
1950	2 672	100	256	10.0
1952	2 593	100	472	18.3
1956	2 808	100	526	19.0
1957	3 309	100	622	19.0

FUENTE: Secretaría de la Presidencia, Dirección de Inversiones Públicas. Se recalcularon los porcentajes.

ciales, educación e investigación y habitación. En los primeros años (1925-35) la máxima asignación correspondió a servicios públicos urbanos y rurales, y una pequeña proporción a hospitales, centros asistenciales y educación; esta misma situación se repite durante 1935 y 1940. Entre 1941 y 1952 se anotan francas ampliaciones para los servicios educativos y de salud, apareciendo en 1947 las inversiones en el sector vivienda.

A partir de 1953 hay un apoyo constante a la vivienda y un crecimiento de inversiones para la educación. La salud y la asistencia develan mayores inversiones en el bienio 1956-1958.

No obstante que la tasa media anual de crecimiento demográfico entre 1930 y 1960 pasa, en México, de 1.7 % a poco más de 3 % y la población, en el mismo período, de 16 a 35 millones de habitantes, se han registrado avances en los sectores sociales. La estructura rural del país, como lo ha probado H. F. Cline [9, pp. 101-12], se mantiene en una gran parte del territorio, pero el proceso de urbanización, paralelo al desarrollo social y económico continúa: en 1930 la población ocupada en el campo alcanzaba el 80.2 % del total, y en 1960 se redujo hasta un 62.5 %. El producto nacional bruto, en pesos de 1950, fue de aproximadamente 16 mil millones de pesos en 1930, y en 1960 de 67 mil millones de pesos; por otra parte, el ingreso real por habitante, en pesos de 1950, fue calculado, para 1930, en 602 pesos, y para 1960 en 1 715 pesos.

La estructura de las clases sociales, en la década 1950-60 y sus cambios puede apreciarse en el cuadro 4.

CUADRO 4

México: estructura y cambios en las clases sociales [1]
1950-60

(Porcientos)

	1950	*1960*
Población total	100.0	100.0
Clase popular	83.9	82.4
Rural	55.4	50.1
Urbana	28.5	32.3
Clase media	15.5	16.9
Rural	9.8	9.9
Urbana	5.7	7.0
Clase alta	0.6	0.7
Rural	0.2	0.2
Urbana	0.4	0.5

FUENTE: Presidencia de la República y Nacional Financiera, *Cincuenta años de Revolución en cifras*, México, 1963, p. 154.

[1] Las clases sociales se determinaron por sus niveles de ingreso.

Los indicadores generales del desarrollo social, para el período 1930-1960, pueden apreciarse a través de los siguientes renglones: *Salud*. El promedio de consumo de calorías *per capita*, por día, fue de 2 380 durante 1954-57, y de 2 440 entre 1957-60. El consumo promedio de proteínas, por día, era de 64 gramos por habitante en 1954-57 y de 68 gramos en el período 1957-60; el consumo promedio de proteínas animales varió en esos años de 17 a 20 gramos por día. En 1930 la esperanza de vida del recién nacido era de alrededor de 30 años; en 1960 se calculó en algo más de 60 años. La tasa de mortalidad infantil por cada mil nacimientos era de casi 132 en 1930 y en 1958 fue de 80.1.

Vivienda. Se ha estimado que, para 1950, había un 60.3 % de habitaciones en pésimo estado de servicio, lo que significa un total de 3 millones. La inversión en viviendas por el lado del sector público, a pesar de su volumen, sólo pudo lograr la construcción, hasta 1958, de casi 57 mil viviendas; no se cuentan las edificadas por el sector privado [10, p. 158].

Seguridad social. Únicamente se consideran los datos relativos al Instituto Mexicano del Seguro Social. En 1940 la población amparada era de 356 mil personas de las zonas urbanas; no hubo amparados en las regiones rurales; éstos quedaron incluidos hasta 1950. En 1960 la población amparada llegó a casi 3.4 millones de personas, de las cuales 112 mil eran habitantes de zonas rurales. Además del IMSS, trabajan el Instituto de Seguridad y Servicios Sociales de los Trabajadores del Estado y el Instituto de Seguridad Social para las Fuerzas Armadas.

Educación. De acuerdo con el censo de 1960 y considerando la población de 6 y más años, la población analfabeta comprendía más de un tercio del total: 37.8 %, de los cuales el 32.4 % era urbana y el resto, un 67.6 %, rural. Tanto en la ciudad como en el campo predomina el analfabetismo femenino: del total de analfabetos en zonas urbanas, el 58.4 % fueron mujeres y en las regiones rurales ese porcentaje fue de 53.0 %. Considerando sólo la población de 15 y más años, el analfabetismo sería de 34.6 %.

La población de escuela primaria (7 a 14 años) matriculada en 1959 representaba el 85.6 % del total y en 1960, el 88.0 %. Como el porcentaje en 1961 llegó a 89.4 %, el incremento en el trienio 1959-61 resulta de 4.4 %. Los datos sobre educación media revelan que del total de la población de 13 a 18 años, el 7.1 % estuvo matriculada en 1959, y en 1960, el 10 %, lo que significa un incremento de 49.3 %. Por último, la matrícula en la educación superior registró a 87.1 miles de alumnos y en 1960 a 93.7 miles; el incremento fue de 7.6 %. Se ha estimado, desde otro punto de vista, que México destinó a su educación el 14.8 % del presupuesto total en 1959, y el 16 % en 1960.

Existen otros sectores sociales muy importantes —condiciones de trabajo, bienestar social, etc.—, pero los señalados exhiben dos aspectos del problema mexicano: *a)* lo que se ha logrado en los últimos años, y *b)* las tareas que aún deben cumplirse. Las deficiencias

CUADRO 5

México: inversión social del gobierno federal, 1959-1963

(Millones de pesos)

Concepto	Total	%	1959	%	1960	%	1961	%	1962	%	1963	%
Total	49 924.7		6 532.1		8 376.2		10 372.2		10 823.4		13 820.3	
Beneficio social	10 758.8	21.6	862.8	13.2	1 885.1	22.5	1 756.5	16.9	2 272.3	21.0	3 982.1	28.8
A. Servicios públicos (urbano y rural)	4 694.6	43.7	471.6	54.7	747.9	39.7	860.4	49.0	1 016.6	44.7	1 598.1	40.1
B. Hospitales y centros de asistencia	2 413.0	22.4	152.8	17.7	514.4	27.3	375.5	21.4	427.7	18.8	942.6	23.7
C. Educación e investigación	1 185.1	11.0	107.5	12.4	191.9	10.2	272.7	15.5	174.7	7.7	438.3	11.0
D. Habitación	2 466.1	22.9	130.9	15.2	430.9	22.8	247.9	14.1	653.3	28.8	1 003.1	25.2

FUENTE: Secretaría de la Presidencia, Dirección de Inversión Pública, México, *Inversión pública federal, 1925-63*, México, 1964, p. 119.

afectan a la población urbana y rural, y ello obliga a continuar la realización de proyectos bien planeados, a efecto de lograr la máxima productividad social de las inversiones.

Las distintas magnitudes de los recursos del gobierno federal asignadas al desarrollo social durante los años 1959-63, aparecen en el cuadro 5.

En el conjunto del período 1959-63 hay una tendencia al ascenso de la inversión social. Ciertos principios de planeación sectorial en los campos de la educación primaria y media, y algunos esfuerzos en materia de salud, habitación y empleo, develan la conciencia que sobre el particular existe en las esferas administrativas; sin embargo, no podría hablarse de un programa para el desarrollo social. Un instrumento de esta clase, debidamente elaborado y ajustado a las realidades, es el factor técnico y político indispensable para lograr una mejor participación de los grupos y clases sociales en las instituciones; además, la planeación social se podría transformar en un camino llano para realizar dentro del país el modelo político de crecimiento y desarrollo concebido por la Revolución de 1910 y la Constitución Política de la república.

La necesidad de la planeación social en México es urgente. Los problemas son numerosos —metodológicos, administrativos, etc.—, pero la situación real, los antecedentes históricos y la experiencia adquirida muestran la necesidad de enriquecer la concepción del desarrollo, creada por la historia contemporánea de la república, con el auxilio de la técnica elaborada por las ciencias sociales.

BIBLIOGRAFÍA

1. United Nations, *The Problems and Methods of Social Planning*, Yugoslavia, noviembre de 1963.
2. Naciones Unidas, *Informe sobre la situación social en el mundo*, Nueva York, 1961.
3. Naciones Unidas, *Definición y medición internacional del nivel de vida*. Guía Provisional (61. IV. 7).
4. Información de la Secretaría de Naciones Unidas sobre la marcha de los trabajos (E/CN.5/353).
5. Danieli, S., *Public Administration and Planning Process*, Santiago de Chile, 1964.
6. Naciones Unidas, *Estudio internacional de los programas de desarrollo social*, Nueva York, 1955.
7. Colm, G., y Geiger, Th., "La programación nacional como guía para el desarrollo" en *El desarrollo de los países nuevos*, México, 1964.
8. Presidencia de la República y Nacional Financiera, S. A., *Cincuenta años de Revolución en cifras*, México, 1963.
9. Cline, F. H., *México, 1940-1960*, Oxford University Press, 1962.
10. Cacho A., Raúl, "La Vivienda", *México: cincuenta años de Revolución*, II, México, 1960.

5

Los recursos humanos

GUADALUPE RIVERA M.

El crecimiento de la población en México acusa uno de los índices más altos del mundo. Baste para ello saber que entre 1950 y 1960 el aumento absoluto fue de 9.8 millones (3.1 % de crecimiento medio anual).

Según el criterio de algunos expertos nacionales e internacionales,[1] el crecimiento de la población en nuestro país ha obedecido más que al aumento del índice de la natalidad o de la inmigración, a la baja en la tasa de mortalidad, propiciada por el mejoramiento de las condiciones de salubridad obtenidas a través de las campañas de profilaxis y control de enfermedades; a la instalación de servicios de agua potable en las poblaciones rurales; a la ampliación del sistema de seguridad social y de los servicios médicos asistenciales hacia el campo mexicano; a la elevación del nivel educativo y, en general, a la elevación del nivel de vida del pueblo mexicano. La aplicación de estos factores llevará a un aumento en la población total para 1990, de 93 millones de habitantes, cifra digna de tomarse en cuenta desde ahora si quieren evitarse los problemas de la explosión demográfica.

La falta de un plan nacional ha conducido a un desequilibrio económico entre las regiones agrícolas y las zonas urbanas, provocándose con ello el desplazamiento constante de la población rural hacia las ciudades y ocasionando un crecimiento anual de la población urbana de 5.9 %, frente a 1.6 % de la población rural.[2]

El desequilibrio económico se manifiesta también en la baja productividad agrícola y por lo tanto en las diferencias existentes entre los salarios percibidos por la población técnicamente calificada de las industrias y los recibidos por los campesinos.

La subocupación y desempleo disfrazado en las zonas rurales así como el alto índice de desempleo efectivo, agravan los problemas

[1] Gilberto Loyo, *Población de México, estado actual y tendencias, 1960-1980*, Población y Desarrollo Económico. Selección de Estudios Latinoamericanos, vol. 14. Julio Durán Ochoa, "La explosión demográfica", *México: 50 años de Revolución*, vol. II, Fondo de Cultura Económica, p. 5. ONU, *El crecimiento de la población y el nivel de vida en los países insuficientemente desarrollados*, Naciones Unidas, Nueva York, 1954, citado por Gilberto Loyo.

[2] Julio Durán Ochoa, *op. cit.*, p. 13.

del desequilibrio económico, provocando el paulatino abandono de las zonas tradicionales de explotación agrícola y complicando aún más los problemas de la tenencia de la tierra y de su correcta utilización.

Estos fenómenos, de características mundiales, observados en México, como en todo país en vías de desarrollo, disminuirían a través de la aplicación congruente de las políticas de la planificación nacional. No obstante, es necesario detener el proceso para no acentuar la brecha de desequilibrio entre el campo y la ciudad, el cual según cifras del informe Ducoff, conducirá a elevar el aumento de la población urbana, desde el 42.6 % en 1950, al 62 % en 1980.[3]

Relacionada directamente con el fenómeno del desequilibrio económico, se encuentra la desproporción existente entre la población activa e inactiva del país. En un total de treinta y cinco millones de habitantes para 1960, 18 576 508 están comprendidos entre los 15 y los 65 años de edad, es decir, con capacidad física para el trabajo. De éstos, permanecen inactivos ocho millones, la mayor parte de los cuales son individuos del sexo femenino, si bien durante 1960 en el total de la población comprendida entre los 15 y los 69 años de edad —18 576 508—, 10 455 205 eran población activa y en ella cerca del 80 % estaba constituida por hombres y 20 % por mujeres. Aplicando los porcentajes a *contrario censu*, puede deducirse que de los 8 081 303 habitantes económicamente inactivos, el 80 %, o sea 6 465 504, eran mujeres y el 20 % —1 616 600— varones.

Así, la mayor parte de la población ocupada del país, es decir, el 73.97 % está integrado por hombres, cuya edad fluctúa entre los 15 y los 65 años, en tanto que las mujeres comprendidas entre dichas edades, como quedó consignado en el párrafo anterior y consideradas parte de la fuerza de trabajo, ascienden a 1 840 049, o sea el 16.23 % de la población total ocupada entre 15 y 65 años. En la población menor de 15 años es notable la diferencia existente entre la ocupación de menores varones —2.59 %— y de niñas —0.56 % del total. Una situación análoga se presenta en la población mayor de 65 años en la cual en tanto que los hombres representan el 5.32 %, las mujeres alcanzan solamente el 1.17 %.

LA FUERZA DE TRABAJO

La baja ocupación registrada en México y, sobre todo, la que corresponde a la mano de obra femenina, no es sino la resultante del grado de desarrollo económico presentado por nuestro país.

Según estadísticas de las Naciones Unidas, en la mayor parte

[3] Gilberto Loyo, *op. cit.*, p. 109. Aparente ocupación de menores entre 10 y 15 años. Louis J. Ducoff, *Los recursos de Centro América, Panamá y México en 1950 y 1980 y sus relaciones con algunos aspectos del desarrollo económico*, fue preparado para el Programa de Asistencia Técnica de las Naciones Unidas en 1959.

de los países del mundo el 90 % de la fuerza de trabajo —y en muchos casos más del 95 %— está constituida por individuos entre los 15 y los 64 años de edad, siendo escasas las personas económicamente activas con menos de 10 años. La tasa de participación del grupo comprendido entre los 10 y los 14 años de edad, carece también de importancia. En cambio, los índices de participación de trabajadores con más de 65 años suelen ser mayores que las de los menores de edad, aunque sean también de poca importancia.[4] Según las mismas estadísticas, 500 millones de habitantes del mundo —en su mayoría mujeres— no trabajan, estando en posibilidad de hacerlo.

Respecto al problema del empleo de los menores, la Organización Internacional del Trabajo aconseja su empleo sólo a partir de los 15 años y tratándose de niños aún menores, recomienda una serie de medidas protectoras de la salud y la limitación de su trabajo a determinadas actividades. En cuanto al empleo de la mujer en actividades económicamente productivas y, sobre todo, cuando además tienen responsabilidades familiares, la misma organización ha propuesto una serie de políticas de empleo adecuadas que le permitan, cuando así lo desee, su incorporación a la fuerza de trabajo, tales como: la supresión de ciertas medidas discriminatorias en contra de ella; favorecer la creación de mayores posibilidades de empleo; adoptar condiciones adecuadas para su participación activa en la vida económica, social, política y cultural con el propósito de permitir su realización íntegra como miembro de la comunidad.

Nuestro país,[5] y así lo confirma la respectiva legislación laboral, suscribe este punto de vista de las Naciones Unidas, lo que indudablemente ha influido en el crecimiento observado durante los últimos treinta años en el volumen de la fuerza femenina de trabajo.

a) *La fuerza de trabajo por sexos*

A partir de 1930 la composición de la fuerza de trabajo ha variado en cuanto al número de hombres y mujeres. En el curso de treinta años, la población femenina que participa activamente en la producción económica ha crecido rápidamente, pues si bien en 1930 representaba el 4.6 % de la fuerza de trabajo, en 1960 llegó a representar casi un 18 %. Sin embargo, dicha cifra no resulta muy

---

[4] *Anuario de estadísticas del trabajo*, OIT, "Objetivos y políticas del empleo", pp. 5 ss., Ginebra, 1963.

[5] El artículo 123 y la Ley Federal del Trabajo señalan claramente esta igualdad; sin embargo, en la práctica se presentan frecuentes violaciones tratándose de igualdad de oportunidades en el trabajo, e igualdad de salarios, sueldos y prestaciones, pues generalmente las mujeres, sean obreras, empleadas, técnicas o profesionistas, no son aceptadas ni pagadas en la misma forma que el hombre aunque se hallen en igualdad de circunstancias en cuanto a la preparación y calificación.

significativa si se considera que del total de la población del país, alrededor del 50 % pertenece al sexo femenino. Para 1960, sólo una quinta parte del total de mujeres entre 8 y 70 años se encontraban ocupadas, permaneciendo el resto sin aportar su potencialidad productiva. Mientras tanto, más del 80 % del total de la población masculina se encontraba incorporada a la fuerza de trabajo.

Sin embargo, tomando como base el año de 1930, el aumento en el número de mujeres incorporadas paulatinamente a la fuerza de trabajo resulta espectacular, pues en tanto que en tal año trabajaban solamente 240 mil mujeres (aproximadamente), en 1960 alcanzan la cifra de 2 035 000 (aproximadamente).

En nuestro país puede establecerse una relación concomitante entre el grado de desarrollo económico, especialmente en la industria de transformación, y el aumento en el volumen de la fuerza de trabajo femenino.[6]

b) *La fuerza de trabajo por edades*

Como ha quedado dicho, los censos de 1950 y 1960 incluyeron dentro de la fuerza de trabajo a menores de 8 años debido a la situación prevaleciente en el campo, donde se encontró población infantil laborando en las siembras o en actividades menores para contribuir a la economía familiar. Debe hacerse notar que si bien en ese año se registraron como trabajadores activos 78 719 niños, entre los 8 y los 11 años de edad, la cifra correspondiente a la ocupación de los menores entre 12 y 14 años disminuyó considerablemente en 1960 —casi en un 50 %— y con relación a la cifra dada por el censo de 1950, fenómeno atribuible en gran medida a una mayor asistencia a las escuelas. Los demás renglones de clasificación por edades sufrieron aumentos proporcionales al crecimiento total de la fuerza de trabajo, aumento fluctuante entre el 1 y 2 % en cada renglón.

c) *La fuerza de trabajo por posición ocupacional*

En 1960, el 99.31 % de la población ocupada, o sean 11 253 295 individuos, eran hombres y mujeres mayores de 12 años de edad. De ellos, el 50 % —5 719 531— laboraban como obreros del campo y la ciudad; el 34 % —3 849 505— trabajaban por su cuenta principalmente en servicios personales, comercio o producción en menor escala; y el 13 % —1 485 725— estaban ocupados como empleados en las diversas actividades económicas.

---

[6] Esto es, hasta 1940 el número de mujeres incorporadas a la actividad económica fue casi constante e intrascendente, pero a partir de 1940, cuando se inicia de lleno el proceso de industrialización, el crecimiento de mano de obra femenina alcanza el 101.97 % para 1940, 260.65 % en 1950 y 471.69 % en 1960. Con un crecimiento de 105.1 al 199.4 entre 1940 y 1950 y de 228.2 a 370.0 en 1959. *México: 50 años de Revolución*, Gonzalo Robles.

LA OCUPACIÓN

La medida en que la incorporación de la nueva fuerza de trabajo ayuda al desarrollo económico está en razón directa a su capacidad para ocupar y realizar labores necesarias a un desarrollo económico sano y congruente con el plan trazado.

En los últimos veinte años, el desarrollo económico de México ha producido un aumento simultáneo de la ocupación de mano de obra, no obstante la calificación un tanto improvisada de los recursos humanos, si se considera que la mayor parte de la población ocupada en labores técnicas de mediana o baja calificación ha sido de procedencia rural y con bajísimos índices de escolaridad.

A efecto de un análisis ocupacional de la fuerza de trabajo en México, se ha tomado como primera división la correspondiente a los tres grandes sectores de la actividad económica: la agricultura o actividad primaria, la industria o actividades secundarias y los servicios o actividades terciarias.

Como es sabido, el índice de distribución de la fuerza de trabajo en los diversos sectores, sirve para indicar el grado de desarrollo económico de un país. Así, los países de bajos ingresos ocupan su fuerza de trabajo en una mayor proporción en la agricultura y la población desplazada se ocupa, de acuerdo con el paulatino desarrollo del país, en la industria o en los servicios. La ocupación en los servicios puede ser indicadora de dos fenómenos: *a)* del bajo índice de industrialización y, por ende, del desplazamiento de la población agrícola hacia aquellas actividades que requieran menor capacidad técnica tal y como ocurre en los países en vías de desarrollo, y *b)* de la excesiva automatización de la industria en los países altamente desarrollados, donde la mano de obra y el personal técnicamente capacitado han sido sustituidos por las máquinas automáticas.

Sin embargo, a pesar del esfuerzo realizado en nuestro país con miras a su desarrollo económico y, por ende, para movilizar la fuerza de trabajo rural hacia actividades secundarias o terciarias, el índice de la ocupación en la agricultura, con relación a la industria y a los servicios, no presenta una disminución notable,[7] lo cual obedece, entre otras causas, al aumento global de la tasa de población rural, consecuentemente a la disminución en la mortalidad infantil. El hecho ha determinado, por otra parte, un mayor crecimiento de la población de las ciudades.

a) *La ocupación en el sector primario*

La ocupación en la agricultura representa el mayor índice ocupacional de la fuerza de trabajo del país. Esta cifra, que en el año

[7] En un estudio comparativo entre las tendencias históricas de la fuerza de trabajo, en varios países, realizado por la Oficina Internacional del Tra-

de 1960 ascendió al 54 %, si se compara con las dadas para los decenios anteriores, no es lo suficientemente baja que debiera, tomándose en cuenta el índice de desarrollo económico del país, el cual acusa un franco crecimiento industrial.

El fenómeno se hace más notable si se toman en cuenta las cifras ofrecidas como resultado de la clasificación censal —por lo demás arbitraria— para distinguir a la población urbana de la rural,[8] ya que de ninguna manera el aumento en el volumen de la población puede reflejar cambios en las diferencias sociales, económicas y culturales del medio y, así, si de 1921 a 1960 se indica un desplazamiento constante del campo a la ciudad —considerado como índice de crecimiento urbano—, no se presenta el mismo fenómeno respecto a la ocupación en la agricultura que para las fechas señaladas ha permanecido en un 35 % constante. En realidad, la medida del desplazamiento no queda registrada simultáneamente por una disminución en el nivel ocupacional, ocurriendo más bien que al aumentar la población de las comunidades rurales, éstas dejan de ser consideradas como tales y se convierten automáticamente, para el criterio censal, en falsas poblaciones urbanas.

b) *La ocupación en el sector secundario*

No obstante la tendencia aparentemente estática en los fenómenos ocupacionales del sector de actividades secundarias, es indudable que a partir de 1940 se ha presentado en México un franco desarrollo industrial. Así, las inversiones en la industria en forma directa han venido absorbiendo cada vez mayores volúmenes de mano de obra y materias primas procedentes de la agricultura y, de manera indirecta, el crear nuevas ocupaciones ha fomentado su aumento en los servicios y en otras actividades secundarias del sector terciario, confirmándose de esta forma la relación existente entre el volumen de ocupación en la industria —sobre todo manufacturera— y la ocupación en los servicios.[9]

Sin embargo, la ocupación en el sector secundario o industrial, alcanzó un volumen mayor —en comparación con los demás sectores— durante los años previos a la Revolución. En 1910, el 22 % de la fuerza de trabajo se encontraba laborando en la industria,

bajo, se presenta a México como el único país cuya movilidad de fuerza de trabajo de la agricultura a la industria y a los servicios, no ha sido constante. OIT, *Objetivos y políticas del empleo*, Ginebra, 1963, p. 10.

[8] La población rural ha disminuido en relación con la población total de la república, de la siguiente manera: 1921, 68.8 %; 1930, 66.5 %; 1940, 64.9 %; 1950, 57.4 %; y 1960, 49.3 %. La línea divisoria entre las localidades rurales y urbanas en el Censo de Población de México en 1921, era una población de 2 mil habitantes; en los censos subsecuentes fue de 2 500. Los datos para 1921 fueron tomados del *Anuario estadístico, 1938*, y los restantes de los respectivos censos de población. Dirección General de Estadística.

[9] W. Galeason, "Desarrollo económico y expansión del empleo por ramas de actividad", *Revista Internacional del Trabajo*, vol. LXVII, núm. 6, junio de 1963, p. 381.

cifra que —a pesar del enorme esfuerzo que significa para el desarrollo de la industria manufacturera del país— hasta 1960 no había podido superarse, ya que en tal año la ocupación en la industria fue menos del 19.0 %.

Resulta interesante observar cómo los fenómenos ocupacionales en México confirman la teoría aplicable a países más desarrollados en donde se ha visto que el crecimiento del sector manufacturero constituye la clave del desarrollo económico, pues aunque dicho sector no actúe como fuente ocupacional de primera importancia, al aumentar la capacidad económica de sus componentes —sean empresarios, empleados u obreros— fomenta la demanda efectiva de bienes y servicios producidos por los otros dos sectores —primario y terciario— aumentando, asimismo, sus respectivos volúmenes ocupacionales.[10] La ocupación industrial, en relación con la población urbana, no ha sufrido un cambio considerable entre 1921 (cuando el 12.6 % de esta población estaba ocupada en la industria, en un total de 4 466 millones, 561 mil habitantes tenían este tipo de ocupación) y 1960, año en el que de los 17 705 000 habitantes urbanos, el 12.1 % o sean 2 148 000 tenían ocupación en la industria. Por el contrario, un cambio notable se observa en la situación prevaleciente durante 1930, cuando el 13.4 %, es decir, 743 mil de los 5 431 000 habitantes de las ciudades, tenía como fuente de trabajo la industria. Se aprecia también para esos años un crecimiento constante, en números absolutos, del volumen de la población urbana que al relacionarla con el crecimiento en la ocupación industrial nos lleva a la conclusión de que, si bien la población del campo se ha desplazado a las ciudades aumentando enormemente su número de habitantes, la ocupación se ha canalizado hacia los servicios más que hacia la industria, confirmándose también en esta forma el fenómeno atribuible a los países en vías de desarrollo.[11]

Por último, se llega a una conclusión análoga si se toma en cuenta el crecimiento natural de la población urbana y su ocupación en la industria. Aun cuando la población urbana aumentó en un 296.4 % entre 1921 y 1960, la ocupada en la industria —que casi en su totalidad vive en zonas urbanas— aumentó en un 282 .8 %, o sea 13.6 % menos que el aumento registrado por la población urbana total. A *contrario sensu*, el hecho sirve para confirmar la tesis de que el crecimiento de las ciudades —índice real de un desarrollo industrial— *no ha favorecido como debiera a la población perteneciente a la clase obrera y clase media* ocupada en la industria, por no aumentar su volumen de ocupación en actividades que, como las industriales, implican mayor grado de calificación

10 OIT, *Objetivos y políticas de empleo*, Ginebra, 1963, p. 173. Desarrollo de la industria moderna.
11 La población urbana aumentó de 1921 a 1960 en la siguiente forma: 1921, 31.2 %; 1930, 33.5 %; 1940, 33.1 %; 1950, 42.6 %; 1960, 50.7 %. FUENTE: Censos Generales de Población.

técnica y preparación educativa, sino que desplazándola hacia actividades secundarias, tales como cierto tipo de servicios o hacia el subempleo.

c) *Ocupación en el sector terciario o de los servicios*

Para el objetivo de este estudio y, teniendo en cuenta que los censos de población consideran como población urbana la que habita en poblados de más de 2 500 habitantes, puede tomarse como tal la casi totalidad de la población ocupada en los servicios, puesto que difícilmente, en los poblados muy pequeños, llega a desempeñar otro tipo de actividad que no sean las labores agrícolas.

Entre 1921 y 1960 hubo un crecimiento del volumen de la población ocupada en los servicios, en relación con el total de la población urbana. Dicho crecimiento alcanzó su punto máximo en 1950 cuando el 19.4 % de esta población estaba ocupada en ese tipo de actividades. Por otra parte, la disminución sufrida para 1960, al igual que el fenómeno ocurrido en la ocupación industrial, puede indicar que las inversiones hechas con fines de desarrollo económico no han favorecido a este sector de la población ni le han proporcionado, en la medida adecuada, mayores oportunidades de trabajo. Tal situación ha surgido indudablemente como consecuencia de la baja ocupación en la industria o, también, porque las inversiones no han sido suficientes para absorber mayor volumen de fuerza de trabajo.

En este sector las actividades que han proporcionado mayor ocupación, son las relacionadas con las actividades comerciales, dentro de las cuales aumentaron notablemente la de los vendedores y las de oficina.

La capilaridad social que se produce entre la población rural y urbana se confirma una vez más (ver anexo 1) al analizar el volumen de ocupación en agricultura, ganadería, silvicultura, caza y pesca, actividades eminentemente rurales y en las cuales el cambio más notable se presenta en las cifras de ocupación, pues si bien en 1950 representaban el 58.17 % de la población económicamente activa, en 1960 se representó con el 53.55 %, acusando una considerable disminución en el número de personas dedicadas a estas actividades y en el fenómeno presentado, aunque no con igual intensidad, entre personas ocupadas en servicios personales en hogares e instituciones, debido a que su ocupación disminuyó también en el lapso comprendido entre los años de 1950 y 1960.

Ahora bien, si se toma en cuenta no ya el volumen ocupacional por actividades, sino una relación del crecimiento en el lapso de estos diez años (anexo 1) en cada uno de los grupos socioeconómicos vuelve a destacar el hecho de cómo el aumento ocupacional ha favorecido más el crecimiento de aquellos grupos cuya remuneración es a base de sueldos y comisiones, que los de los asalariados y jornaleros, pues en tanto que la ocupación de los profesionistas, técnicos y oficinistas casi se duplicó en diez años —se registraron aumentos del 97.5 % y 80.0 % respectivamente—, los agricultores, campesinos y obreros sólo tuvieron un aumento de 25 % y 45 %, cifras superadas aun por la ocupación de personal directivo, que ascendió en un 46 %.

DESEMPLEO Y SUBEMPLEO

El panorama ocupacional aquí descrito debe complementarse con un análisis sobre el desempleo y el subempleo en nuestro país, ya que existe un margen considerable de población clasificada como fuerza de trabajo, carente de una ocupación efectiva, o bien, que se encuentra laborando en actividades cuya retribución no es suficiente, en ocasiones, ni para cubrir el gasto individual.[12]

Según apreciaciones de la realidad mexicana, el subempleo afecta por lo menos al 31.9 % de la población campesina, si consideramos que estas personas laboran en tierras de temporal y se ocupan de las actividades agrícolas por períodos de tres a seis meses, quedando el resto del tiempo prácticamente desempleados, ya que las tierras de temporal en nuestro país comprenden el 48 % de la superficie laborada.[13]

Sin necesidad de hacer especulaciones un tanto pragmáticas, al analizarse los datos comparativos entre los censos de población de 1950 y 1960 relativos a los desocupados en la agricultura, ganadería, silvicultura, caza y pesca, se llega también a comprobar la existencia indudable de desocupación y subempleo en esa rama de la actividad económica, debido a que el número de obreros desempleados en el campo aumentó entre 1950 y 1960 hasta 55 394 personas, que consideradas como jefes de familia vienen a ser responsables de la situación económica de 280 000 mexicanos los cuales, en el curso de diez años, han dejado de tener una situación económica más o menos estable en el campo para convertirse en emigrantes hacia las ciudades donde, ciertamente, llegan a engrosar las filas del subempleo o del franco desempleo.

Según los datos comparativos entre ambos censos, los trabajadores desocupados que de ordinario laboran por su cuenta y ayudan a su familia sin retribución, disminuyeron notablemente, y los capacitados como obreros agrícolas no encontraron ocupación o bien, se desplazaron hacia otro tipo de actividades.

---

[12] Técnicamente se entiende por subempleo aquellas personas que tienen algún trabajo pero que son capaces de ganar más si pudieran transferirse a otra ocupación, sea por las escasas horas en que están ocupadas o por lo raquítico de sus sueldos.

[13] Adolfo Orive de Alba, "Las obras de irrigación", *México: 50 años de Revolución: Resumen*, Fondo de Cultura Económica, México, 1963, p. 65.

PREPARACIÓN EDUCATIVA Y TÉCNICA DE LA FUERZA DE TRABAJO

Los medios para condicionar recursos humanos a las necesidades del desarrollo económico del país, son múltiples y variados. Abarcan desde la preparación técnica en el trabajo adecuado al desarrollo mismo de la empresa, hasta los recursos de adiestramiento para altas calificaciones ofrecidas en el país mediante programas de asistencia técnica internacional para posgraduados. Sin embargo, la labor más importante es la realizada a través de la enorme rama de instituciones de enseñanza en los diversos grados del sistema educativo mexicano.

Resulta obvio que cualquier clase de preparación técnica, de acondicionamiento o de adecuación de los recursos humanos para fines del desarrollo, se inicia con la educación elemental; por lo tanto es necesario comentar algunas cifras relativas a los programas de alfabetización y de enseñanza primaria.

Analfabetismo

En 1930, el país registró 16 552 000 habitantes y un índice de analfabetismo de 66.59 %. Actualmente, con una población cercana a los 40 000 000, el índice de analfabetismo es de 28.91 %.[14]

Ahora bien, tomando en cuenta que para 1930 la mayor parte de las explotaciones agrícolas del país —fuente principal de la economía— no estaban tecnificadas y operaban con sistemas rudimentarios, la cifra de tan alto nivel de analfabetismo o de tan bajo nivel de educación, representaba el escaso grado de desarrollo económico observado entonces.

Educación primaria

A medida que aumenta la ocupación de la fuerza de trabajo en actividades de mayor calificación técnica, aumenta el requerimiento de una mayor preparación educativa de los recursos humanos. En razón directa al crecimiento industrial debe disminuir el analfabetismo, aumentar la educación formativa del pueblo y la de los programas de capacitación extraescolar a corto plazo.

La labor educativa ha venido desarrollándose de acuerdo con el crecimiento económico. En 1910 el 74.6 % de la población del país no recibía ni siquiera la mínima atención escolar. Esto comprueba la tesis de que la educación en nuestro país hasta antes de la Constitución de 1917, era un privilegio exclusivo de las clases económicamente fuertes.

En 1925, se crea la Secretaría de Educación Pública y se inicia la reforma educativa. Sin embargo, el 67.9 % de la población en

---

[14] Secretaría de Educación Pública, *Obra educativa en el sexenio 1958-1964*, México, noviembre de 1962, pp. 98 y 264.

edad escolar quedó sin inscripción en las escuelas primarias. En 1940, la cifra presenta un descenso bastante notáble reduciéndose al 41.4 % la población escolar sin atención.

El hecho parece obedecer a la reforma educativa del presidente Lázaro Cárdenas, pues la socialización de la escuela en México como consecuencia de la reforma al artículo 3º constitucional, que extendió sus beneficios a un gran número de niños, sobre todo, de las zonas rurales a través de la educación rural y de la amplificación del sistema de normales rurales.

Sin embargo, el proceso se detuvo con el cambio en el sistema educativo de 1942, y es así como diez años después el 47.84 % de los niños en edad escolar quedaron nuevamente sin atención.

El Plan de Once Años establecido en 1960, cuyos objetivos son no dejar a ningún niño sin escuela, consiguió en 1964 superar sus metas, pues la inscripción total de alumnos ascendió a 6 605 757, o sea, 317 000 inscripciones más de las previstas en el propio Plan, para el año de 1967.

La situación señalada en lo que respecta al incremento de la población escolar, queda reflejada ampliamente en los servicios escolares; el aumento constante y permanente del número de escuelas entre 1910 y 1960 ascendió casi a 20 000, o sea, un promedio de 4 000 escuelas cada diez años, aproximadamente. El aumento neto en el número de escuelas entre 1960 y 1964, o sea, bajo la vigencia del Plan de Once Años, fue de 5 430.

El incremento en el número de profesores ha sido de 22 000 que se encontraban en servicio durante 1910 a 141 963 en 1964, un promedio de crecimiento de 24 000 maestros cada diez años.

El crecimiento de la educación primaria en números absolutos ha sido constante a partir de 1950, percibiéndose mayor aumento en el volumen de la población escolar urbana comparativamente con la rural. El hecho en sí corresponde al crecimiento, cada vez mayor, en el volumen de la población urbana, y aunque esta situación pudiera aparentemente considerarse positiva, el análisis detallado de las cifras de aprobación y permanencia escolar ofrecen desgraciadamente resultados un tanto alarmantes en lo que respecta a la situación real del desarrollo económico y social en el campo mexicano.

Según un reciente estudio realizado por expertos del Banco de México,[15] los coeficientes de permanencia del alumno en las escuelas primarias urbanas para 1960, alcanza proporciones satisfactorias, ya que la aprobación va del 77 % en el 1er. grado al 93 % en el 6º.

---

[15] Raúl Benítez Zenteno y Gustavo Cabrera Acevedo, *Consejo Nacional de Fomento de los Recursos Humanos para la Industria y el Banco de México.* Óscar Méndez N., Héctor Sierra Elizondo, J. Arturo Valenzuela García, Benjamín Careaga L., Emilio Coello Salazar, Jaime Encarnación Morales, *Oficina de Recursos Humanos del Departamento de Investigaciones Industriales del Banco de México.* Manuel Bravo J., *Bases para el estudio de la acción educativa del Gobierno Federal en el período 1965-1970*, México, noviembre de 1964, p. 1 y nota.

El coeficiente de permanencia en el mismo años se estima en un 83 % para el 2º grado y en 99 % en el 6º.

En el campo no ha sucedido lo mismo. En los tres primeros años de la educación rural, el coeficiente de aprobación es inferior al 60 % y equivale a los coeficientes de las escuelas urbanas en 1950.

En cuanto al coeficiente de permanencia, el atraso es mayor: para 1960 en el 2º grado fue de 66 %, 65 % para el 3º, 54 % para el 4º., 59 % para el 5º y 87 % para el 6º.

De donde se deduce que el atraso de la escuela rural con relación a la urbana es superior a 10 años, siendo "evidente a la luz de estas cuantificaciones el gran peso que deberá tener la política educativa, en el nivel de enseñanza primaria y en el reforzamiento de la acción federal para superar las condiciones de educación de los niños del campo". Por esta razón se sugiere que sea en el campo donde se imparta una acción encaminada a aplicar... "procedimientos de enseñanza extraescolar"... que bien podrían estar asociados a programas concretos de desarrollo agrícola regional".[16]

En realidad, el problema estriba en el hecho de que la escuela rural no ha respondido a las políticas generales del gobierno en materia educativa, debido a problemas tales como la baja concentración de los poblados que implica la imposibilidad de distribuir racionalmente los maestros y edificios escolares y la falta de asistencia de los niños determinada por la lejanía de las escuelas.

Además, la preparación del maestro rural, y en ello insistimos, no satisface las necesidades de un medio pobre donde el maestro debe ser no sólo quien eduque a los niños, sino al campesino y a la familia, a más de consejero del pueblo y guía en los trabajos de la comunidad.

Educación media básica

En México, la educación media básica comprende la tradicional escuela secundaria, las secundarias técnicas, los tres primeros grados del bachillerato universitario y las secundarias anexas a las escuelas normales; y en el nivel técnico, las escuelas de enseñanza tecnológica, industrial y comercial, de nivel elemental.

Según datos del Banco de México, del 63 al 70 % de los alumnos egresados de las escuelas primarias se inscriben en la enseñanza secundaria orientándose hacia las profesiones liberales, en tanto que la inscripción es cada vez menor en las escuelas técnicas donde se prepara a la fuerza de trabajo que maneja la industria en los niveles de la producción.

El volumen del ingreso de alumnos aumentó en las escuelas secundarias del 45 al 55 % entre 1958 y 1962 y disminuyó del 18 al 14 % en las escuelas técnicas durante el mismo período.

[16] Manuel Bravo J., *Bases para el estudio de la acción educativa del Gobierno Federal en el período de 1965 a 1970*, noviembre de 1964, pp. 3 y 4.

Para los fines de la planeación de los recursos humanos, es sumamente importante considerar las cifras anteriores, debiéndose además realizar una investigación a fondo, para conocer las motivaciones que impulsan a la juventud hacia esta solución a fin de realizar toda una campaña destinada a convencerla de que las ocupaciones en la industria son tan importantes para el crecimiento del país y para la estabilidad propia de los educandos, como puedan ser las ocupaciones de tipo intelectual y liberal, a las cuales se llega a través de estudios secundarios y universitarios. Será ésta una forma de aminorar el problema de la deserción universitaria y el de la carencia de técnicos manuales e industriales.

El esfuerzo gubernamental, realizado al crear los centros de capacitación técnica, necesita complementarse con los medios económicos suficientes para poner a trabajar en toda su capacidad a los centros ya existentes, así como para crear nuevas unidades donde el desarrollo industrial y agrícola las vaya requiriendo, tratando de evitar que el problema se agrave al grado que indican las cifras de proyección escolar para 1970.

La planeación de los recursos humanos deberá ocuparse también, en este aspecto, de los programas educativos de carácter extraescolar y tecnología elemental.[17]

En esta forma, simultáneamente al crecimiento de la población, irá preparándose la fuerza de trabajo necesaria para el desarrollo económico con elásticos y variados grados de capacitación y adiestramiento, que permitan a la población encontrar acomodo ocupacional.

Educación profesional

La afluencia de la juventud mexicana a los niveles universitarios y de educación técnica profesional es cada día mayor, con la consecuente frustración de quienes después de haber cursado toda una carrera profesional llegan a encontrarse sin ocupación adecuada y, lo que es más grave, con un salario o sueldo que no corresponde al esfuerzo realizado.

En gran parte, el fenómeno obedece a que la educación nacional carece de planeación adecuada, pues la juventud se deja llevar por el prestigio social que representa una carrera, más que por encaminar sus propósitos al desempeño de funciones más acordes con el desarrollo económico y social del país. En este sentido, la planeación demográfica deberá encauzarse a orientar la fuerza de trabajo con mayor capacidad intelectual hacia su capacitación y

---

[17] En el estudio de Manuel Bravo llamado "Una política de educación plena, para fines de desarrollo económico y social" el autor señala con toda precisión el método para establecer una planeación educativa adecuada a los diferentes niveles de desarrollo económico nacional, tanto en lo que respecta a los métodos aplicables como a la localización regional por zonas, en donde éstos deberán llevarse a cabo.

adiestramiento para el desempeño de funciones no sólo intelectuales, sino técnicas, manuales y administrativas de alto nivel.

En la planeación de los recursos humanos, además de trabajar para preservar la vida humana, debe preverse el establecimiento de nuevas condiciones para el desenvolvimiento de la misma.

Visto así el problema, se hace necesario un análisis de la situación real en cuanto al estado de la salud pública en México que pueda sugerir la serie de medidas que deben adoptarse de inmediato, con el fin de corregir las fallas existentes, proyectando hacia el futuro una política acorde con el buen funcionamiento del Plan Nacional.

El moderno concepto de la salud pública considera al individuo como integrante de la comunidad y, en consecuencia, la salud individual se estima como parte de la salud colectiva.

El esfuerzo por realizar para elevar las condiciones de vida, tendrá entonces como objetivo, el mejoramiento integral de la comunidad, la región y el país en su conjunto.

Con tal criterio fue creado en 1917 el Departamento de Salubridad dependiente de la Presidencia de la República, iniciándose en todo el país la aplicación subsecuente, en todos sus diferentes aspectos, de la acción sanitaria.

A partir de entonces, en los programas nacionales de salud se ha señalado la necesidad de combatir hasta su erradicación las enfermedades endémicas tradicionales en el país. De ahí que la lucha contra el tifo y la viruela haya determinado la casi total desaparición de estas enfermedades, en tanto que las características de las zonas tropicales —tales como el paludismo, onchocercosis y otras enfermedades parasitarias, así como la terrible tuberculosis sean aún objeto de luchas constantes y efectivas.

El resultado objetivo de la actividad gubernamental en materia de salud pública queda presente en el cuadro inserto, donde

Causas principales de mortalidad por quinquenios, 1922-1958

Causas principales	Tasas por 100 000 habitantes		
	1922-1926	1938-1942	1954-1958
Gastroenteritis	349.2	456.6	204.7
Influenza y neumonía	222.8	371.4	181.6
Propias de la primera Inf.	76.4	97.3	133.7
Enfermedades del corazón	31.2	54.7	71.8
Paludismo	148.0	128.4	57.5
Accidentes	47.5	60.3	46.7
Homicidios	24.2	56.5	34.3
Tumores malignos	16.7	21.7	32.2
Bronquitis	55.5	62.5	30.2
Tuberculosis	72.8	55.8	28.0

FUENTE: *México: 50 años de Revolución, op. cit.*, p. 399.

se observa cómo ha disminuido la mortalidad ocasionada por las mencionadas enfermedades.

La disminución en la mortalidad general e infantil se debe a la aplicación de una política nacional en materia de salud pública que ha atacado las principales causas de la misma, y que ha propiciado la asistencia higiénica materno infantil.

En el campo, las campañas sanitarias de erradicación han provocado una movilidad de esfuerzo en las comunidades, tendiente al mejoramiento general de la higiene mediante la aplicación de los programas de desarrollo regional en algunas zonas socioeconómicas, tales como las cuencas del Tepalcatepec, Papaloapan y El Fuerte o el sistema de Santiago-Lerma, lográndose el saneamiento de zonas rurales antes prácticamente inhabitables y mejores condiciones de vida para los grupos campesinos circundantes; el Instituto Nacional Indigenista se ha dedicado a la asistencia médico-sanitaria y asistencial, así como a la ejecución de obras de saneamiento en las comunidades indígenas, y el Seguro Social ha hecho extensivos sus servicios al campo. Las zonas de producción cañera y de mayor importancia agrícola del país cuentan con idénticas instalaciones a las del medio urbano.

Sin embargo, los esfuerzos realizados en materia de salud pública sólo han ofrecido soluciones parciales para el mejoramiento integral de los recursos humanos, ya que, para el aprovechamiento de su total capacidad productiva —física y espiritual— se requiere no sólo incrementar su número, sino también el desarrollo de sus potencialidades físicas e intelectuales en beneficio propio y de la comunidad.

A tal respecto existen varias deficiencias ya mencionadas pero en las que debe hacerse hincapié.

Se considera que el esfuerzo para mejorar las condiciones de salubridad e higiene de la población debe de complementarse con investigaciones a fondo, conducentes a modificar la dieta alimenticia del pueblo mexicano.

La inquietud que entraña el problema ha sido considerado por diversos especialistas en enfermedades de la nutrición; por sociólogos y antropólogos, cuyas experiencias de trabajo en el campo, llevan a conclusiones semejantes a las expresadas por los médicos; por personas estudiosas de las estadísticas de consumo —ingresos y egresos de la población— tanto nacionales como extranjeros. Este grupo selecto de expertos coinciden en la necesidad de reestructurar la distribución de los alimentos de valor proteínico, para hacer que los mismos lleguen al alcance de las mayorías del pueblo y no como ocurre actualmente que su consumo sea sólo privilegio de escasos sectores de la población.

A semejantes conclusiones llega, entre otros estudiosos, la matemática Ana María Flores, quien se ha dedicado a estudiar sistemáticamente los ingresos y egresos de la población mexicana. Los resultados de estos estudios analizados por la autora mencionada, han dado como resultado cifras verdaderamente alarmantes[18] a través de una investigación realizada en 75 estratos (31 zonas urbanas, 32 rurales y 12 cuarteles del Distrito Federal): un total de 781 358 calorías por consumo familiar, que supone *per capita*, 1 985 calorías consumidas, o sea 21 % menos del promedio mínimo estimado en 2 500 calorías de consumo diario, aceptado universalmente.

La dieta nacional que ha dado esta cifra de 1 985 calorías *per capita*, está compuesta de la siguiente manera:

	Urbana	Rural
Proteínas	17 %	17 %
Hidratos de carbono	77 %	76 %
Grasas	7 %	6 %

Los alimentos considerados fueron: carne, leche, huevos, pescado, frijol, arroz y azúcar, que son los que se consumen en mayor escala en los hogares mexicanos. Debe hacerse notar que el consumo de proteínas analizadas fue sumamente bajo y que son éstas las de mayor valor alimenticio.

En la opinión del Dr. Xavier de la Riva "La investigación ha revelado que la alimentación del pueblo ha sido crónicamente deficiente y que intervienen factores de toda índole: lo económico y lo geográfico, lo histórico y la ignorancia. El pueblo se nutre mal porque sigue dietas unilaterales, insuficientes e incompletas."

"En virtud del gran desarrollo demográfico del país, y de los altos costos de producción de los alimentos básicos, la carne, la leche y el huevo, quedan fuera del alcance de los sectores sociales económicamente débiles. Es importante señalar que, cuando estos alimentos son producidos en el ejido o en la granja familiar, con frecuencia se venden por aumentar los ingresos...; lo mismo acontece en las familias de mejor nivel económico, las cuales adquieren bienes superfluos en detrimento de su alimentación."[19]

Los párrafos anteriores resumen la opinión de quienes a través de años de estudio conocen la gravedad de la situación descrita. De ahí resulta obvia la necesidad de que el Plan Nacional incluya, con la prioridad necesaria, el estudio de estos problemas, a fin de:

a) abaratar el costo de la producción de los artículos alimenticios de primera necesidad para hacerlos llegar al pueblo;

b) contar con centros de distribución adecuados para evitar la presencia de intermediarios que lógicamente encarecen el artículo alimenticio.

c) incluir, dentro de los programas de salubridad pública, la labor educativa que a través de un justo convencimiento en-

---

[18] Ana María Flores, *La magnitud del hombre en México*, edición de la autora, México, 1961.
[19] *Op. cit.*

señe a las amas de casa a invertir correctamente sus recursos en una dieta alimenticia; y

d) a través de programas de desarrollo de la comunidad, fomentar el cultivo de vegetales y frutales de consumo familiar, así como la avicultura y demás actividades agropecuarias, que concurren a incrementar la raquítica economía doméstica.

La salud pública, la higiene de la comunidad y el mejoramiento físico del pueblo mexicano, son factores indiscutibles del futuro desarrollo económico, pues no se desconoce que las condiciones físicas del individuo motivan directamente la capacidad productiva del país y su potencialidad para el mejor aprovechamiento de todos sus recursos económicos.

El hombre moviliza la riqueza natural, produce y transforma los bienes de consumo, crea las ideas y las teorías; el arte y la forma de vida que da personalidad a una nación. Por tanto desarrollar al hombre es, en consecuencia, desarrollar al país.

CONCLUSIONES

En materia de recursos humanos el Plan Nacional deberá centrar sus objetivos en un resultado básico: mejoramiento de las condiciones de vida de la población en general y en particular de la fuerza de trabajo o población económicamente activa.

En atención a la metodología utilizada en el curso de este trabajo, las medidas recomendables son:

1. *Planeación demográfica.* Con base en la planeación de la familia:

a) calcular el crecimiento natural de la población y prever las medidas necesarias que habrán de adoptarse para que llegado el caso de un crecimiento desequilibrado con relación a los recursos económicos disponibles, se inicie la aplicación de las medidas de control;

b) traslado de los excedentes de población de las zonas agrícolas sobreexplotadas a aquellas regiones del país cuya potencialidad económica no sea utilizada hasta ahora.

2. *Política ocupacional.* El Plan Nacional deberá prever:

a) la elevación en el nivel de la productividad, de la fuerza de trabajo mediante la capacitación técnica adecuada a las zonas urbanas y rurales;

b) la movilidad de la mano de obra hacia los centros industriales y agrícolas que la requieran con miras a elevar el nivel de ingresos de la misma;

c) la creación de fuentes de trabajo suficientes para asimilar rápidamente a la población que año con año se incorpora a la fuerza de trabajo y absorber la que está subocupada y que, según cálculos bastante aproximados, deberá ascender a 900 000 plazas anuales.

3. *Política educativa.* Con miras a la elevación del nivel educativo de los recursos humanos, el Plan deberá:

   a) incrementar la educación técnica iniciándola en los primeros años de la enseñanza escolar;

   b) orientar a la juventud hacia el desempeño de labores necesarias para el desarrollo económico del país;

   c) adecuación de técnicas modernas de adiestramiento para la enseñanza objetiva con miras a elevar el nivel educativo de grandes sectores de la población.

4. *Política de salubridad pública.* En esta materia, el Plan Nacional deberá tener como objetivos:

   a) coordinar la actividad de los organismos que hasta la fecha desempeñan diferentes funciones encaminadas al mejoramiento de la salubridad para evitar duplicidad de funciones, gastos innecesarios y el mejor aprovechamiento de los recursos existentes;

   b) extender las campañas de salud pública a las zonas donde todavía no se realicen e insistir, sobre todo, en aquellas enfermedades que atacan a los grupos de población de más escasos recursos y que por diferentes circunstancias no han recibido la atención necesaria;

   c) continuar con la instalación de la red hospitalaria en el territorio nacional, pero, sobre todo, educar al pueblo para que sepa utilizar estas instalaciones y se valga de los servicios de salubridad e higiene en general;

   d) modificar la dieta alimenticia del pueblo mexicano por todos los medios recomendables posibles.

El desarrollo del Plan Nacional, volvemos a insistir, debe complementarse con la planeación del desarrollo de la comunidad, y en vista de las circunstancias actuales, llegamos a la conclusión de que este programa debe iniciarse de inmediato en las comunidades rurales, aplicando para ello las técnicas conocidas con el nombre de bienestar de la comunidad, cuyos cuatro principios son:

   a) participación directa en las obras y servicio mutuo;

   b) desarrollo y utilización máxima de los recursos locales a través de la vida organizada de la comunidad;

c) mejoramiento económico mediante la participación social en esfuerzo cooperativo, y

d) realización de los objetivos de la comunidad con asistencia mínima del Estado.[20]

---

[20] Carolina F. Ware, *Organización de la comunidad para el bienestar social,* Unión Panamericana, Washington, D. C., 1954.

6

La planeación del desarrollo regional

ALFONSO CORONA RENTERÍA

A. LAS REGIONES ECONÓMICAS

I. *Factores que influyen en la formación de las regiones económicas*

En primer lugar hay que mencionar la diversidad de factores físicos: abundancia o escasez de recursos naturales y aislamiento geográfico motivado por razones topográficas y, en segundo, la situación de las áreas territoriales en el mapa con respecto a vías de comunicación, centros económicos y culturales y densidad demográfica, así como otros factores que influyen en el desigual desarrollo de las fuerzas productivas.

Influye igualmente en la conformación de regiones la posición de los núcleos urbanos, es decir, que la influencia relativa de la ciudad sobre una región dependerá del grado de desarrollo y del carácter de las diferentes funciones económicas, sociales y culturales, las cuales, a su vez, determinarán la densidad demográfica, la especialización funcional y la división del trabajo correspondiente. A las regiones que tiene como centro, se les denomina regiones de núcleo.[1]

II. *Concepto económico de región*

No puede hacerse con propiedad el análisis de una región si se le aisla del pasado histórico porque las obras materiales de los hombres y la herencia cultural influyen poderosamente en los rasgos de una región y modelan su fisonomía.

No existe acuerdo entre los investigadores respecto a definir una región. Para la Asociation of American Geographers, una región económica es un área geográfica identificable, con una estructura particular de sus actividades económicas en relación a un conjunto de condiciones asociadas, físicas y/o biológicas y/o sociales, con alto grado de homogeneidad y cierto tipo de relaciones internas y externas.[2]

[1] Ángel Bassols Batalla, *México y la división económica y regional*, Escuela Nacional de Economía, México, 1964.
[2] Walter Isaid, "Regional Science, The Concept of Region, and Regional

[218]

La definición anterior reduce la importancia del factor económico en el desarrollo histórico de la región, lo cual limita su utilidad en las tareas que requieren amplias perspectivas, tales como la planeación económica.

Por su parte, el geógrafo polaco K. Diziewonski, socialista, define la región económica como "un complejo socioeconómico, principalmente de producción, que se desarrolla a través del tiempo y encuentra su expresión final en el carácter del desenvolvimiento y la utilización de la tierra en un área determinada".[8] Lo principal en una región, agrega el autor, es la naturaleza de su economía (producción, servicios y consumo) en cada etapa de su desarrollo.

Cabe advertir que las teorías regionales y los instrumentos de análisis no son aún adecuados para describir y explicar todos los objetivos de la localización espacial ni tampoco la compleja masa de relaciones regionales internas y externas. Las regiones se modifican también con el transcurso del tiempo x, y su núcleo puede expandirse o contraerse cambiando sus límites, alterándose su estructura con mayor o menor velocidad.

El examen de la estructura de una región puede hacerse mediante el método de seleccionar y aislar rasgos relevantes para el análisis, sin que ello signifique independizarlos del resto de las cosas; simplemente se trata de liberarlos de una dependencia casual contingente con respecto a otras cuestiones internas, pero sin aislarlos totalmente del sistema.

El método de seleccionar rasgos especiales, aunque no es infalible permite dividir una región en subregiones y en diferentes conjuntos de subregiones. En este sentido es válido, por ejemplo, definir una cuenca de río como región natural cuando se hace referencia a las corrientes de agua dentro de la cuenca, y redefinir la región y sus fronteras cuando las corrientes de energía eléctrica atraviesan un circuito o sistema hidroeléctrico. Como quiera que sea, es necesario una objetividad científica que determine los factores importantes, dominantes o estratégicos que deban seleccionarse en cada problema analítico particular.

III. *División económica regional*

Para que un área geográfica quede constituida en región económica son necesarias las siguientes condiciones:

1. Existencia de importantes recursos naturales que permitan el crecimiento económico de una o varias actividades productivas así como de una especialización predominante en una de las actividades.

2. Necesidad de que las diversas partes de la región se comple-

Structure", en *Papers and Proceedings*, The Regional Science Association vol. 2, 1956.

[8] En *Problems of Economic Region*, Varsovia, A. P. C., 1961, citado por el Prof. Bassols en *México y la división económica regional*, E. N. E., 1964.

menten y establezcan relaciones internas sobre la base de uno o más núcleos aglutinantes (ciudades, villas, grandes pueblos).

3. Tener un sistema de vías de comunicación que ligue las actividades productivas internas con las ciudades y el campo, los centros de producción y los puertos con las áreas de influencia en el interior del país de la región.

4. Cierta homogeneidad en el grado de desarrollo de las fuerzas de producción, que puede diferir de la correspondiente en regiones vecinas, con las cuales establezcan ligas permanentes de carácter económico y social.

IV. La división económica regional de México

La división económica regional de México constituye la base para el análisis correcto de los problemas que plantea el desarrollo económico de las diferentes zonas del país y para la formulación de la política de desarrollo adecuada a esos problemas. La división económica regional permite la articulación óptima de los diferentes sectores de la economía, los transportes y los recursos naturales a partir del desarrollo interno de una región y de su integración con otras regiones y con el resto del país.

En México se han realizado diversos intentos para configurar un mapa nacional de regiones naturales económicas y para seccionar entidades con fines estadísticos o económicos. Además, la ejecución de algunos proyectos de desarrollo regional hidrográfico y la posibilidad de llevar a la práctica un plan nacional de desarrollo reavivan la importancia del problema de la división regional de México. A continuación se hace una breve referencia a esos trabajos.[4]

Puede citarse, en primer lugar, la división del país en "zonas" geográficas, que realizó la Dirección General de Estadística alrededor del año de 1930, con el fin de agrupar los datos del censo de población que se efectúa cada diez años. De esa manera se constituyeron las cinco zonas geográficas de México: Noroeste, Norte, Centro, Pacífico Sur y Golfo, que se utilizan corrientemente para diversos propósitos.

Durante los años de la segunda Guerra Mundial, Emilio Alanís Patiño dirigió en la Dirección General de Estadística la preparación del primer mapa con una división regional de carácter económico. Alanís Patiño formó así 344 distritos, 44 regiones económicas y 8 zonas económicas. Estas últimas fueron: Noroeste-Pacífico, Noroeste-Centro, Norte, Oriente, Centro, Sur-Pacífico, Sureste Ístmico y Sureste Peninsular.

En 1959 se publicó un trabajo dirigido por Fernando Zamora Millán, con el título Diagnóstico económico regional. En esta obra se delimitaron 7 "regiones naturales", y con los datos escogidos

4 Ángel Bassols Batalla, op. cit.

para ese propósito se escogieron 16 "zonas de concentración económica", donde los fenómenos de producción, distribución y consumo se agrupan de manera preponderante y representan centros neurálgicos de las regiones naturales. Las áreas cercanas a las zonas de concentración económica que registraban un cierto avance en sus actividades y en sus relaciones con las zonas, fueron agrupadas como "satélites" de aquéllas.

Se ha dicho que las limitaciones estadísticas en México son un obstáculo para un correcto deslinde de las regiones económicas. Para los propósitos de la planificación regional es aconsejable disponer que en el futuro las estadísticas económicas sean recabadas por municipios para ordenarse de acuerdo con la región a que correspondan.

Las fricciones políticas que podrían surgir en el proceso de delimitación o en la aplicación de un programa de desarrollo que abarca segmentos de una o varias entidades, pueden evitarse con una coordinación eficiente de tales programas. La coordinación, ineludible en cualquier circunstancia, se lleva a cabo en los niveles de la autoridad nacional de planeación y del ejecutivo federal. Entre las cuestiones que deberán coordinarse, destacan la armonización y la compatibilidad de los objetivos y de los instrumentos del desarrollo de cada entidad dentro del marco regional. Por otro lado, una programación regional que da lugar a incompatibilidades, ya sean de carácter económico, técnico, administrativo o político, es errónea, y por lo tanto deberá rechazarse.

Con respecto al problema que examinamos, Ángel Bassols [5] considera que una teoría sobre las regiones económicas de los países de América Latina tendrá que apoyarse en las premisas del subdesarrollo económico y social latinoamericano, teniendo a la vista cuando menos tres hechos fundamentales: a) La industria pesada de transformación es escasa y por lo tanto no determina la existencia de las regiones, en tanto que la actividad agrícola-ganadera o minera es muchas veces el principal factor; b) existe gran disparidad de desarrollo entre las regiones que abarcan las grandes ciudades donde se concentra la industria y el interior del país atrasado y mal comunicado, con fuertes vestigios feudales, además de que hay "regiones especiales" poco conocidas y pobladas; c) no existen suficientes datos censales, mapas, etc., que permitan aplicar los métodos utilizados en el caso de países avanzados económicamente.

El profesor Bassols establece una jerarquía en las unidades que integran el país, a saber: a) zonas económicas o grandes regiones básicas; b) regiones económicas típicas, dentro de las zonas; c) comarcas o distritos económicos, dentro de las regiones; y d) subregiones y microrregiones. En el mapa que elaboró sólo se considera la división en zonas y regiones. Los principales elementos para el

5 Op. cit.

análisis de las unidades integrativas son: *1)* naturales (topografía, climas, suelos, hidrografía, en ocasiones la vegetación); *2)* recursos naturales de todo tipo; *3)* especialización económica nacional e importancia en el comercio internacional; *4)* relaciones económicas internas y externas; *5)* varios índices generales de desarrollo económico; *6)* población (absoluta, densidad, urbana y rural, económicamente activa); *7)* principales datos de las actividades económicas; *8)* aspectos complementarios de transportes y comunicaciones.

El profesor Bassols establece 8 grandes zonas y alrededor de 90 a 100 regiones económicas de segundo grado. Las zonas económicas llevan los nombres de acuerdo con su localización geográfica o la denominación usual en el país: *1)* Noroeste; *2)* Norte; *3)* Noreste; *4)* Pacífico Sur; *5)* Centro-Occidente; *6)* Centro-Sur; *7)* Golfo de México; *8)* Península de Yucatán. Algunos aspectos naturales tienen importancia en la delimitación de las zonas; entre los topográficos, la existencia de la gran cadena de la Sierra Madre Occidental, parte de la Sierra Madre Oriental y el Eje Volcánico Transversal; entre los hidrográficos, la falta de ríos superficiales en la península yucateca, la existencia de suelos desérticos y semidesérticos en comarcas áridas; pero lo decisivo son los aspectos demográficos y económicos. el grado de desarrollo del capitalismo, el papel de atracción de las ciudades, las comunicaciones, los lazos económicos internos.

Existen, por otro lado, algunas subregiones en completo atraso ("especiales"). Estas áreas se salen de la clasificación en virtud de que no se encuentran ni siquiera en proceso de maduración. A esta clase pertenece la mayor parte del territorio de Quintana Roo, el interior de Baja California, una porción del Istmo de Tehuantepec y partes de Chiapas.

Es probable que se pueda objetar que las 8 zonas que establece el profesor Bassols son demasiado grandes y que, por lo tanto, se dificulta el trabajo de la planeación. En realidad se cuentan entre 90 y 100 regiones económicas operables, las cuales implican un tratamiento administrativo y una política de desarrollo en cierto grado distintos que se justifica por las diferencias que las distinguen entre sí. Nada más lejos de la realidad económica que pretender tratar homogéneamente a cada una de esas ocho grandes zonas de México.

B. LA PLANEACIÓN DEL DESARROLLO REGIONAL

I. *Los objetivos y los métodos*

En México existen muchas regiones atrasadas en donde la economía monetaria es incipiente y donde la economía de mercado emerge gradualmente, coexistiendo con estructuras semifeudales y comunales. En esas regiones la población es preponderantemente campesina y sus formas de organización económica y sociocultural sólo contribuyen a mantener y acentuar las tremendas desigualdades en la distribución del ingreso y en las oportunidades sociales de los sectores mayoritarios de la población. Además existen allí pocos atractivos de inversión en la escala necesaria para el progreso de la región. En esas condiciones no es posible pensar que una política económica que se basa en la manipulación de los instrumentos tradicionales del mercado libre mediante un tratamiento homogéneo de los problemas del desarrollo podría lograr el crecimiento balanceado de las economías regionales.

Son varios los autores que han señalado la inoperancia del mecanismo del mercado como una guía para la asignación, aprovechamiento óptimo de recursos y distribución de las inversiones que requiere el desarrollo de las regiones atrasadas.[6] Así, diversas razones justifican y hacen ineludible la intervención del Estado en la inducción y dirección del proceso de desarrollo a través de una política económica coherente, sustentada por un plan global de desarrollo de la economía que se apoye, a su vez, en los planes de desarrollo para las diferentes regiones económicas del país.

La planeación económica regional puede definirse como la ejecución de los diversos procesos tendientes al desarrollo y al aprovechamiento óptimo de los recursos de una región, promoviendo así un ritmo creciente de cambio económico y social, que deberá traducirse en un crecimiento secular de la producción y del ingreso por habitante, así como su mejor distribución por regiones.

El plan de desarrollo como documento piloto de la política económica tiene que ser un reflejo de los fenómenos económicos y sociológicos de cada región en particular y de las interrelaciones que existen entre las diferentes regiones del país. De esa manera, se requiere el diagnóstico de las economías regionales, el cual deberá apoyarse en la descripción detallada y el análisis de la situación presente, por sectores económicos y sociales y por subregiones geográfico-económicas, en la evolución durante los últimos años de esos sectores y subregiones, así como en la identificación de los factores dinámicos que han estimulado el crecimiento y de los obstáculos que han retrasado el progreso económico y social.

A lo anterior se añaden los estudios de las tendencias futuras probables y de las posibilidades de cambio o de persistencia de los factores internos y externos que han sido importantes en los años recientes. Además se requiere la determinación de todas las potencialidades económicas de la región, incluyendo la riqueza tangible renovable; la cuantificación y cualificación de los recursos minerales, corrientes subterráneas de agua; depósitos de petróleo y otros recursos naturales, pues aun cuando su explotación no constituya el objeto principal de que se trate, es conveniente tenerlos localizados, ya que en un momento dado pueden influir sobre la dirección

6 Véanse los defectos que señala H. B. Chenery: *a)* inexistencia de los supuestos en que se basa el modelo de competencia perfecta; *b)* factores dinámicos, y *c)* consideraciones de equidad, en el artículo "Política y programas de desarrollo" publicado en el *Boletín Económico de América Latina*, vol. III, núm. 53, CEPAL, Santiago de Chile, marzo de 1958.

del desarrollo regional. En fin, se requiere evaluar las diversas unidades de producción con el objeto de clasificar las posibilidades de crecimiento y determinar el grado y clases de esfuerzos necesarios para alcanzar varias tasas de expansión en el futuro.

Las actividades de desarrollo de una región exigen la coordinación de sus proyectos con otros planes regionales y con los programas nacionales de manera que converjan en el plan global de desarrollo.

El proceso de racionalización de las estructuras económicas regionales tiene lugar en dos niveles: en el macroeconómico y en el microeconómico. El primero se concreta en la determinación de un volumen de inversiones adaptado a las exigencias y a las posibilidades de desarrollo de la economía y en su distribución entre los diversos sectores y regiones, de modo que, mediante el aprovechamiento integral de los recursos, se logre un desarrollo equilibrado con una tasa elevada de crecimiento.

En el nivel microeconómico, el proceso de racionalización implica la superación de ciertos obstáculos técnico-institucionales que impiden la creación de unidades de producción, en particular en la agricultura y en los servicios; este proceso implica también la realización de un reparto eficaz de actividades económicas en el espacio, con el fin de crear los elementos complementarios que requieren las diversas actividades y reforzar así el proceso mismo del desarrollo. Esta racionalización sólo puede realizarse eficazmente a través de los planes regionales.

Los objetivos económicos pueden expresarse en las tasas de crecimiento del producto, del ingreso regional o de la producción de los diferentes sectores de la actividad económica. Con ese propósito, se formulan proyectos o programas específicos con un orden de prioridad, que pueden realizarse con los recursos disponibles o previsibles durante el período de vigencia del plan y de acuerdo con las metas nacionales, sin omitir el conocimiento de la naturaleza de los cambios estructurales de la economía exigidos por el desarrollo económico.

II. *El organismo de planeación regional*

La autoridad de planeación se halla representada por un organismo regional, que tendrá su centro de operaciones en un punto estratégico de la región escogida. Se compone, en primer término, de un consejo consultivo superior formado por expertos que trabajen sobre una base interdisciplinaria en los diversos problemas a que se enfrenta la planeación regional. El consejo consultivo asesora al ejecutivo o ejecutivos del organismo regional, llámese éste Junta o Comisión de Desarrollo. Al mismo tiempo, dicho consejo discute los detalles de organización del trabajo de planeación y asigna las tareas correspondientes; en igual forma facilita la coordinación horizontal entre los expertos de las diversas disciplinas en el nivel de la planeación detallada.

La autoridad máxima tiene atribuciones de decisión, coordinación y supervisión; constituye el agente de enlace principal entre el organismo regional y el poder ejecutivo de la nación, en caso de no existir una autoridad central de planeación nacional.

Deberá haber una jefatura para cada rama de producción, la cual coordinará y supervisará las unidades productivas y actividades que caen bajo su esfera. Proporcionará información sobre las alternativas existentes, ya sea en forma de programas sectoriales o de material básico con el que podrán elaborarse esos programas. Cada autoridad por rama de la producción y de su promoción correspondiente quedará subordinada a la autoridad máxima.

Un secretariado técnico coordinará verticalmente los departamentos por rama de la producción, el nivel centralizado del consejo consultivo superior y la autoridad máxima, al mismo tiempo, tendrá facultades de asesorar tanto a las jefaturas mencionadas como al consejo consultivo.

La ejecución del plan queda bajo la vigilancia de las diferentes autoridades, departamentos y secciones, como parte orgánica del trabajo de cada uno.

Por otra parte, el plan debe tener flexibilidad para responder continuamente a las nuevas demandas del proceso de crecimiento. La flexibilidad de los programas que componen el plan es muy importante para ir coordinando el tiempo de ejecución de los proyectos con el desarrollo de proyectos complementarios y con las condiciones generales de la economía. Dicho de otro modo, un programa tiene que estar preparado para ajustarse a las condiciones dinámicas de la realidad durante el curso de su ejecución.

Es necesario mantener una coordinación entre las autoridades, departamentos, etc., y las unidades de producción localizadas dentro de la jurisdicción de las localidades rurales, con el propósito de administrar eficazmente el programa regional. Al respecto, conviene establecer en algunas localidades una agencia apropiada para el desarrollo de éstas, que derive su autoridad de los miembros de la comunidad. Esto hace posible el enlace de las instituciones locales de gobierno con los departamentos administrativos del organismo de planeación tanto regional como local.

Las agencias locales dirigen y supervisan los trabajos internos de cada localidad; al propio tiempo mantienen comunicación con una agencia cabecera a cargo de un número conveniente de aldeas agrupadas en distritos de desarrollo. Las agencias cabeceras están dirigidas por un oficial responsable del cumplimiento del programa del distrito, coordinando e integrando las labores de todas las comunidades bajo su vigilancia y supervisión. A su vez, estas agencias están subordinadas al organismo regional de planeación.

Se considera que las funciones mínimas de las agencias locales pueden ser las siguientes:

a) Formular programas de producción para la localidad;

b) Formular presupuestos de abastecimientos y necesidades financieras para la ejecución de los programas;

c) Fijar pautas mínimas de cultivo en la comunidad, con miras al incremento de la producción;

d) Organización voluntaria del trabajo para obras de la comunidad;

e) Arreglos para el manejo cooperativo de la tierra y otros recursos de la aldea, de acuerdo con la ley agraria en vigor;

f) Organización de los servicios locales de extensión agrícola.

Tanto el organismo de planificación como las agencias locales operan en un sistema social influido por valores, actitudes, patrones de conducta, pautas culturales, funciones sociales e instituciones que con frecuencia, en las áreas atrasadas, son factores de estancamiento; por esa razón habrá que promover los cambios socioculturales que requieren la tasa de crecimiento y las metas económicas regionales.

Es conveniente señalar que la planeación regional no podrá funcionar eficazmente sin la existencia de un órgano central de planeación económica nacional. Este organismo deberá promover ciertos cambios en la estructura institucional, mejorar la selección de los instrumentos de la política del desarrollo económico, establecer contactos estrechos con todos los ministerios, bancos de fomento y demás entidades que representan un papel en el campo económico, incluyendo el sector privado de la producción y las organizaciones de trabajadores. Además deberá ejercer autoridad sobre los organismos regionales y coordinar sus diversas actividades. El órgano central de planeación puede tener a su cargo la elaboración de programas globales para toda la economía y la coordinación de los programas sectoriales emanados del anterior pero cuya ejecución está a cargo de ciertos ministerios y entidades. Al mismo tiempo, el órgano central combina elementos de los programas citados en las proporciones necesarias cuando se requiere efectuar cambios estructurales para establecer o restaurar un proceso de crecimiento equilibrado; dicha combinación, según se dijo antes, da lugar a los llamados programas generales. El contacto entre el órgano central y las demás entidades asociadas puede consistir también en el intercambio de datos, la discusión conjunta de los programas y proyectos, y en general de todos los demás de la política de desarrollo. Con esos propósitos, conviene que el órgano central esté representado en las varias oficinas interdepartamentales y comisiones regionales que se ocupan de la preparación y ejecución de las decisiones sobre la política de desarrollo. Recíprocamente, las diversas entidades deberán estar representadas en el órgano central de planeación nacional.

Las funciones del organismo nacional de planeación, en lo que concierne al desarrollo regional, serían de cuatro clases:

1. Estimación de los recursos disponibles para la expansión regional de los sectores de la producción; arbitraje entre las comisiones regionales que solicitan recursos escasos; y establecimiento de un plan general a largo plazo, en el que se conjugarían los diversos proyectos regionales.

2. Una vez comparados dichos proyectos, autorizar los cambios debidos a errores o circunstancias imprevistas que pueden exigir una modificación de las metas, ya sea en el presupuesto o en el nivel de inversiones. Esto entraña un continuo intercambio de informaciones entre el órgano nacional y las comisiones regionales para asegurar la coherencia entre las modificaciones que introducen los distintos organismos.

3. Establecer metas alcanzables en un período adecuado, por ejemplo, cinco años, en particular para todas aquellas ramas de la economía que requieren planes quinquenales (obras hidráulicas, electrificación, repoblación forestal, etc.).

4. Contribuir a la preparación de un programa de ejecución coordinado y orientado respecto a metas de producción y prioridades de inversión, de acuerdo con las técnicas correspondientes de evaluación de proyectos.

C. EL ESTUDIO DE LAS ECONOMÍAS REGIONALES

I. *Los modelos nacionales y los modelos regionales*

El modelo que sirve de base al plan nacional debe ligarse a modelos regionales cuyas soluciones permiten determinar valores relativamente óptimos de ciertos parámetros del modelo nacional. A su vez, las soluciones nacionales permiten introducir en los modelos regionales estimaciones de variables nacionales coherentes entre sí y susceptibles de favorecer la armonización de diversos planes regionales.

La elaboración de modelos especiales para la planeación regional se justifica no solamente por consideraciones de orden técnico que se derivan de las dificultades de concepción y de la aplicación de modelos muy "desagregados" (por sectores y por regiones), sino también porque los modelos para el estudio de los procesos de desarrollo regional difieren bastante para las diversas regiones: guardan una relación con las diferentes características de la economía regionales y con las particularidades regionales de los problemas de crecimiento. Ciertos modelos pueden tomar la forma de esquemas econométricos parecidos a los que se aplican para la formulación de modelos nacionales, en tanto que otros se construyen mediante la coordinación de diferentes análisis realizados con métodos que difieren entre sí; en igual forma se utilizan métodos aplicables al estudio del proceso de desarrollo en el nivel nacional.

II. *La programación en las diferentes economías regionales*

Existen tres tipos de regiones que dan lugar a problemas muy diferentes de desarrollo y racionalización y que justifican la formulación de planes regionales con cierto grado de autonomía con respecto al plan nacional:

1. En las *regiones atrasadas*, el desarrollo podría lograrse a través de la racionalización o aprovechamiento óptimo de los recursos del sector primario (mano de obra, recursos minerales y agrícolas, etc.). Sin embargo, en estas áreas son tantos los problemas sociológicos, técnicos y económicos que el proceso de racionalización presenta dificultades particulares y con frecuencia no es posible llevar a cabo una racionalización perfecta del desarrollo.

2. En las *regiones deprimidas*, el proceso de racionalización consiste en hacer desaparecer las causas internas de su declinación relativa; eliminar algunas de sus características (por ejemplo, el inadecuado sistema de comunicaciones) que constituyen obstáculos al desarrollo (que producen recursos móviles que tienden a emigrar a otras regiones) y explotar ciertos recursos potenciales; estos últimos pueden desempeñar un papel importante en la industrialización de la región a un ritmo relativamente considerable y contribuir a frenar el éxodo de la población que, a veces, es el resultado de la concentración histórica de la actividad.

3. *Regiones en expansión.* Se requiere un proceso de racionalización tendiente a corregir el mecanismo espontáneo en la medida en que provoca una distribución irracional de las actividades económicas en el territorio y que se revela incapaz de lograr una reorganización lo suficientemente rápida de ciertos sectores ligados a las posibilidades y exigencias del progreso técnico y económico. La distribución ineficaz de las actividades en el espacio se manifiesta por una concentración excesiva de las actividades, la cual da lugar a costos sociales más elevados que los empresarios privados no consideran en sus decisiones de localización. Tal desequilibrio distributivo se manifiesta igualmente en una evaluación insuficiente de las exigencias del desarrollo potencial en el espacio y del futuro de ciertas actividades, en las cuales, después de un período relativamente breve, surgen transferencias que ocasionan destrucción de riquezas.[7]

En las regiones desarrolladas, se plantean problemas particulares en la elaboración de planes, en la medida en que el desarrollo de tales regiones depende, en gran parte, de las orientaciones de la economía nacional. En efecto, en tales regiones:

1º La mano de obra adicional procede, en gran parte, de otras regiones atrasadas o deprimidas;

---

[7] Lombardini, Siro, "Les analyses économiques pour la preparation d'un pian régional", en *Développment Economique Régional et Aménagement du territoire*, Revue d'Economie Politique, Sirey, 1964.

2º Las principales industrias tienen una gran influencia en la economía nacional y su desarrollo depende, en una medida considerable, del desarrollo del mercado nacional y del mercado internacional.

3º Las perspectivas dependen de la capacidad de otras regiones de crear condiciones susceptibles de atraer actividades económicas que tenderían espontáneamente a establecerse en las regiones desarrolladas.

III. Modelos de análisis para las regiones atrasadas

En las regiones atrasadas, el proceso de desarrollo puede conducirse de manera relativamente autónoma con respecto a la programación nacional; es posible también estudiar modelos econométricos susceptibles de individualizar el complejo de actividades que puede establecerse en la región con mayores posibilidades de éxito. Sin embargo, antes de optar por un modelo de análisis, es necesario efectuar investigaciones preliminares para estudiar:

a) La situación geográfica de la región respecto a los diferentes mercados;

b) Los recursos locales, mineros y agrícolas;

c) El dinamismo de la población y las motivaciones socioeconómicas de sus movimientos;

d) Las aptitudes de la población a cambiar de empleo y a adaptarse a las funciones nuevas de la industrialización;

e) La posibilidad de poner en marcha las iniciativas de los empresarios locales y de interesar a las empresas extrarregionales;

f) Las estructuras urbanas actuales y los límites que la estructura económica actual impone a las reorganizaciones necesarias del urbanismo para promover el proceso de industrialización.

A partir de estas investigaciones preliminares, puede determinarse un conjunto de actividades o diferentes conjuntos de actividades cuya viabilidad puede verificarse mediante análisis econométricos.

En seguida deberá procederse al estudio de las interdependencias entre las actividades nuevas determinadas por medio de las investigaciones anteriores y de las antiguas actividades económicas, con el fin de establecer:

1. Las perspectivas de desarrollo de las regiones;

2. La distribución espacial de la actividad económica y la mejor estructura posible de los servicios públicos;

3. El financiamiento público y privado necesario para promover el desarrollo;

4. Las intervenciones por medio de las cuales es posible echar a andar efectivamente el proceso de desarrollo.

Puede suceder que en el nivel local sea imposible determinar un complejo de actividades suficientes para iniciar un proceso de desarrollo. En tal caso, convendrá prever en el plan nacional intervenciones organizadas desde el centro y susceptibles de ampliar las posibilidades de industrialización y de renovación de las estructuras económicas de la región.

iv. *Modelos de análisis de las regiones deprimidas*

En las regiones deprimidas, el proceso de fomento puede regularse con suficiente autonomía, en tanto que se busca modificar desde adentro los factores de localización y acelerar el cambio tecnológico. Además, la existencia de una estructura industrial definida puede hacer poco utilizables los análisis econométricos de carácter técnico como los que se han considerado antes y que se refieren a la región en toda su complejidad. En este caso, se pueden realizar investigaciones referentes a las empresas o a grupos específicos, en relación con ciertas actividades que se han previsto ya en términos generales. Para estas regiones, se requiere un análisis de las tendencias históricas de la estructura productiva de la industria, la agricultura y los servicios, incluyendo información demográfica. La investigación deberá concluir con un diagnóstico de la economía, destacando, por un lado, los obstáculos y puntos de estrangulamiento que bloquean el desarrollo y, por otro, los factores potenciales de desarrollo en cada sector de la actividad regional, sin omitir el examen de la fuerza de trabajo y de los recursos naturales.

Sobre la base de estudios semejantes es posible determinar una política de promoción en el cuadro de las instituciones existentes y de aquellas cuya creación podría obtener un gran apoyo de las fuerzas políticas y económicas del país.

v. *Programación de las regiones en expansión y análisis de las perspectivas*

El desarrollo de las regiones en expansión depende, en gran parte, de las orientaciones de la economía nacional. Allí, se requiere un análisis para dilucidar la naturaleza de los problemas y las perspectivas de la economía. Con ese propósito puede aplicarse un modelo regional basado en investigaciones sobre las estructuras industriales, la estructura agrícola, los movimientos demográficos, los presupuestos familiares y los servicios. Esta información permite elaborar una contabilidad regional y evaluar los coeficientes del modelo, al mismo tiempo que los resultados de una serie de estudios de mercado. En el análisis de perspectivas se incluye el estudio de las implicaciones que podrían tener sobre la estructura de la economía ciertas variaciones en el tiempo de los parámetros y de las variables exógenas que pueden preverse o proponerse a título de hipótesis, teniendo en cuenta los proyectos de inversión en comunicaciones, la racionalización de servicios, las perspectivas de crecimiento de la mano de obra, las relaciones de complementariedad de los sectores industriales, las perspectivas de la región en el mercado nacional e internacional, etc. El modelo por aplicarse es del tipo insumo-producto, en el cual se pueden introducir coeficientes técnicos y comerciales con el objeto de describir las relaciones entre los diferentes sectores y entre la región examinada y el resto del mundo. En seguida se distinguen los sectores y se formulan las relaciones, de manera de destacar la influencia de las empresas motrices y de los sectores autónomos sobre las actividades complementarias y las otras actividades de la región.

Los valores de los coeficientes técnicos pueden calcularse para dos años diferentes con objeto de apreciar sus variaciones, las cuales pueden estudiarse en función de los resultados de análisis sectoriales con el fin de disponer de indicaciones sólidas que faciliten la previsión de los coeficientes para un año futuro. Los valores de las variables exógenas se calculan a partir de estudios de mercado referentes a la demanda de bienes de las industrias de exportación y de las industrias motrices; los valores de las otras variables se calculan a partir de los datos de las tendencias actuales. Mediante los estudios de mercado puede determinarse el nivel de la demanda global de bienes producidos por cada una de las industrias de exportación: la demanda externa entra en el modelo como variable exógena y se calcula previendo el nivel de la demanda de bienes de la región y restándola del nivel de la demanda global.

Una vez que se aplica el modelo, la demanda interna puede evaluarse mediante un sistema de ecuaciones. La hipótesis inicial puede tener que modificarse, lo cual hace necesario aplicar por segunda o tercera vez el modelo, hasta que el valor introducido *ex ante* (hipótesis) coincide aproximadamente con el evaluado *ex post*. Consideraciones análogas son válidas para las inversiones.

Sin embargo, parece oportuno considerar las inversiones como exógenas y prever su valor sobre la base de las tendencias en curso. Este valor puede introducirse en la serie de valores tomados por las variables exógenas en el momento de la primera aplicación del modelo. Una vez que se obtienen las soluciones, se analiza la relación entre las inversiones y el desarrollo de la producción; en seguida puede formularse una segunda previsión, y así sucesivamente.

D. LA CONTABILIDAD ECONÓMICA REGIONAL

La utilización de la contabilidad regional con referencia a los problemas del desarrollo se sitúa en dos etapas. En la primera, permite establecer un diagnóstico de la situación económica de la región ya que el análisis contable constituye un eficaz medio de expresión de las estructuras regionales. En la segunda etapa, la contabilidad regional se convierte en un instrumento directo de la política de desarrollo, porque permite la formulación de los objetivos y de la compatibilidad entre los mismos, por medio del análisis de la interdependencia de las diversas actividades y de la medición de las interrelaciones entre las cantidades globales de la producción de bienes y servicios.

I. El análisis de las estructuras regionales

El análisis contable puede realizarse en dos escalas: la regional y la interregional. Ambas se hallan estrechamente ligadas en la medida en que una región no puede comprenderse sino por referencia a las regiones circunvecinas, además de que la comprensión perfecta del funcionamiento de un espacio considerado implica la aprehensión de conjunto de las relaciones intranacionales. Por otra parte, las contabilidades regionales son de gran utilidad para interpretar el proceso de las relaciones interregionales. Desde el punto de vista metodológico, las necesidades del análisis requieren presentar separadamente la contabilidad regional y la contabilidad interregional, ya que ambas categorías dan lugar a modelos netamente distintos.

Para los propósitos del análisis regional es aconsejable tratar de formular un sistema específicamente regional en vez de utilizar un modelo inspirado en el cuadro nacional, ya que las diferencias que hay entre ambos determinan sus propios métodos estadísticos.

II. Modelos para regiones subdesarrolladas

Existe una serie de modelos susceptibles de adaptarse a las condiciones de las regiones insuficientemente desarrolladas de México. En primer término se presenta un cuadro de tres columnas que registran el ingreso, el producto y el gasto regionales.[8]

CUADRO 1

Sistema básico de cuentas regionales

Ingreso regional neto	Producto regional neto (por sector de actividad)* Producto neto de: (valor agregado)	Gasto regional neto
1. Sueldos y salarios. 2. Utilidades. 3. Intereses. 4. Renta.	6. Agricultura. 7. Minería. 8. Manufactura. 9. Distribución y transporte. 10. Gobierno. 11. Otros bienes y servicios.	13. Gastos en bienes y servicios de consumo corriente. 14. Inversión neta.
5. Ingreso regional total.	12. Producto regional total.	15. Gasto regional total.

* El número de sectores puede aumentarse o disminuirse según el caso.

8 Este sistema fue originalmente elaborado por Phyllis Deane; una adaptación del mismo se encuentra en Walter Isard, *Methods of Regional Analysis, An Introduction to Regional Science*, M. I. T., 1960, pp. 100-13.

En la práctica, la forma específica del cuadro puede variar de un estudio a otro, no sólo debido a las variaciones entre las características básicas de las regiones y de los datos disponibles sino también por las diferencias entre los objetivos de los estudios. Por otra parte, la contabilidad social en las regiones subdesarrolladas plantea la mayoría de los problemas ordinarios propios de las cuentas de las regiones desarrolladas; pero, además, plantea otros más difíciles. Por ejemplo, en las regiones donde la mayor parte de la actividad económica se concentra en la agricultura de subsistencia, se requiere un tipo especial de cuentas; en igual forma, es necesario medir el volumen de esa producción de subsistencia y asignarle un valor monetario. El valor monetario estimado representa un ingreso generado. Esto a su vez, plantea otra cuestión: ¿cómo asignar el ingreso generado a los factores de producción correspondientes?; esto es, ¿cómo desagregarlo en sueldos y salarios, beneficios, intereses y renta? Todos estos problemas requieren el uso de la imaginación del investigador, ya sea para elaborar una clasificación más adecuada al caso concreto o para hacer una combinación de las clasificaciones ordinarias y de otras especialmente adaptadas a la situación.

La contabilidad regional se complementa con un cuadro de la balanza de pagos, cuando se trata de una región abierta que mantiene relaciones con el resto del mundo. (Véase cuadro 2.)

CUADRO 2

Balanza de pagos regional

Recepciones del exterior	Pagos al exterior
1. Valor de las mercancías domésticas en la frontera.	5. Valor de las importaciones retenidas en la frontera.
2. Gastos de turistas y visitantes.	6. Gastos en el exterior.
3. Ingreso del exterior.	7. Remisiones comerciales netas y gastos en el exterior.
4. Total de recepciones del exterior.	8. Total de pagos en el exterior.

En muchas regiones subdesarrolladas, no existen datos completos sobre las corrientes físicas de mercancías y servicios, por esa razón se recomienda realizar estudios del flujo monetario como complemento de los estudios de movimientos de mercancías, cuando se carece de información sobre embarques. Además, los estudios sobre el flujo monetario pueden ser útiles, para propósitos de política monetaria y fiscal.

El cuadro 3 presenta una matriz simplificada de flujos monetarios. Para cada sector (tipo de transaccionistas) hay dos colum-

Flujos monetarios regionales

(O = origen de los fondos; U = utilización de los fondos)

Categoría de Transacción	Consumidor		Agricultura, Industria y Comercio		Sector Gobierno		Instituciones Financieras		Resto del Mundo		Todos los Sectores	
	O	U	O	U	O	U	O	U	O	U	O	U
No financiera												
A. Pago de sueldos												
B. Recepciones y pagos sobre inversiones												
C. Seguros												
D. Impuestos												
E. Adquisiciones de act.												
F. Otras compras y ventas												
G. Total												
Financiera												
H. Circulante y demanda de depósitos												
I. Obligaciones federales												
J. Obligaciones estatales												
K. Valores de empresas												
L. Hipotecas												
M. Créditos bancarios												
N. Otros												
O. Total												
P. Ajuste por valuación y discrepancia												
Q. Gran total												

nas, una designada por la letra O, que indica el origen de los fondos (influjo de fondos al sector correspondiente) y la otra, marcada por la letra U, que indica la utilización de los fondos (reflujo de fondos del sector correspondiente).

III. *Modelos para regiones desarrolladas abiertas*

En las regiones abiertas que han alcanzado un cierto grado de desarrollo, las relaciones importaciones-exportaciones tienen una mayor importancia cuantitativa que en las regiones atrasadas. Algunos investigadores consideran que el sector de exportaciones determina en primer lugar el nivel de ingreso y el bienestar económico de una región, en tanto que, el sector que no participa en las exportaciones es pasivo y depende del sector exportador y del bienestar local.

En el cuadro 4, cuenta del Resto del Mundo, se establece en primer lugar la categoría *Valor agregado en la producción de bienes para la exportación*. Obviamente, la contrapartida de las exportaciones son las importaciones. En la cuenta del Resto del Mun-

CUADRO 4

Cuenta del resto del mundo

1. Valor agregado en la producción de bienes para la exportación.

Menos:

2. Importaciones de bienes finales e intermedios para:
   a) Consumo local
   b) Formación de capital local.
3. Recepción de ingresos del Resto del Mundo (sueldos, salarios, intereses, rentas, dividendos).
4. Recepción de donaciones y transferencias del exterior.

Menos:

5. Exceso de pagos sobre recepciones de gobiernos no locales.

Pagos corrientes netos a residentes de la región.

6. Inversión neta en el sector privado del exterior por los residentes.

Menos:

7. Transferencias netas a gobiernos no locales.

Inversión neta en el exterior por residentes de la región.

do, el valor de esas importaciones se sustrae de las exportaciones. Pero en el sector *Valor agregado en la producción de bienes para la exportación*, se han deducido ya las importaciones de bienes intermedios que requiere esta producción. En consecuencia, sólo es necesario restar del inciso 1 las *Importaciones de bienes finales e intermedios para el consumo local* (ítem 2a) y *para la formación de capital local* (ítem 2b). El saldo de estos incisos muestra la posición de la región en la cuenta de mercancías con respecto al resto del mundo. Se registran también los ingresos que perciben los residentes de la región si van a trabajar a otras regiones y el flujo de donaciones y transferencias que recibe la región, incluyendo su contrapartida en las remisiones de la propia región al exterior.

En el cuadro 5 se presenta el Producto Regional Bruto, mediante la adición del valor agregado en la producción de bienes para el consumo local y para la formación de capital local. El producto resultante puede considerarse como una representación de las contribuciones hechas en la región por los factores de la producción utilizados y muestra el costo de los factores o cargos sobre el valor de las ventas.

CUADRO 5

Producto regional bruto

1. Valor agregado en la producción de mercancías para la exportación.	3. Venta de mercancías al Resto del Mundo.

2. Valor agregado en la producción de bienes para:
 	
   a) Consumo local.
   b) Formación local de capital.
	Menos:
	
	4. Importaciones de bienes finales e intermedios para:
	
	   a) Producción de bienes para la exportación
	   b) Consumo local
	   c) Formación local del capital.
	
	5. Compras de mercancías por consumidores locales.
	6. Compras de bienes de capital por los empresarios locales.

Producto Regional Bruto (cargos)	Producto Regional Bruto (valor de las ventas)

Los renglones de la columna derecha del cuadro 5, subrayan el valor de los bienes finales y de capital a la disposición de los consumidores locales y empresarios, después de ajustes por concepto de cambios en la cuenta con el Resto del Mundo que resultan del comercio (exportaciones menos importaciones).

Para obtener el Producto Regional Neto, se sustraen los descuentos por consumo de capital. Las adiciones y sustracciones sucesivas permiten obtener el ingreso regional de los residentes.

CUADRO 6

Producto regional e indicadores del ingreso

Producto Regional Bruto

    Menos: Deducción por consumo de capital (y discrepancias estadísticas)

Producto Regional Neto

    Más: Recepciones netas del exterior de otros tipos de ingreso (transferencias, salarios, rentas, beneficios, etc.)

    Menos: Impuestos indirectos a gobiernos no locales.

Ingreso Regional (residentes)

    Más: Pagos de transferencias de gobiernos no locales.

    Menos: Impuesto sobre la renta de las empresas.

    Utilidades no distribuidas.

    Impuestos al empleo.

Ingreso personal (residentes)

    Menos: Impuesto sobre la renta personal.

Ingreso personal disponible (residentes).

Este tipo de ingreso no es todavía el Ingreso Personal (residentes), por una razón: los residentes pueden recibir pagos de gobiernos no locales que no son retribuciones por servicios prestados.

Tales pagos deben agregarse. Además, los residentes de una región pueden tener una parte considerable de su ingreso gravado por impuestos mercantiles e impuestos sobre la renta y ligado a utilidades no distribuidas de negocios. Estos ítems deberán deducirse. El resultado es el Ingreso Personal (residentes).

Finalmente, es posible distinguir entre el ingreso personal recibido y el ingreso personal disponible de los residentes. Este último se obtiene sustrayendo de su ingreso personal sus obligaciones del impuesto sobre la renta.

Los modelos de análisis que se han propuesto tendrán que adaptarse con mayor precisión a las condiciones especiales de las regiones en estudio, tanto desde el punto de vista de la estructura de las actividades económicas regionales como de la disponibilidad de estadísticas e información complementaria.

IV. *Análisis de las relaciones regionales*

El profesor R. Stone[9] propone un modelo para el análisis de las transacciones inter e intrarregionales, que toma en cuenta las posibilidades y limitaciones estadísticas. Las transacciones regionales pueden resumirse en una matriz clásica, cada par de renglón columna representa una cuenta. En este cuadro pueden situarse las salidas de fondos (debe) en columna y las entradas de fondos (crédito) en un renglón. En esas condiciones, el cuadro intrarregional de una región cualquiera asume la forma siguiente:

Matriz intrarregional $A = [a_{ij}]\ 3 \times 3$

Las condiciones de esta matriz son:

$$a_{ij} = 0, \text{ para } \begin{aligned} i &= j \\ i &= a,\ j = 3 \end{aligned}$$

a_{21} = ingresos vertidos a los factores de producción o disponibilidad para el consumo.
a_{31} = amortización
a_{12} = consumo
a_{32} = ahorro
a_{13} = inversión.

En la matriz interregional los renglones se refieren a las tres cuentas de la región (j) y las columnas a las cuentas de la región (k).

$A = [a_{jk}]\ 3 \times 3$ cumple con las deltas de Kronecker, salvo para $a_{21} \neq 0$

a_{11} = exportaciones de j hacia k
a_{21} = ingreso de factores vertidos de j hacia k

[9] R. Stone, "La comptabilité sociale a l'échelon régional", en *Planification économique régionale*, O.E.C.E:, 1961.

a 22 = donaciones y aportaciones de capital recibidos por j de k
a 33 = monto de los empréstitos contraídos por j en k

Sean n regiones de una economía cerrada, en la cual habrá n matrices intrarregionales y $n-1$ interregionales, si $n = 3$ la matriz para esa economía será: $B = [A] 3 \times 3$, donde $A = [aij] 3 \times 3$
B cumple fundamentalmente que los términos de la diagonal principal sean ceros.
Como el sistema contable que se presenta supone una cantidad de información muy importante: exportaciones e importaciones, transferencias interregionales de ingresos, movimientos de capitales, etc., será conveniente simplificar el modelo para omitir el detalle de esa información.

v. Combinación del análisis intersectorial y del interregional

Los principales trabajos en este campo son de W. Isard[10] quien presenta una matriz interregional simplificada, en donde un país se divide en dos grandes regiones. En cada una de ellas, los diez sectores que se introducen se consideran como ramas separadas. En realidad, el sistema de dos regiones se compone de veinte ramas y no de diez. En este sistema, los coeficientes técnicos se consideran hipotéticamente fijos.
Este modelo, se puede agrupar en el tipo de Leontief, con ciertas variantes; su forma general es:

$$Xi - \sum_{j=i}^{n} Xij = Yi$$

donde xi es la producción
    xij el consumo
    $Yi =$ demanda final del sistema
Si $Yi > O$ el modelo es abierto
Si $Yi = O$ el modelo es cerrado

Definiendo los coeficientes tecnológicos como $Aij = \dfrac{xij}{xj}$

$$Yi = Xi - \sum_{j=i}^{n} aij \, Xj \quad i = 1, 2 \ldots n$$

$$\overline{Y} = \overline{X} - A\overline{X} = [I-A]\overline{X}$$

suponiendo que existe $[I - A]^{-1}$

$$[I - A]^{-1} \, \overline{Y} = \overline{X}$$

---

[10] W. Isard, "Interregional and regional input output analysis", en *Methods of Regional Analysis*, M.I.T., 1960.

VI. *Algunos métodos de análisis interindustrial*

Se utilizan generalmente dos clases de métodos, el de aproximaciones sucesivas, cuyo alcance es modesto y el de optimización, cuyos objetivos son ambiciosos.

1. El método de las aproximaciones sucesivas ofrece dos enfoques. El primero, a través de la demanda final, se propone determinar el volumen de capitales necesarios para dotar a la demanda del nivel y de la estructura prevista. El segundo, utiliza los coeficientes de capital-producto y se propone mostrar la posibilidad o la imposibilidad de aportar ciertos cambios a la estructura del sistema productivo regional. El método consiste en encontrar dos categorías de compatibilidades.

La primera se propone determinar la compatibilidad entre los niveles de producción considerados y las interdependencias del sistema productivo regional. Los niveles de producción se estiman gracias a un estudio técnico sobre las inversiones realizadas. Estos niveles se confrontan con las cifras obtenidas por la proyección de las transacciones entre las ramas productivas teniendo en cuenta las modificaciones que se han efectuado en el sistema. Habrá que modificar el programa de inversiones en el caso de que ciertos totales de transacciones entre las ramas sean superiores a las producciones que resulten del programa.

La segunda es la compatibilidad entre la estructura de la demanda final y la evolución deseada de: *a*) la demanda de los particulares; *b*) la demanda prevista del resto del país, y *c*) del monto aceptable del crecimiento del déficit de la balanza comercial de la región.

2. El método de la optimización, por otra parte, permite la confrontación de las diversas variantes de un plan de desarrollo, así como la medición del grado de utilización de los recursos productivos disponibles. Existen diferentes modelos con base en la programación matemática en donde se maximizan fuerzas de trabajo, se minimizan inversiones, se determinan precios óptimos, etc. Aquí se expone concretamente un modelo de análisis de actividades[11] con el auxilio de la programación lineal, que consiste en lo siguiente:

Supóngase un complejo industrial que necesitan de m materias primas; en tanto que para la elaboración de un número de productos se requieren n actividades. El problema consiste en encontrar la combinación más adecuada, para obtener el precio máximo del producto o bien, minimizar el costo de producción.

Sean:

a_{ij} = cantidad de materia prima que se usa en la actividad j cuando ésta se realiza con intensidad unitaria.

---

[11] Las presentaciones matemáticas, en esta versión, se realizaron con el auxilio del Ing. Pedro Alfonso Reyes Ortega.

b_i = cantidad de la materia prima $i = 1, 2 \ldots m$

C_j = valor de la actividad j empleada con intensidad unitaria $j = 1, 2 \ldots n$

X_j = nivel de intensidad con que se emplea la actividad.

función objetiva: $MAX \sum\limits_{j=i}^{n} C_j X_j$

Restricciones $\sum\limits_{j=1}^{n} a_{ij} X_j \leqslant b_i$ $i = 1, 2 \ldots m$

Por último, puede recomendarse que en las regiones débilmente integradas, donde el problema es iniciar el proceso de desarrollo, el planeador debe mostrarse a la vez imaginativo y modesto. Debe recurrir a la imaginación pues las técnicas disponibles actualmente no permiten encontrar una respuesta fácil a los problemas. Debe ser modesto porque a lo que puede aspirar es a hacer una descripción satisfactoria y sugestiva de ciertos mecanismos y de ciertas estructuras, más que a una respuesta directa que le indique la decisión económica que debe tomar.

CONCLUSIONES

1. Las condiciones naturales nunca determinan en forma absoluta la existencia de una región, sino que son las características económicas las que determinan la configuración regional.

2. Un área geográfica se constituye en región económica cuando posee importantes recursos naturales; un sistema de vías de comunicación que ligue las actividades productivas internas, los centros urbanos y de producción, con el área rural y con el resto del país; así como una cierta homogeneidad en el grado de desarrollo que puede diferir del correspondiente en regiones vecinas.

3. Es posible en México establecer una jerarquía en las unidades que integran el país:

a) Zonas económicas o grandes regiones básicas;

b) Regiones económicas típicas, dentro de las zonas;

c) Distritos económicos dentro de las regiones, y

d) Subregiones y microrregiones.

Todas estas unidades requieren una política de desarrollo tan distintiva como lo ameriten sus características diferenciales.

4. El desarrollo de México presenta un fuerte desequilibrio regional. El ingreso se distribuye muy inequitativamente; hay puntos de concentración demográfica e industrial, y en muchas regiones la infraestructura es rudimentaria y los servicios sociales inexistentes.

5. La planeación económica regional se propone lograr el desarrollo equilibrado de las diferentes regiones económicas de México, a través de planes que responden a las necesidades y posibilidades concretas de cada región.

6. Se consideran tres tipos de regiones económicas: las regiones atrasadas; las regiones deprimidas y las regiones en expansión. Cada una requiere la adaptación de los modelos de análisis, de acuerdo con la estructura de las economías regionales y de la información estadística disponible. En consecuencia, los programas y políticas de desarrollo serán diferentes para cada tipo de región.

7. La elaboración y la ejecución de los planes regionales estará a cargo de un organismo regional, el cual deberá someter sus proyectos de inversión a la aprobación del organismo nacional de planeación.

8. Los modelos de análisis que se proponen tienen por objeto determinar:

a) El producto, el ingreso y el gasto regional neto.

b) La balanza de pagos regional.

c) Los flujos monetarios regionales.

d) Las cuentas regionales con el resto del mundo.

9. Las matrices de insumo-producto pueden aplicarse al estudio de las relaciones interregionales e interindustriales.

10. El análisis interregional permite determinar las cantidades de recursos, de insumos y producto que se requieren para alcanzar las metas sectoriales de producción.

11. El análisis interindustrial se propone determinar:

a) El volumen de capitales necesarios para alcanzar las metas de producción.

b) Las variantes de un plan de desarrollo.

c) La posibilidad de aportar ciertos cambios a la estructura productiva, y

d) El grado de utilización de los recursos disponibles existentes.

Apéndice

Resumen de los debates

M. CARRIL: Inicia las discusiones preguntando cuál es el hecho político que determinará la adopción de una planeación a nivel nacional y agrega que, a primera vista, México reúne todas las condiciones para emprenderla. Aunque muchos países de economía mixta hayan registrado, en materia de planeación, más fracasos que éxitos, se justifica la adopción de tal instrumento acelerador del desarrollo económico y social por las razones siguientes: los países en desarrollo se enfrentan actualmente al dilema de cumplir con objetivos sociales elevados, en un lapso limitado, en un mundo donde las aspiraciones son mucho más importantes que en el pasado y donde el espacio que separa el progreso del subdesarrollo y de la miseria es cada día mayor.

No pueden estos países, tanto por las razones expuestas anteriormente como por el hecho de sus presiones demográficas, entre otras causas, adoptar el mismo proceso de desarrollo que han contemplado los países industriales y que ha requerido varios siglos para llevarse a cabo. Añade que, como el subdesarrollo exige un proceso acelerado para superarse, será menester encontrar nuevos métodos capaces de resolver tal situación casi insoluble a primera vista.

Si el plan se define como el instrumento político-administrativo que permita orientar todas las interdependencias de la sociedad hacia objetivos económico-sociales que han sido determinados, no puede encontrarse un argumento que impida la planeación nacional en un país como México.

¿Cuáles serían, entonces, las funciones básicas de la planeación?

1) Resolver el problema del equilibrio económico tanto estático como dinámico.

2) Encontrar solución al problema del cálculo económico que puede definirse como la expresión sintética del problema de la racionalidad o irracionalidad en una producción determinada, con un consumo y una estructura de producción también determinadas.

3) Encontrar un punto de coherencia entre el equilibrio económico y social.

Habiéndose definido los puntos que acaban de mencionarse, hay que tener en cuenta que la planeación crea una nueva relación entre el presente y el futuro. Promueve no sólo un cambio de relaciones en el espacio —ya que evoluciona del nivel parcial al global—, sino que origina también un cambio de nivel en el tiempo. La planeación amplía la dimensión del futuro, porque el hombre puede tener de su destino una visión que se proyecte en el porvenir con más intensidad que cuando la sociedad no planea.

En la planeación, el presente queda organizado en función del futuro y representa un sistema de previsión creadora.

Contrariamente, la tendencia clásica de la economía sería proyectar el presente en el futuro, considerándose sólo "lo actualmente conocido" como factor "indicativo" de lo que pueda ser el porvenir. Este pensamiento tiende a *prolongar* el presente en el futuro, mientras que la planeación *tiende* a que el hombre en lugar de apegarse a la "realidad económica", la haga capaz de responder a sus "necesidades".

En este sentido, "la ideología política" del Estado debiera interpretar y dar significado al origen, evolución y futuro de las necesidades colectivas de la sociedad (morales, materiales y éticas). De ser así, planear significaría aplicar "una ideología política" y manifestar en un grado elevado la *conciencia colectiva* del país en el porvenir, por parte de sus ciudadanos. Entendida de esta manera, la planeación constituye la disciplina que permite optar, en una escala de prioridades, respecto a los fines de una determinada ideología política. Una vez elegidos, de acuerdo con una escala de valores morales y éticos, planear sería interpretar la acción del Estado tendiente a cumplir con la definición de su ideología política en el futuro. Entonces, según este concepto, la planeación tendrá como características la ejecución perfeccionada de la autoridad del Estado, que es el que dicta las normas de planeación que permiten realizar el ideal colectivo nacional, el ideal autónomo de cada individuo miembro de la colectividad, según las definiciones dadas, y ejerce entonces una acción trascendental de gobierno que se enfrenta:

1. A la necesidad de determinar el objetivo social y económico de acuerdo con la ideología política.

2. A distribuir las funciones y utilizar los medios (funciones políticas de la distribución social).

3. A la decisión y prosecución del objetivo socioeconómico, orientando las condiciones necesarias para lograrlos: estrategia política, económica, administrativa.

4. A corregir desviaciones respecto a los objetivos de la planeación que surjan de la imperfección de la acción social: arbitraje y utilizacion de la acción cibernética del Estado respecto al modelo elegido.

5. A orientar y coordinar la concentración de centros de decisión económicos y políticos, públicos y privados, hacia una concentración económico-social más funcional.

6. A medir el grado de "centralización" y "descentralización" de las decisiones.

7. A la medición del grado de "compulsión" y "participación" en las decisiones, a todos los niveles, dentro del aparato del Estado y en las periferias socioeconómicas, públicas y privadas, que participen de la planeación.

8. Al grado de "subordinación" de lo técnico a lo político.

9. Al grado de "identificación" real de las aspiraciones de los grupos (públicos y privados) a metas definidas por la planeación, representativas de la acción del Estado, intérprete del ideal social nacional relacionado con las aspiraciones de la población en general y con la autonomía y la libertad de los ciudadanos de la nación.

DISCUSIÓN DE LAS PONENCIAS DE MIGUEL S. WIONCZEK
Y L. GARCÍA CÁRDENAS

M. WIONCZEK: Lamenta la escasez de información oficial sobre la forma como se desenvuelve la economía y el ambiente de confidencialidad en que se elaboran las proyecciones económicas tanto a corto como a mediano plazo. Expresa la opinión de que frente a esta situación y a la falta de examen analítico por parte de los economistas mexicanos en cuanto al comportamiento de la economía y de los objetivos de la política económica, es sumamente difícil formular un diagnóstico de la economía nacional y localizar los grandes problemas del país, no ya en términos ideológicos sino de lógica interna dentro de un sistema de economía mixta, expuesta a fuertes presiones demográficas, a estrangulamientos de orden externo y a una distribución —más intuitiva que programada— de los recursos reales y financieros disponibles. Agrega que una de las tareas principales de los economistas y técnicos es luchar por la divulgación de los datos disponibles para discutirlos públicamente y hacer una crítica constructiva.

V. NAVARRETE: Estima que el control ejercido sobre la inversión pública por la Comisión de Inversiones durante su funcionamiento (1953-1958) fue relativamente estricto, aun cuando careció de un plan de desarrollo general, donde se enmarcarán las decisiones anuales de inversión. Considera que el control posterior de la Secretaría de la Presidencia resultó menos eficaz que el de la citada Comisión.

A. AGUILAR: Comenta afirmaciones de M. Wionczek y se refiere en primer lugar a la conveniencia de tener presente que, con anterioridad al Plan Sexenal de 1934-1940, existieron algunos intentos de planeación, los cuales deben estudiarse e incluirse en una perspectiva de conjunto como la que ha servido de punto de partida a esta reunión. Alude a la ley de julio de 1930 sobre planeación económica, que adolece de las limitaciones recordadas por M. Wionczek, ya que se trataba de estatutos puramente legislativos que no llegaron a realizarse. Rebate la afirmación del ponente de que fue el grupo Calles el que tuvo influencia decisiva en la concepción y elaboración del primer Plan Sexenal, señalando que, en rigor, fueron más bien colaboradores cercanos al presidente Cárdenas los que intervinieron en su formulación, hecho que a juicio suyo ayudaría a comprender por qué razón el gobierno del general Cárdenas trató de impulsar dicho Plan. Se muestra de acuerdo con M. Wionczek respecto a las deficiencias de que adolecían, desde un punto de vista técnico, tanto el primer Plan Sexenal como el segundo, aunque subraya que no debe menospreciarse su importancia, ya que en ambos, y sobre todo en el primero, lo esencial fue reconocer que en tanto no se modificara a fondo la estructura agraria del país y se reincorporaran ciertos recursos y actividades al patrimonio nacional, difícilmente podría aspirarse a un desarrollo acelerado, capaz de solucionar los problemas más apremiantes a que, por entonces, se enfrentaba México. Hoy se reconoce que las reformas estructurales son decisivas en el proceso del desarrollo y en la planeación económica, para movilizar el potencial productivo y lograr metas ambiciosas de crecimiento.

Respecto al plan de acción inmediata y a las observaciones sobre él manifestadas, desea subrayar algunos puntos esenciales:

En *primer lugar* el hecho de que todos los presentes estén seguramente convencidos de que nada es más contrario al espíritu de planear que el secreto empleado en la elaboración del primer plan de desarrollo correspondiente a 1962-1964. Es un lamentable error trabajar en esta forma.

Estima grave el hecho de que el plan de acción inmediata haya sido elaborado sin someterlo a la consideración y crítica de los principales sectores de la opinión pública.

Igualmente grave le parece que un país que, en ejercicio de su soberanía, elabora y formula un plan de desarrollo económico, no sólo deje de ponerlo a la consideración de los ciudadanos, sino que lo haga llegar a comités *ad hoc* de la OEA, para que éstos decidan si el plan responde o no a ciertos sanos principios de política económica y social. Le parece asimismo inaceptable que a un país soberano, como si fuera un solicitante privado cualquiera, se le someta a procedimientos propiamente comerciales para la obtención de créditos internacionales. Considera que vale la pena señalar también la falla de que, paradójicamente, adolecen los planes nacidos al amparo de la ALPRO, pues en lugar de ser instrumentos adecuados para movilizar al máximo el potencial productivo y canalizar la inversión nacional del mejor modo posible, se convierta en la llave maestra que abra las cajas de las instituciones financieras internacionales. Tal estado de cosas supone profunda contradicción, pues implica reconocer la imposibilidad de obtener recursos financieros adicionales, y aceptar la discutible conclusión de que no existe capacidad de ahorro interna. En otras palabras, se elige la vía corta, engañosa y peligrosa, de ir tras los fondos internacionales, por no quererse enfrentar al grave problema político, económico y social que supone obtener tales recursos donde los hay, es decir, de los reducidos grupos de altos niveles de ingreso.

El problema de la planeación no estriba en hacer planes, sino en conseguir que se cumplan. En lo que debe repararse es en cómo crear las condiciones objetivas que posibilitan el que un plan elaborado deje de ser letra muerta, para convertirse en un nuevo proceso que en su conjunto configure el fenómeno del desarrollo.

Las principales decisiones de la planeación económica son el carácter político; es esencial admitirlo si se considera que la planeación supone una serie de cambios que sólo pueden lograrse con clara conciencia de su naturaleza y alcance, y de los intereses sociales que puedan afectar.

Hay la creencia generalizada de que el marco socioeconómico creado por la Revolución no es modificable, sin darse cuenta de que en algunos aspectos resulta viejo y de que, viejo o nuevo, debe remozarse; pero no por los sectores sociales que fincan sus posiciones privilegiadas en la existencia de ese marco, sino por aquellos que tienen interés y decisión para cambiarlo.

R. SILLER: Interviene para decir que la planeación, de acuerdo con los presentes, es en cierto modo un silogismo cuya premisa mayor sería el conocimiento de nuestra realidad presente, es decir, saber con qué recursos disponemos en el orden humano, físico, institucional y financiero. La segunda premisa se basaría en el conocimiento de nuestras carencias, necesidades, o sea, lo que hemos de alcanzar. Y tercero, cuáles son los medios para lograr la planeación. Puesto que ésta habrá de ser, según se ha dicho, democrática, estima que en su elaboración deberán intervenir, no sólo el gobierno, sino también las entidades federativas y los organismos del sector paraestatal, del sector privado y hasta los particulares, individualmente.

M. WIONCZEK: Expresa su opinión de que durante el gobierno del general Cárdenas no se cumplieron, por una serie de razones, todos los objetivos comprendidos en el primer Plan Sexenal, y no está de acuerdo con la tesis expresada por A. Aguilar, en el sentido de que para crear condiciones conducentes a la planeación habría que cambiar radicalmente la estructura político-social del país. Aceptar tal tesis supondría esperar una revolución. Puesto que el México en que vivimos no es una sociedad que pueda considerarse en situación de estancamiento social, económico o político, la función de los economistas y técnicos consiste en promover una serie de avances parciales que, a su vez, seguirán cambiando progresivamente la estructura político-social existente.

Al no aceptar las proposiciones políticas generales de A. Aguilar, el ponente aboga por la creación en el país de tantos grupos de presión intelectuales y modernizantes como puedan organizarse, ya que, en opinión suya, el nivel general de preparación en la opinión pública es más alto de lo que muchos suponen. La tarea de los intelectuales mexicanos consiste en ayudar a que las clases medias, en continuo crecimiento, dispongan de más información para formarse criterios sobre los problemas económico-sociales, a fin de que el aparato político del país se vaya ajustando cada vez más a la realidad, antes de que el escepticismo que ya existe se haga más grande y alimente las tensiones sociales.

LUIS DANTÓN RODRÍGUEZ: Según su criterio, en México se acepta el principio general de derecho según el cual las autoridades sólo pueden hacer lo que expresamente les autoriza la ley; en cambio, los particulares pueden hacer todo aquello que no esté prohibido por la misma. Como ejemplo cita el artículo 73, fracción X, de la Constitución, que es un artículo que ha sido reformado gran número de veces y que es base, en la actualidad, para que la regulación del Estado se acepte respecto de cuatro industrias; en cambio, y por razón del mismo artículo citado, dicha regulación, en cuestiones de trabajo, se extiende a más de 15 industrias. En dicho artículo quedan también establecidas las facultades para que el Estado intervenga en materia impositiva en ocho industrias. Luego, entonces, ¿es que la intervención del Estado en política industrial está limitada, en tanto que es más amplia en política impositiva y casi exhaustiva en política laboral? En conclusión, considera que tanto en el posible extremo del debate como en el deseable, la Constitución de la República debe actualizar sus normas y convertirlas en el instrumento poderoso que sirve al Estado para modificar la estructura económica y social del país.

A. AGUILAR: En su opinión, cuando los cambios derivan de necesidades reales no son utópicos. Considera esclarecer el debate y recuerda que las Constituciones pueden reformarse cuando sea necesario. Por último, cree esencial establecer con claridad y de manera objetiva el mínimo de condiciones necesarias para lograr una planeación eficaz y viable, ratificando su opinión de que en las condiciones presentes no puede en México planearse democráticamente.

V. NAVARRETE: Puesto que se ha coincidido en que la planeación debe ser decisión política y en que para llevarla a cabo hay que modificar o no la Constitución, lo importante será saber a quién corresponde tal decisión política. Considera que si la planeación no se ha llevado a cabo se debe a que tal vez la composición de las fuerzas que integran nuestra sociedad ha ido inclinándose hacia los sectores de los grandes empresarios y de los financieros y cree que habría que buscar apoyo en la fuerza popular, pues aunque el pueblo no conoce la situación económica por lecturas, los campesinos y obreros la viven.

La diferencia en la composición de fuerzas se manifiesta en la distribución del ingreso, en el desarrollo de los salarios reales y en otros factores, es decir, que la misma composición de fuerzas proporciona la respuesta del porqué es imposible hacer una planeación de tipo popular. Ha faltado al pueblo el cauce político y cree que, en este aspecto, al partido mayoritario mexicano le corresponde la importante labor de canalizar estas presiones e inquietudes dándoles una fuerza política que logre el equilibrio y así poder iniciar el camino hacia una planeación como instrumento de beneficio social.

M. WIONCZEK: Cree que las divergencias entre los participantes en el debate se refieren más bien a maneras de abordar el problema de la planeación que a sus objetivos mismos. Señala la necesidad de abordar el problema de la intervención del Estado, no sólo como concepto sino en sus expresiones prácticas diarias. A su juicio, no hay una bondad intrínseca y metafísica en la intervención del Estado, que en muchas ocasiones interviene en campos en los que debiera abstenerse de toda acción. Hay que distinguir entre la intervención racional del Estado y la intromisión burocrática del mismo. La primera sirve a objetivos esperados, la segunda puede convertirse en obstáculo para el desarrollo. Termina diciendo que del debate puede derivarse, por lo menos, una conclusión: la sociedad y la economía mexicanas son cada vez más complicadas y no existe el estado de osificación sociopolítica de que habla Aguilar.

DISCUSIÓN DE LAS PONENCIAS DE R. ANGUIANO E I. PICHARDO

I. M. DE NAVARRETE: Aclara que el tema expuesto por Anguiano es fundamental por referirse al control mismo de las operaciones del sector público, a la ejecución de los presupuestos y a su supervisión. Señala que es importante precisar las diferencias entre el control *a priori* y el control *a posteriori* si se quiere garantizar que los gastos se realicen conforme los aprobó el Congreso, los consejos de administración y los distintos organismos del sector público. El control *a priori* es, fundamentalmente, de carácter interno, ya que nadie mejor que los propios organismos o dependencias del ejecutivo se hallan en condiciones de ejercerlo por conocer mejor la naturaleza de sus operaciones. Sin embargo, el control independiente, y *a posteriori*, a que se refiere Anguiano interesa, pues garantiza o evalúa la eficiencia del sector público, que en principio debiera efectuarse por un organismo independiente del propio ejecutivo, ya que en el gobierno todo el mundo se interesa en intervenir en los controles *a priori*, pero una vez efectuado el gasto nadie se preocupa por evaluar las operaciones del sector público.

L. GARCÍA CÁRDENAS: Alude a que R. Anguiano manifestó que no existe el control externo del presupuesto por parte del gobierno federal y de los organismos descentralizados. Él afirma que, en lo que respecta al sector paraestatal, es inexacta la afirmación de R. Anguiano, porque los principales organismos del país están sujetos a auditorías externas a cargo de profesionales independientes encargados de verificar constantemente la exactitud y veracidad de sus resultados de operación.

E. MENDOZA: Aclara que R. Anguiano se ha referido exclusivamente al control del presupuesto, que no es igual que el control del plan. En lo que respecta a lo expuesto por I. Pichardo, añade que no se deben confundir los problemas administrativos con las deficiencias de los planes. Si en algunos países éstos han fracasado se debe a que el plan ha sido deficiente en cuanto a la estructura social predominante.

M. WIONCZEK: Señala lo difícil que es llegar a la conclusión de que existe un mecanismo de control del presupuesto y del gasto público en México. Para que tal control existiera habría que cambiar los procesos de su elaboración, permitir al Congreso la discusión de su contenido y velar por el cumplimiento del presupuesto oficialmente aprobado.

I. M. DE NAVARRETE: Estima muy interesante la discusión en torno al órgano central de planeación y piensa que un organismo bajo las órdenes directas de la Presidencia de la República sería la solución. Debería ser un organismo abierto en el que participaran las diferentes dependencias del gobierno federal, los gobiernos locales y los particulares.

El órgano de planeación podría ser el cuerpo central encargado de señalar los lineamientos generales del plan y las metas fijadas por el mismo, con sus correspondientes equilibrios en los diferentes sectores y de utilizar toda una maquinaria que movilizara las fuerzas productivas, consultando a las personas que viven los problemas para que los detallen, hasta lograr el nivel de planeación técnicamente adecuado a nuestra economía. Por esta razón considera que la secuencia lógica del plan debiera sujetarse a la aprobación del Presidente e incluso de los miembros del gabinete más íntimamente ligados con los problemas económico-sociales. Es decir, que el fin de las reuniones ministeriales sería considerar y aprobar las proposiciones de los técnicos al servicio de las diferentes dependencias, previa discusión y aprobación, y determinando claramente las diferencias de opinión, con lo cual disminuirían las posibles fricciones a un alto nivel. Aprobado en esta forma, el propio organismo podría tener como función coordinar su aplicación pormenorizada en cada dependencia. Sin embargo, no se muestra de acuerdo en que el plan quede sujeto a un programa rígido ni a un control igual, sino que se inclinaría más bien a que, una vez aprobado por el Presidente, se elaboren los presupuestos anuales por programa y que su ejecución pase a la Secretaría de Hacienda, quedando el control a cargo de alguna otra dependencia del ejecutivo.

R. ANGUIANO: En cuanto a lo expuesto por M. Wionczek respecto a la elaboración actual del presupuesto, dice que hay una serie de procedimientos para estimar los ingresos de acuerdo con los diferentes tipos de impuestos; aclara que los financiamientos se refieren a gastos de inversión, y reconoce que tiene razón al decir que llevar el control del presupuesto supone presentar las cifras correctas que permitan este control.

I. PICHARDO: En cuanto a la división entre técnica y política cree que deberá darse mayor beligerancia al técnico en perjuicio del político profesional.

M. CARRIL: Considera exagerado afirmar que no se acepte al político. La política no es ya demagogia, pues su jerarquía se ha elevado creándose un interés general en ella.

DISCUSIÓN DE LA PONENCIA DE E. BUSTAMANTE

J. L. CECEÑA: Reconoce que la ponencia de E. Bustamante abunda en temas importantes y cree que a la modificación propuesta de los artículos constitucionales debiera agregarse el del derecho al trabajo de todos los mexicanos y la obligación del Estado de proveer lo necesario para que se haga efectivo. Deben removerse los obstáculos para que la intervención general del Estado sea efectiva. Estima que las modificaciones propuestas por el ponente ayudan mucho a eliminar lo nocivo del artículo 4. El artículo 28 no es adecuado a las condiciones de México y habrá de reformarse, pues ha servido para combatir algunos monopolios pequeños, mientras que los grandes han seguido subsistiendo. Si nuestro país es pequeño y, consecuentemente, lo es nuestro mercado, habrán de crearse una o dos empresas grandes que aprovechen las escalas de producción más convenientes. Sería muy útil la elaboración de una ley de inversión extranjera de acuerdo con los intereses nacionales y con el fin esencial de que dicha inversión sea realmente el factor suplementario y no dominante en nuestro país como sucede en ciertas ramas.

E. BUSTAMANTE: Respondiendo a la pregunta de J. L. Ceceña opina que al proyectarse la reforma constitucional indispensable para la programación del desarrollo, deben examinarse todos los preceptos que tengan relación con la actividad económica del Estado a fin de que haya congruencia entre ellos.

Aclara que al proponer que el órgano planeador tenga categoría de Secretaría de Estado, acepta la necesidad de que se revise cuidadosamente la Ley de Secretarías de Estado para asegurar que el conjunto de sus disposiciones capacite a la Secretaría de Planeación para el eficiente cumplimiento de su cometido.

El peligro de crear una Secretaría de Estado con mucho poder es un peligro siempre latente y la situación existe, pero crear otra Secretaría de Estado poderosa donde existe una es contribuir a un equilibrio político deseable. En el fondo existe una inadecuada organización administrativa de México que, por un lado, reclama la intervención personal del Presidente de la República en una gran cantidad de asuntos sin importancia y, por otro, permite eludir la intervención del poder ejecutivo en asuntos que constitucionalmente la requieren. Posiblemente la reorganización de la administración pública de México debiera hacerse, no a base de aumentar, sino de disminuir el número de Secretarías de Estado.

LUIS DANTÓN RODRÍGUEZ: Piensa que debiera hacerse una cuidadosa revisión de todos aquellos preceptos que regulan la política fiscal y la de los gastos públicos, por lo retrasados que son, ya que impiden la planeación de las finanzas públicas.

En concreto, la Constitución de 1857 y más tarde la de 1917, establecen la concurrencia impositiva del Estado, la federación y los municipios. Pero ha habido una absorción gradual del instrumento fiscal federal dejando anémicos a los Estados y en definitiva miseria a los municipios. Hubo una reforma reciente y algunas otras, a partir de 1942, para incorporar como exclusiva de la federación el que sean gravados determinados renglones de la industria. Esto, lejos de robustecer los Estados, les priva de ingresos fundamentales. Hay renglones que inexplicablemente se atribuyen a la federación, en forma exclusiva, tales como el cobro del impuesto de la cerveza y el cemento.

E. BUSTAMANTE: Admite que la necesidad de intervenir, en la actividad económica general, el gobierno de México la ha sentido en diferentes momentos y circunstancias, particularmente a partir de 1940, pero no ha encontrado apoyo en disposiciones expresas de nuestra Constitución; en tales casos, no pudiendo mantenerse a la expectativa, el gobierno federal ha actuado, posiblemente, al margen de la Constitución. No censura este hecho frente a la urgencia y transcendencia de las circunstancias que lo han provocado, pero en presencia de situaciones, legal y técnicamente previsibles, de carácter permanente, como son las que se relacionan con el encauzamiento del país dentro de un plan de desarrollo, cree que sería grave error actuar fuera de la Constitución y por ello opina que deben reformarse todos los preceptos que sean necesarios para asegurar el progreso acelerado de México.

P. G. ZORRILLA: Manifiesta que nuestra Constitución no es ni debe entenderse simplemente como un conjunto de limitaciones al poder del Estado, ni exclusivamente para salvaguardar los derechos individuales o sociales, sino como una expresión de opciones político-sociales básicas, una conciliación entre autoridad y libertad, entre lo social y lo individual. Considera que la Constitución, y particularmente la mexicana de 1917, por su contenido social, ha de interpretarse conforme a nuevas circunstancias socioeconómicas y que, aunque los principios y equilibrios básicos son valiosos, se requieren algunos cambios para ajustar la forma y procedimientos a dichos principios fundamentales.

E. BUSTAMANTE: Supone que el propósito del seminario es llegar a un acuerdo sobre la necesidad y conveniencia de institucionalizar la planeación, apoyándola en bases legales firmes, y recomienda que, después de incluir las normas adecuadas en la Constitución, se expida una ley de planeación y se instituya el órgano planeador con las facultades necesarias para cumplir su cometido.

El meollo del asunto está en crear una estructura legal dentro de la cual quepa la planeación. Si se requiere una reforma institucional, hay que promoverla; si hay que expedir leyes de planeación, debe pedirse al Congreso de la Unión que lo haga. En todo caso, el

Presidente de la República tiene facultad de iniciar leyes o reformas constitucionales.

I. M. DE NAVARRETE: Afirma que sería muy poco realista tratar de establecer la planeación dividiendo la unidad existente en el manejo de la hacienda pública, puesto que el presupuesto lo elabora y maneja la Secretaría de Hacienda, pero el problema presupuestal a tratar es el de su control. Se muestra de acuerdo con el ponente en cuanto a la necesidad de que éste sea realizado por un órgano independiente y no por la propia Secretaría de Hacienda. Por otro lado, estima que los consejos intersecretariales mencionados por E. Bustamante son sumamente importantes y viables en nuestro medio.

E. BUSTAMANTE: Cree que son dos problemas distintos, definir lo que debe hacerse y encontrar la forma de hacerlo y piensa que todos están de acuerdo en que es preciso, mediante una reforma constitucional, instituir la planeación como forma técnica de manejar la política económica del gobierno, y también coincide en que debe dictarse una ley de planeación y crear un órgano planeador investido de todas las facultades necesarias para que lo haga con acierto. En resumen, hay un consenso en cuanto a lo que debe hacerse: planear a través de una estructura y de un órgano legalmente apropiados. En lo que no se ha coincidido es en la categoría del órgano planeador y la opinión que emite, al respecto, está fundada en la propia experiencia del planeador.

En otra ocasión opinó que la Secretaría de la Presidencia debía ser y llamarse Secretaría de Planeación y del Presupuesto, proponiendo modificar la Ley de Secretarías de Estado para que la Secretaría de Hacienda dejara de intervenir en la preparación del presupuesto y se trasladara esa función a la Secretaría de Planeación. La proposición quedó desechada y la Secretaría de Hacienda conserva esas facultades. Si tal decisión subsiste por considerarla correcta, hay una nueva sugestión que cabe dentro de ella: establecer legalmente que en la preparación del presupuesto deba tenerse en cuenta las decisiones o recomendaciones del plan de desarrollo en materia de gasto público directo. En esta forma la Secretaría de Hacienda seguirá interviniendo en la preparación del presupuesto pero tendrá que someterse a las disposiciones del plan, lo que vendría a significar una pauta o limitación para ella en el ejercicio de sus funciones. A partir de 1940, la Secretaría de Hacienda ha seguido la práctica de incluir en el proyecto de presupuesto, que envía a la Cámara de Diputados, solamente las cantidades indispensables para atender las necesidades que tengan carácter de urgentes e ineludibles, reservándose un importante volumen de recursos no incluidos ni en la estimación de ingresos ni dentro de la previsión de gastos, no porque tenga dificultad o le sea imposible calcularlo, sino con el propósito de emplearlo después, en el momento que lo considere conveniente y en los renglones que ella misma determine, sin consulta previa a la Cámara de Diputados. En opinión del ponente tal procedimiento es contrario al concepto legal y económico del presupuesto. Institucionalizar esa práctica dando a la Secretaría de Hacienda facultad para emplear los recursos del Estado con mayor libertad de la que se deriva de ajustarse a un presupuesto técnicamente elaborado y legalmente aprobado, puede ser conveniente en casos de emergencia; pero como sistema permanente lo encuentra objetable por antitécnico.

Una Secretaría de Estado que rige en todos sus aspectos la política económica del gobierno tendrá que sustituir no sólo a las secretarías de Hacienda y del Patrimonio Nacional, sino también a las de Industria y Comercio y de Agricultura y sólo dejaría vivas a las que son ejecutoras de obras públicas o prestadoras de servicios públicos. Haciendo a un lado consideraciones de carácter técnico, no cree que México haya alcanzado una madurez suficiente para encomendar el manejo de la política económica de la federación, a una sola persona que concentraría tanto poder que se convertiría en intocable e insustituible. Considera preferible mantener varios funcionarios que, con menos facultades y menor capacidad, pero trabajando coordinadamente, podrían conducir con acierto las finanzas públicas de la federación. La Comisión de Inversiones tuvo aciertos evidentes, pero no debe olvidarse que fue un ensayo limitado de planeación, pues se limitó a manejar o a opinar sobre la aplicación de los recursos que podían destinarse a obras públicas dentro de esa suma que la Secretaría de Hacienda mantiene desde hace 25 años fuera del presupuesto autorizado por la Cámara de Diputados.

Es posible que la causa de lo que se califica como fracaso de la Secretaría de la Presidencia esté en que se quiso pasar de una modesta Comisión de Inversiones a una poderosa Secretaría de Planeación y del Presupuesto, mas a su parecer esto obedece a dos causas concretas: por una parte, a que no se dio intervención a la Secretaría de la Presidencia en la preparación del presupuesto y, por otra, a que no se incluyó dentro de la Ley de Secretarías de Estado el funcionamiento obligatorio y permanente de los consejos intersecretariales previstos en el proyecto.

Si hay la experiencia de que ningún Secretario de Estado acepte subordinar sus decisiones a la opinión de otro u otros secretarios, el remedio no está en seguir dejando que cada quien haga lo que quiera, sino en crear un órgano a través del cual se adopten de común acuerdo, entre los secretarios encargados de diversos asuntos íntimamente relacionados entre sí, decisiones que todos deben ejecutar y de las que todos sean responsables o bien que dé oportunidad a que, si el acuerdo no puede producirse, el Presidente resuelva después de oír a todos en el seno de un órgano instituido con este propósito.

Si es difícil que un Secretario de Estado acepte los puntos de vista de otro secretario, más difícil será que acepte los de un funcionario de menor categoría o de un cuerpo colegiado y, añade el ponente, que si los problemas administrativos de México han llegado a un punto en que, comprobada la existencia del mal, se ha hecho un diagnóstico fundado en la enfermedad, debe irse al fondo del problema y afrontar todas las consecuencias y responsabilidades.

DISCUSIÓN DE LA PONENCIA DE J. TAMAYO LÓPEZ PORTILLO

M. WIONCZEK: Indica que desea comentar algunas de las observaciones formuladas por Jorge Tamayo en su ponencia, cree carente de sentido afirmar que en el mundo presente hay sólo dos tipos de economías: la capitalista y la socialista; hay lugares en el tercer mundo donde no existe ni la una ni la otra, y cuando se habla de economías socialistas hay que tener también en cuenta que existen entre ellas notables diferencias. Una economía liberal capitalista no se da ya en ningún lugar del mundo; y en algunas de las economías capitalistas el grado de la intervención del Estado es sorprendente, razón por la que al hablar de una dicotomía de la economía mundial es hablar en términos de ideología política y no de análisis económico. Cuando se habla en términos de ideología cada quien introduce sus criterios subjetivos y juicios de valor y, entonces, la discusión se hace imposible o más bien adopta características de un debate teológico.

El mundo real es mucho más complejo. De hecho, hay economías con alto grado de desarrollo, bien sean de tipo socialista o capitalista. Hay, por otro lado, economías primitivas y sociedades primitivas en las que la aplicación de conceptos tomados de las experiencias históricas del mundo occidental carece de sentido. Es imposible prever qué forma tomarán, digamos, dentro de unos cincuenta años, las actuales sociedades avanzadas de tipo capitalista. Como las condiciones tecnológicas en que vivimos están cambiando constantemente, tampoco es posible predecir la forma que adoptarán dentro del mismo lapso las economías socialistas hoy ya desarrolladas. En África, por otra parte, en sus condiciones de atraso externo, quizá se alcanzará un día algún socialismo cuyas características es imposible pronosticar. Por esta razón, lo de la complejidad de las condiciones económico-sociales, la tarea de planear en un caso concreto se hace más difícil si se divide al mundo en dos campos y se supone, además, que en una de las dos partes persiste un caos completo, mientras que en la otra funciona perfectamente la planeación, que de alguna suerte sustituyó a la mano invisible de Adam Smith o, quizá, representa su nueva reencarnación. Según el ponente, empleando de modo racional el excedente económico y siguiendo un programa de desarrollo equilibrado, se llegará a una situación en que los beneficios del desarrollo se extenderán a todos los grupos de la sociedad. Tal aseveración no concuerda con las experiencias históricas de los países ya desarrollados, sean capitalistas o socialistas.

Siempre hay alguien que debe pagar el precio del desarrollo.

En el siglo XIX, en Estados Unidos, lo pagaron los inmigrantes; en Europa, las colonias; en la Unión Soviética, los campesinos y, en otras partes del mundo, las grandes masas de la población. Ahora, sin embargo, nadie parece querer pagar este precio, ya que se habla de un desarrollo económico con justicia social y no de justicia social después de haberse logrado cierto nivel de desarrollo.

En cuanto al desarrollo equilibrado, no se conoce ningún caso histórico en las primeras etapas de desarrollo. La única parte de la ponencia en que no hay contradicción es aquella que enfatiza la canalización racional del excedente económico, aunque en muchas ocasiones sobreestime su magnitud. En vista de las experiencias reales de los países que optaron por la planeación centralizada, parece que la planeación requiere, por parte de todos, esfuerzo y preparación intelectual y una organización mucho mayor de la que existe en muchos países subdesarrollados.

E. SACRISTÁN: Pide se le aclaren algunos extremos de la ponencia. Opina que de optarse por una política que sacrifique el consumo superfluo, no existe contradicción entre el consumo de las masas y la aceleración del desarrollo. El aumento de la acumulación del capital no se ha de lograr elevando el porcentaje del producto nacional bruto invertido, sino acelerando la producción del excedente económico.

A. AGUILAR: No considera que la planeación pueda por sí sola resolver nuestros graves problemas. Pero permitiría, entre otras cosas, conocer con más precisión y utilizar en mejor forma los recursos naturales disponibles y la capacidad productiva existente, que hoy permanece en buena parte ociosa, además de elevar la tasa de inversión y canalizarla hacia actividades más productivas, ya que haría posible reducir apreciablemente el consumo suntuario de los ricos y el gasto público y privado improductivo, así como aprovechar en forma más adecuada los recursos financieros internos. Y es obvio que nada de ello podrá lograrse de manera espontánea y que, concretamente, los grupos de alto ingreso que viven en México en condiciones privilegiadas no renunciarán a una parte de su ingreso y de sus privilegios tan sólo para que el país se desarrolle más de prisa y sobre bases más sólidas.

G. RIVERA MARÍN: Cree que nuestro país no será excepción y que las clases medias en continuo crecimiento serán las que soporten el desarrollo, porque el subdesarrollo lo están sosteniendo los campesinos.

T. MELÉNDEZ: Pregunta a Carril si en los países subdesarrollados ha funcionado en forma efectiva un organismo de planeación.

M. CARRIL: Declara que si se han visto más fracasos que éxitos en la mayoría de los países que ha visitado, se debe a que no tomaron en cuenta las trascendencias del hecho político. Tratar de crear estructuras de estilo un poco mágico, en muchas ocasiones, no es más que disfrazar la realidad. Añade que los únicos países donde ha funcionado, hasta cierto punto, la planeación es en aquellos que tienen la intención previa de llevar a cabo el desarrollo económico y social a base de un desarrollo político.

DISCUSIÓN DE LA PONENCIA DE P. GONZÁLEZ CASANOVA

M. WIONCZEK: Se muestra de acuerdo con P. González Casanova y considera que el problema principal se encuentra en cómo crear un mayor acervo de preparación técnica y de organización en una sociedad subdesarrollada. Hace notar que la retórica no es exclusiva de los grupos de derecha; también caen en ella los de la izquierda y considera necesario abandonarla para poder influir en las masas. Sería ideal que técnicos e intelectuales actuaran conjuntamente con los políticos, pero existe un claro peligro de corrupción en un intelectual cuando entra en el campo de acción política. Hay muy pocos casos de intelectuales con éxito en el campo político, y quizá la única manera de que los intelectuales puedan influir en las decisiones políticas, que a su vez marcan el rumbo de decisiones de orden económico y social, sea asociarse a los sectores políticos modernizantes que surgen en cada sociedad en desarrollo. Este tipo de asociación no implica, sin embargo, la entrada directa de un intelectual en la vida política.

E. MENDOZA: Opina que todo sería estéril en tanto que la realidad política del país no sea plenamente receptiva a la idea de la planeación y más aún a su realización. Si se ha de hablar de nuestra realidad política —no en términos de un futuro más o menos próximo, sino de presente— la necesidad de acción política se plantea, según apuntó González Casanova, como la necesidad de que laboren conjuntamente los técnicos con las *élites* políticas del país, sin que se confundan los campos de acción de éstas y aquéllos. Y, si reconoce que es provechoso el entrelazamiento de políticos y técnicos, aclara que cada uno ha de mantener independencia de acción y criterio a fin de que su función resulte fecunda y eficaz. Finalmente, se pregunta hasta qué punto podría ser viable concebir una línea de acción de desarrollo acelerado basada en el matiz, en el incremento de los niveles de consumo y en los de vida popular, más que en la capitalización forzosa.

G. RIVERA MARÍN: Pregunta hasta qué punto conviene que un partido, que reúna las características de organización del PRI, puede ser instrumento para difundir un plan. En cuanto al porqué de ser político, cree que siéndolo se tiene un mejor conocimiento de la realidad del país, puesto que no son los sociólogos, los juristas ni los técnicos, sino los políticos quienes manejan la vida pública. Como éstos no van a aceptar nunca las propuestas de un técnico, será necesario que la presión del PRI les llegue desde arriba para que así se adopten las modificaciones necesarias en el manejo de la cosa pública.

R. SILLER: Respecto a la pregunta planteada sobre si el PRI debe ser el centro de gravedad en que se ubique el órgano central de planeación, responde que en lo personal se inclina porque no lo sea. Donde debe estar el órgano central de planeación no es en el PRI, sino en el gobierno. Mas un gobierno no puede señalar normas fuera de su ámbito temporal de ejercicio ni ordenar disposiciones concretas a su sucesor En cambio un partido político, mayoritario como el PRI, está capacitado para proyectar y hacer desarrollar los principios fundamentales de la filosofía revolucionaria a través de un plan a largo plazo, convirtiéndose, de hecho, en coadyuvante fundamental, esencial y particularmente democrático del órgano de planeación.

DISCUSIÓN DE LA PONENCIA DE G. RIVERA MARÍN

M. CARRIL: Antes de comenzar la discusión quiere someter a la atención de los asistentes un punto señalado por la ponente cuando se refirió a que uno de los mayores problemas a que se enfrenta el país es tratar de movilizar la mano de obra, organizar la producción en el campo para que la gente no vaya a la ciudad a tener un empleo disfrazado, así como aumentar la productividad en el agro que, según se ha dicho, es tanto como incrementar la productividad del país.

A partir del momento que se quiera organizar el campo, puesto que hablamos de planeación, se ha de pensar en revisar la política agrícola; siendo, además, imprescindible conocer hasta qué punto es posible la planeación en este sector, que, como ha expuesto González Casanova, se acepta como más flexible que otros sectores cuyas estructuras están más elaboradas.

A. AGUILAR: La ponencia que motiva estos comentarios le hace pensar que vale la pena recordar que la planeación democrática es sumamente compleja y que, además, sólo en el marco de una planeación económica global pueden atacarse sus problemas con posibilidades de solución. Al pensar en el incremento de la producción, no debemos caer en el "machismo" de que cuanto más crezca la población, mejor, y menos todavía en la posición neomalthusiana de alarmarnos porque la población crece de prisa, sin reparar en que el problema esencial es cómo aumentar la producción y el ingreso. Es importante saber qué técnicas productivas han de emplearse en un país como el nuestro para lograr una adecuada ocupación a la fuerza de trabajo. Con frecuencia se sugiere impulsar las industrias artesanales, de ahí que lo importante sea examinar hasta dónde puede ser útil, en las presentes condiciones, propiciar una política que suponga el empleo de técnicas de alta intensidad de trabajo mientras se colocan en segundo plano aquellas que contribuyen a un proceso más acelerado de desarrollo que tienda fundamentalmente a acrecentar el excedente. Tampoco se podrá desconocer la importancia que en el proceso real del desarrollo tiene el empleo de las técnicas incluso más atrasadas, ya que lo importante no es escoger entre ambos sino organizar el empleo conjunto de las técnicas avanzadas y las rudimentarias, cuando no pueda prescindirse de éstas. Existe, además, el problema de saber cómo llevar adelante la reforma agraria dentro del proceso de desarrollo económico. Ésta representa un gran problema nacional que el seminario debe plantear, ya que con frecuencia se habla de reforma agraria pero es poco lo que se estudia para saber en qué consisten los avances y dónde están las más graves fallas. Considera básico el problema de organización agrícola planteado, pues si se recorren muchas zonas agrícolas del país se llega a la conclusión que en buena parte el ejido mexicano ha fracasado, no en virtud de la reforma agraria, sino de la contrarreforma, del abandono de los principios postulados por la Revolución mexicana como base para la reivindicación del campesinado.

H. FLORES DE LA PEÑA: Refiriéndose al trabajo de los niños en el campo y a la sugerencia de hacer una extrañamiento a la Secretaría del Trabajo, considera que más adecuado sería hacerlo a la de Educación. El trabajo de los niños en el agro no es explotación. Ha existido siempre y existe en todos los países.

Sabido es cómo en el campo, al llegar la cosecha, todo el mundo tiene que trabajar. De ahí que en algunos países europeos dividan el año en dos períodos de vacaciones. El día en que se modifique el calendario escolar aumentarán los porcentajes de asistencia a las escuelas rurales y se mantendrán probablemente al nivel de las urbanas.

UN PARTICIPANTE: No se muestra de acuerdo con H. Flores de la Peña respecto a que el problema esté originado estrictamente en el calendario escolar. Cualquiera que haya sido maestro de escuela primaria en las zonas urbanas de México podrá darse cuenta de que la deserción escolar, en su mayor parte, está determinada por serios problemas económicos.

T. MELÉNDEZ: Quiere corroborar ciertos aspectos expresados por H. Flores de la Peña y considera que se ha descuidado la educación agropecuaria; hay demagogia y se ha tratado de implantar por dependencias que nada o poco tienen que ver con ella. Por ejemplo, la Secretaría de Agricultura, que tiene a su cargo la capacitación de los peritos agropecuarios, produce magníficos técnicos en esta rama y de alto nivel. En algunos centros experimentales se han llegado a producir semillas híbridas con un rendimiento de maíz de 5.5 toneladas por hectárea, mientras que en el resto del país, comprendidas las producciones de las zonas de riego y tropicales, no rebasa este rendimiento a la tonelada por hectárea. Esto muestra de manera objetiva y fundamental que si el técnico altamente calificado existe, se carece de escuelas de capacitación elemental para el trabajador agrícola o de capacitación media para el trabajo agropecuario.

E. MENDOZA: Recuerda que hace un par de años fue elaborado un estudio que permitió llegar a la conclusión de que en el Distrito Federal imperaban razones eminentemente económicas que impedían a los niños asistir a las aulas, no tan sólo por verse precisados a trabajar directamente, sino porque en algunas ocasiones se ven en la necesidad de suplir al padre o a la madre en el cuidado de los niños, elaboración de alimentos, etc., etc., en tanto que la madre o el padre salen a conseguir los medios de subsistencia. Por esta causa las excitativas que pudieran presentarse a la Secretaría de Educación no deben ser de tipo aislado, sino dentro de una serie de medidas viables a fin de mejorar las condiciones generales de la educación en México y con miras a la formulación posterior de un plan de desarrollo nacional de educación congruente, que pueda tomarse en cuenta al formular el plan de desarrollo económico.

D. IBARRA: En lo que toca al problema de la desocupación y el subempleo conviene observar que, no obstante las elevadas tasas de crecimiento de la economía mexicana desde los primeros años de la posguerra, la situación no parece haber mejorado y acaso ha sufrido cierto deterioro. Es claro que la presión demográfica en las zonas rurales pudo haberse aliviado en parte como consecuencia de las mayores oportunidades de empleo que supone el desarrollo acelerado de los sectores no agrícolas. Pero ello no ha bastado para lograr un equilibrio razonable en el mercado de trabajo y con frecuencia las migraciones a los centros urbanos, simplemente, han cambiado la localización geográfica del problema. No se trata, por supuesto, de un fenómeno peculiar de México, sino que es característica general de la mayor parte de los países en proceso de desarrollo. En otros términos, la experiencia histórica de las dos o tres últimas décadas pone claramente de relieve la insuficiencia del progreso económico, tal como se experimenta en nuestros países, para crear fuentes de empleo al ritmo que demanda el crecimiento de la población activa.

Son muchos los estudios e investigaciones que se han elaborado sobre este tema, tanto por lo que hace a precisar las tendencias de la expansión demográfica, como en relación a la capacidad de absorción de la mano de obra en los distintos sectores de la actividad económica. Con todo, no se han establecido, con la claridad que exige la definición de una política de empleo, las relaciones de asociación entre la desocupación abierta o disfrazada y la estructura y formas de organización de la producción predominantes en las zonas subdesarrolladas. A fin de aclarar este último punto conviene hacer dos observaciones a título ilustrativo. En las economías de exportación es frecuente que la producción agrícola destinada a los mercados internacionales requiera de una oferta amplia de mano de obra durante ciertas épocas del año. Ello entraña como contrapartida el mantener cierto grado de subocupación o desempleo a fin de asegurar los niveles de actividad del sector que funge como centro dinámico o apoyo fundamental del crecimiento general del ingreso. Siendo por otra parte limitadas las posibilidades de planear estrictamente el uso de la mano de obra, parece inevitable concluir que, mientras persistan las características estructurales descritas, persistirá el problema de la ocupación en algunos segmentos de la población activa.

En ciertos aspectos, una situación similar se presenta en lo que se refiere al proceso de innovación tecnológica. El hecho de que los países periféricos se limiten por lo general a adoptar los procesos, instalaciones y maquinarias desarrollados en las zonas industrializadas del mundo, implica un cierto divorcio entre la dotación y los precios relativos de los factores con respecto a las técnicas que se vienen implantando. Lo anterior tiene un doble efecto: por un lado, tiende a reducir la absorción de mano de obra por unidad de producción y, por el otro, a crear resistencias adicionales al cambio tecnológico.

Lo dicho hasta aquí pone claramente de manifiesto la necesidad de incorporar explícitamente en los programas de desarrollo una estrategia de empleo que enfoque de manera realista el problema de la desocupación y lo vincule orgánicamente con la política de asignación de recursos, tomando en cuenta, además, las condiciones peculiares del financiamiento de cada economía. Asimismo, conviene observar que el desempleo no afecta por igual a todos los estratos de la población activa, sino que está típicamente concentrado en los segmentos de trabajadores con grados bajos de calificación. Esta circunstancia, conjuntamente con otros factores, permite establecer, a su vez, vínculos de interdependencia entre la programación de la mano de obra y la que corresponde al desarrollo del sistema educativo.

Vista la cuestión del subempleo desde el ángulo expuesto, parecen claros algunos de sus rasgos estructurales ligados a la fase de crecimiento en que se encuentran los países subdesarrollados. Se trata, en consecuencia, de un problema que debería atacarse con modalidades de acción adecuadas a nuestra realidad y que rebasen la nueva copia o reproducción de medidas adoptadas en otros países. Pero también debe verse como una cuestión a resolver a mediano o largo plazo mediante una política sostenida y persistente.

C. M. CASTILLO: Opina que al tratar los problemas demográficos se está tocando un problema fundamental de gran actualidad, que se refiere a la insuficiencia de nuestro desarrollo, no digamos para reducir la desocupación y subocupación, sino incluso para suministrar empleos. La experiencia indica que, en muchos de los países de América Latina, la industrialización no ha resuelto, en términos generales, los problemas de la desocupación y subocupación, o sea, que no ha podido asimilar la mano de obra que deja el sector agrícola, causa principal de la baja productividad del mismo. Personalmente, opina que la agricultura puede suministrar, si no la totalidad, sí la mayor parte de la solución y que, al postular el desarrollo agropecuario sobre la base de una eficiencia económica mucho más elevada del sector, se está ignorando además, por una parte, el problema de la baja productividad agrícola —incluso en una agricultura modernizada—, sobre todo si se compara con el resto de la economía y, por otra, a su modo de ver, nos encontramos en un momento en que se sugiere el desarrollo agropecuario con base en la planeación, lo cual plantea problemas de industrialización. Sería de mucho interés, en su opinión, hacer un estudio cuidadoso de las experiencias en los países socialistas.

v. NAVARRETE: Aduciendo que en los últimos años México ha crecido en términos generales a un 6 %, y que en términos reales el año pasado se logró una tasa del 10 %, se propala la opinión de que no hay necesidad de planeación. Este sofisma es explicable un poco por la falta de un análisis de la historia. Indudablemente que el crecimiento de México debe considerarse como el resultado de cambios realizados en el campo de la reforma agraria después de la Revolución. El hecho de controlar fuentes energéticas, el haberse creado institutos tecnológicos, significa que hubo un mecanismo natural de crecimiento casi automático, posterior a las importantes reformas estructurales realizadas en el orden financiero, en el de obras públicas y en materia agraria.

En este caso el desarrollo es consecuencia de este tipo de reformas y de hechos económicos que determinaron el crecimiento del país en forma normal o automática.

Actualmente, el problema agrícola es el número uno del país por razones económicas, de justicia social y de todo tipo. La inversión agrícola a principio de la década de los cincuenta era del 20 %; para fines de los años sesenta fue del 10 % y, si bien tal afirmación, de acuerdo con las estadísticas, puede admitirse con ciertas reservas, la tendencia es lógica aun concediendo que al iniciarse 1950 hubo el fenómeno del algodón que supuso fuertes inversiones. En las cifras de inversión pública se da el mismo fenómeno: el decrecimiento en la capitalización del campo. Las principales conclusiones a las que llegó Ifigenia M. de Navarrete, en su libro sobre la distribución del ingreso, pueden sintetizarse diciendo: "que los ricos se han hecho más ricos y los pobres más pobres". Sin embargo, en los últimos años se ha visto que esta tendencia a la concentración del ingreso quizá haya podido agravarse. A todos sorprende que las cifras de inversión den por resultado coeficientes de capital muy bajos en economía, es decir, que la productividad de las inversiones alcanza cifras muy altas. No obstante, es motivo de creciente preocupación el que, tal vez, las cifras de inversión estén subvaluadas y que la capitalización haya sido mucho mayor de lo que en principio se pensaba. Ello significa que los niveles de consumo han estado más deprimidos y, si agregamos que se han elevado los bienes de consumo suntuario, el problema se agudiza.

El futuro desarrollo del país, si hiciéramos algún cálculo sobre el crecimiento del ingreso y sobre las necesidades de inversión, nos llevaría a requerir fuertes volúmenes de financiamiento exterior, que juega un papel muy importante, puesto que provee de divisas, aunque muchas de las inversiones podrían financiarse con recursos internos.

Empeñarse en mantener un tipo de cambio estable, más que un objetivo es una restricción. Quizá en la aplicación de objetivos se conciba un plan de desarrollo económico que, como meta específica, introduzca la distribución del ingreso por grupos, esto es, que si disponemos de un grupo con ingresos de 500.00 a tantos pesos por mes, vamos a proponernos lograr que aumenten en un 15 %, con relación al 6 % promedio, y así sucesivamente con otros grupos de ingreso.

DISCUSIÓN DE LAS PONENCIAS DE H. FLORES DE LA PEÑA Y V. NAVARRETE

H. FLORES DE LA PEÑA: Señala que las economías latinoamericanas se caracterizan no sólo por una baja tasa de crecimiento, sino por ser ésta irregular a causa de dos razones: la dependencia del comercio exterior que influye en la determinación de la tasa interna, por un lado, y, por el otro, a causa de que en la reunión de Punta del Este se puso como condición para el crecimiento de los países realizar reformas, fundamentalmente la fiscal y la agraria. Es obvio que éstas no podrían efectuarse, porque ¿quiénes iban a pagar más impuestos y cuáles tierras iban a distribuirse? ¿Acaso las que posee la oligarquía de cada país?

Entonces es cuando se vuelven los ojos hacia la planeación y he aquí el peligro que ésta entraña, tomarla como sustituto de las transformaciones de tipo estructural, indispensables para llevar adelante el desarrollo económico.

Estima que ésta es una posición sumamente peligrosa ya que, sin cambios en la estructura, no es posible alcanzar ninguno de los objetivos fijados, limitándose a crear en los pueblos una esperanza de desarrollo más acelerado, más estable y una mejor distribución del ingreso que nunca va a ocurrir y sí, en cambio, una frustración que, sin duda, conducirá a mayor desequilibrio político.

Es un hecho que, en la historia económica del mundo, no se registran crecimientos económicos acelerados dentro de una economía feudal.

D. IBARRA: En relación a lo dicho por V. Navarrete y H. Flores de la Peña, desearía hacer dos breves comentarios. El primero se refiere a lo que podría calificarse de estrategia para el desarrollo. Se trata de un tema que ha sido poco explorado en cuanto a su desdoblamiento en medidas concretas y acciones. En la mayor parte de los planes de desarrollo de América Latina se postula una estrategia que consiste en hacer crecer a todos los sectores productivos conforme a las tasas que hagan posible satisfacer la demanda final y alcanzar cierto nivel de sustitución de importaciones. Sin embargo, la experiencia del desarrollo e incluso la política adoptada en ciertas regiones, contradicen el postulado de desarrollo equilibrado implícito en esa concepción. Queda así planteada en sus términos más amplios la disyuntiva entre una estrategia de desarrollo equilibrado o desequilibrado. En favor de esta última tesis se aduce, entre otros, argumentos como el de las ventajas de centrar los esfuerzos de desarrollo durante una etapa inicial en torno a sectores o industrias básicas que facilite la creación de economías externas y complementariedades industriales. En cualquier caso estamos enfrentados a una cuestión que es esencial y a la que se ha prestado muy poca atención tanto en la teoría como en la práctica.

La segunda observación se refiere a las críticas que se han enderezado en torno a la limitada aplicación de los programas de desarrollo. Suele atribuirse ese fenómeno de modo casi exclusivo a la falta de decisión política de muchos países. Sin descartar este elemento, conviene señalar que la planeación es un proceso histórico complejo y que, como tal, requiere de tiempo y de reformas fundamentales en la organización y concepción de la administración pública. En este sentido, si bien en los países de América Latina se han elaborado programas de desarrollo de largo plazo, hace falta todavía cubrir una serie de requerimientos para establecer un verdadero mecanismo de planeación. Así, por ejemplo, es frecuente que no se disponga de programas sustanciales de mediano y corto plazo, que no se hayan creado u organizado cabalmente las oficinas sectoriales de programación, que no se hayan definido las líneas de dirección y comunicación entre éstas y las oficinas centrales, que no se disponga de un adecuado sistema de información y control de ejecución de los programas, o que la capacidad administrativa para la elaboración e implementación de los proyectos específicos de inversión sea insuficiente para cubrir un porcentaje razonable de la formación global de capital prevista en los planes.

A. AGUILAR: Afirma que la planeación reclama la necesidad de despojarnos de la ilusión enteramente vana y peligrosa de que puede intentarse en serio a cualquier nivel. Personalmente, sin que se le oculten las dificultades, cree que es viable aspirar a ciertos avances. Pero, una de dos, o se trata de defender los intereses nacionales de cada uno de nuestros pueblos, camino que llevaría hacia adelante, o se contemporiza con las fuerzas que defienden el *statu quo*, de algo que llaman "planeación", pero que no pasa de ser una "programación" inocua y burocrática incapaz de resolver a fondo ningún problema. En tanto que los planeadores no comprendan que las decisiones básicas y los problemas a que la planeación se enfrenta son esencialmente políticos, no se pasará de hacer planes que a la postre quedan en el papel sin que nadie los respete.

H. FLORES DE LA PEÑA: Expresa que, en los países subdesarrollados, el 90 % del ahorro proviene de las utilidades y hasta a veces un poco más. Por otra parte, el monto de las utilidades es función del incremento de la inversión. En la medida en que ésta aumenta la actividad económica y las utilidades crecen y el ahorro se eleva.

I. M. DE NAVARRETE: Se refiere concretamente a que la planeación y el mecanismo de la misma no presuponen objetivos propios, sino que éstos se fijan fundamentalmente tomando en cuenta consideraciones políticas. Si los objetivos son de largo o corto alcance y tienen o no suficiente contenido social, éste es otro problema. El problema de los objetivos es distinto al del mecanismo de la planeación. Se supone que el ahorro es el excedente económico o sea el máximo residuo que puede captarse en una sociedad, en un momento dado, bajo determinadas condiciones, una vez satisfecho el consumo. Para poder llevar a la práctica ese mecanismo, la solución que se nos da es la de aumentar la inversión pública o el ahorro público a través de los impuestos. Esto es demasiado simplista, porque es pretender que, en un momento dado, los impuestos deben aumentarse. Por muy progresivos que sean los impuestos sobre las utilidades, el ingreso y el consumo, no podrán ir más allá de cierto nivel. Si se quiere que el sistema económico opere en forma eficiente, necesitamos complementar el ahorro del sector público con el ahorro de las empresas, que es parte importante de su inversión.

E. SACRISTÁN: Quiere señalar algo que podría ser una digresión: definir el *desarrollo* no como una elevación en el nivel de vida *per capita*, sino que, de una vez por todas, se defina como la elevación del salario real y/o de la productividad *per capita* agrícola. Cierto es que a corto plazo puede lograrse un rápido ritmo de producción con depresión en los niveles de consumo básico, pero tal cosa no puede sostenerse por mucho tiempo, por lo menos en economías con un sector de libre mercado bastante importante. Actualmente se están elaborando muchos esquemas sobre la mecánica del desarrollo y del crecimiento, cuyo parámetro esencial es el nivel de consumo o el nivel de vida de las masas populares, no el del incremento total, porque ésta incluye el capital y la acumulación del capital, sea o no productivo.

Se habla muchas veces de que ha habido desarrollo pero mala distribución del ingreso. De una vez por todas se ha de aclarar que eso no es desarrollo real.

Si fuéramos un país rico y pudiéramos decir que nos podemos desarrollar con el sacrificio de las masas populares durante un corto período, para luego elevar sus niveles de consumo, quizá sería plausible, pero las masas populares han sostenido la carga por siglos y no deben seguir sosteniéndola para propiciar el desarrollo, pues no es posible exigirles un sacrificio mayor del que están haciendo.

H. LABASTIDA: Para él, el modelo de la planeación aparece como la racionalización de la realidad histórica, como un "debe ser" que conviene a la historia. Y el político surge como un puente de unión entre el debe ser y el ser.

Cree que las raíces del problema de la toma de decisión política probablemente no se hallen al nivel racional de la planeación, sino que están dadas a la altura del nivel real de la historia.

v. navarrete: Estima que con frecuencia se plantea la alternativa de que un mayor consumo significa una menor capitalización y pregunta, a su vez, si es posible que un aumento en el consumo traiga aparejado un aumento en la inversión: a la pregunta responde que México, después de la Revolución, tenía inicialmente un bajo nivel de ingreso, y, por ende, bajo nivel de ahorro. La primera salida lógica fue obtener fondos del exterior a fin de aumentar la inversión sin necesidad de reducir el consumo, cosa imposible de llevar a cabo por razones históricas. El otro camino era el fiscal, es decir, extraerlo de las altas capas existentes. Pero ni las técnicas ni las razones políticas imperantes lo permitieron. Entonces, lo único que le quedó al Estado, ante el compromiso de desarrollo, fue crear dinero. Pero el dinero no se crea de la nada y la inflación, en última instancia, viene siendo una transferencia de ingresos; este proceso quedó convertido en un incremento del ingreso y en un potencial de ahorro durante veinte o veinticinco años. En la etapa actual, el problema reside en captar los medios de ahorro creados a través de otros sistemas.

La clase favorecida por el desarrollo económico obtiene esos recursos a costa de los trabajadores y campesinos, a través de un sistema fiscal realmente regresivo, mediante un impuesto personal y por otros medios. En la etapa actual del desarrollo económico se trata, si es posible, de aumentar la capitalización al mismo tiempo que el consumo, porque se dispone de medios ya creados por la economía.

DISCUSIÓN DE LA PONENCIA DE A. CORONA RENTERÍA

j. cortés obregón: Opina que no hay que olvidar que los Estados están divididos en municipios, por lo que hacer una clasificación regional de acuerdo con la situación económica es peligroso, sobre todo porque dicha clasificación está hecha precisamente para cambiarla, pues conforme vayan teniendo éxito los planes las regiones tienden a desaparecer para constituirse en otras nuevas.

g. rivera marín: En su opinión, el problema del desarrollo de núcleos étnicos es importantísimo en un país como el nuestro, porque tenemos poblaciones, como los huicholes, los mecos y muchos otros, que viven en esferas socioculturales tan alejadas de la vida moderna. En realidad el desarrollo económico no es más que una consecuencia de la lucha de clases, no en el sentido de los sectores proletarios contra el sector capitalista, sino dentro de los distintos grupos de la misma clase capitalista. En la medida que esta lucha progrese y el sector más avanzado de la clase capitalista logre desplazar los remanentes feudales de la propia clase y puedan controlar las fuentes económicas de la riqueza, será más probable o posible acelerar el desarrollo económico.

A. CORONA: Dice que la planeación es un proceso continuo y que, si se refiere a las regiones, modificará los ámbitos de la misma. Por esto espera que en un futuro determinado se presente la posibilidad de proceder a elaborar una nueva división más racional y coherente. Considera que uno de los problemas de la política económica y del análisis de los instrumentos relativos a la determinación de objetivos es buscar la compatibilidad de los propiamente regionales, entre sí y con respecto a los globales del plan nacional.

impreso en editorial romont, s.a.
presidentes 142-col. portales
del. benito juárez-03300 méxico, d.f.
dos mil ejemplares y sobrantes
9 de junio de 1983

NUESTRAS ÚLTIMAS NOVEDADES EN ECONOMÍA

LA MODERNIZACIÓN DE LA AGRICULTURA MEXICANA: IMPLICACIONES SOCIOECONÓMICAS DEL CAMBIO TECNOLÓGICO, 1940-1970 / Cynthia Hewitt de Alcántara

El presente volumen forma parte de los estudios dedicados por el Instituto de Investigaciones de Naciones Unidas para el Desarrollo Social, al tema de la "revolución verde" De él se desprende que la modernización del agro en México ha sido de desperdicio: desperdicio de los recursos naturales, de los insumos agrícolas, de las utilidades generadas y por encima de todo, desperdicio de la experiencia acumulada por los trabajadores de la tierra, que fueron desplazados en el curso de la tecnificación agrícola.

ENFOQUE CRÍTICO DE LOS MODELOS DE CONTABILIDAD SOCIAL / Danilo Astori

La descripción de la actividad económica en una realidad históricamente determinada debe realizarse a partir de un método científico que lleve a la construcción de modelos de contabilidad social. Una parte importante de este libro se dedica a la construcción de modelos descriptivos con un enfoque macroeconómico para una economía capitalista. Desde una perspectiva crítica Astori utiliza como base de su análisis el modelo de las Naciones Unidas.

LA ECONOMÍA DE LA MUERTE / Richard J. Barnet

La nación norteamericana gasta más de setenta centavos de cada dólar del presupuesto en guerras pasadas, presentes y futuras. Sus gastos de defensa han ido sacrificando fondos destinados a la construcción de la sociedad norteamericana: es así cómo la economía de la vida en Estados Unidos ha sido hambreada para alimentar a la economía de la muerte.

EL ECONOMISMO DEPENDENTISTA / Jorge Castañeda y Enrique Hett

Los autores del presente ensayo se proponen revisar críticamente las teorías de la dependencia y del subdesarrollo en cuanto a su contenido. En cierta medida, van más allá de la mera crítica, pues intentan recolocar el objeto real de la teoría del **Imperialismo, fase superior del capitalismo**, de la que los avatares de la lucha política y la ideología lo habían desplazado.

ENSAYOS ECONÓMICOS SOBRE EL VALOR Y LA COMPETENCIA / Vladimir K. Dmitriev

Estos textos, que constituyen clásicos en la literatura económica, tienen un triple valor: en ellos Dmitriev anticipa y formula una cantidad de proposiciones y técnicas que son parte esencial de la economía moderna. Además, desarrolla una versión original de la teoría de la competencia y, finalmente, intenta realizar una síntesis orgánica de la teoría del valor trabajo y de la teoría de la utilidad marginal.

PREFACIO A UNA NUEVA ECONOMÍA POLÍTICA / Celso Furtado

Cuatro ensayos constituyen esta obra: el primero busca precisar una teoría general de las formaciones sociales. El segundo proporciona elementos de análisis acerca de las transformaciones de la economía internacional. Sigue un estudio sobre el "nuevo orden económico mundial" y termina con una disertación sobre el tema de "conciencia y nación"

EL CAPITALISMO EN CRISIS. LA INFLACIÓN Y EL ESTADO / Andrew Gamble y Paul Walton

Un examen teórico de la economía capitalista actual, de sus principales actores, el Estado en particular, y de sus principales problemas, la inflación y la recesión. Además, plantea una revisión de las ideas que se confrontan actualmente sobre este importante tema.

LAS EMPRESAS DE LA ECONOMÍA DE INTERÉS GENERAL / Walter Hesselbach

Las empresas de la economía de interés general, como las empresas propiedad de los sindicatos y las cooperativas de consumo se han convertido en un nuevo núcleo de poder y sobre ella, se ha centrado una larga discusión política. Su creciente importancia en la tarea de promover los intereses de grandes grupos de consumidores, hace necesario conocer mejor su funcionamiento interno y sus relaciones con la sociedad.